Zwei Seiten aus dem „Codex Ferjèvàry-Mayer" einer mexikanischen Bilderhandschrift. Vermutlich Mixtekische Kultur um 1500. Die abgebildeten Seiten zeigen im oberen Streifen von rechts nach links die Wassergöttin, die dem jungen Mais ein Faß zuviel an Feuchtigkeit gab, so springt ihm Tepeyollotli, der Beherrscher der inneren Kräfte der Erde zur Seite und bewahrt ihn vor Fäulnis und Vogelfraß. Beim Durchstoßen der Erdkruste ist der Regengot Tlaloc behilflich - erkennbar durch die „Brillen" - ähnliche Umrandung der Augen. Zwei weitere Gottheiten halten die schützende Hand über die göttliche Pflanze. In der unteren Reihe sind Priester in kultischer Aufmachung in den Göttern geweihten Tempeln zu sehen.
Gesamtlänge 106,5 cm, Höhe 17,6 cm.
Herkunft: Puebla - Tlaxcalla-Region?
Mixtekische - Aztekische Mischkultur um 1500.
City of Liverpool Museum, England.

Zum Titelbild:

Darstellung einer Gottheit mit menschlichen Zügen, umkränzt von Raubkatzen.

Kultur von Moche, nördliche Küste von Peru, etwa 100 v. Chr.

Gold, Silber mit Malachit und Muscheleinlagen, Größe 30 cm breit, 23 cm hoch.

SONDERAUSSTELLUNG

Knauf-Museum Iphofen

28. JULI BIS 1. NOVEMBER 1995

Text:

Ferdinand Anton

Knauf-Museum , 97343 Iphofen

Öffnungszeiten: Dienstag bis Sonntag 14-18 Uhr, zusätzlich Dienstag und Donnerstag 10-12 Uhr

Knauf-Museum

ISBN 3-00-000124-7

Medieninhaber: Knauf-Museum, D-97343 Iphofen, Postfach 10, Tel. 09323/31-528
Autor: Ferdinand Anton, München
Gesamtleitung: Wilfried Demel, Marketing-Service,
Gebr. Knauf Westdeutsche Gipswerke, Iphofen
Entwurf und Layout: Marketing-Service,
Gebr. Knauf Westdeutsche Gipswerke, Iphofen
Lithos: Kirschbaum und Mende, Rottendorf
Herstellung: Rotabene Medienhaus, Druckhaus Goldammer, Scheinfeld

Printed in Germany 1995

INKA und GOLD der Anden - diese beiden Begriffe gehören zusammen wie Wüste und Hitze der Sahara. Doch weit mehr als das letzte der großen Hochkulturreiche Südamerikas mit seinem Goldreichtum hat der Andenraum an Geschichte, Kultur und Kunst zu bieten. Darüber berichtet eine Ausstellung „Azteken, Maya, Inka und ihre Vorläufer" vom Sommer bis Herbst 1995 im Knauf-Museum in Iphofen. Hier stehen an Exponaten Gold- und Keramikobjekte im Mittelpunkt, die aus großen deutschen Museen sowie aus bedeutendem Privatbesitz stammen. Mit dieser Kunstsammlung erlesener Stücke wird Einblick in die faszinierende Welt altamerikanischer Kulturen gewährt. Gratulation dem Knauf-Museum, das durch Eigeninitiative eine so bedeutende Ausstellung ermöglicht.

Prof. Dr. Walter Raunig
Leitender Museumsdirektor
Staatliches Museum für
Völkerkunde, München

Prof. Dr. Peter Thiele
Direktor
Linden-Museum, Stuttgart
Staatliches Museum für
Völkerkunde

Die Entdeckung Amerikas und seiner 3000jährigen Vergangenheit

Seit Jahrhunderten wird die Phantasie der Europäer durch märchenhafte, grausame wie romantische Berichte über die Ureinwohner der „Neuen Welt" beschäftigt. Namen wie Inka und Azteken tauchen auf, sind verbunden mit der Vorstellung von sagenhaften Goldschätzen. Nur wenigen ist bekannt, wie kurz die Lebenszeit jenes mächtigen und imponierenden Imperiums der Inka oder des Dreistädtebundes der Azteken im Verhältnis zu den zahlreichen vergangenen Hochkulturen war, deren Entwicklung zu Beginn des 16. Jahrhunderts durch die Ankunft der Spanier unterbrochen wurde, die jene in höchster Blüte stehenden Zivilisationen vernichteten.

Getrieben von der Gier nach Gold, auf der Suche nach exotischen Gewürzen und der Lust am Abenteuer vollbrachten die Eindringlinge Großes und zugleich Skrupelloses. Ihre Ausdauer und ihr Mut zwingen zur Bewunderung einerseits, andererseits ihre Verständnislosigkeit und ihre Grausamkeit den Fremden gegenüber zur Verachtung.

Nur wenige Männer im Gefolge der Entdecker und aus dem Heer der Eroberer beachteten die geistige und kulturelle Größe der von ihnen unterdrückten Völker. Die vereinzelten Berichte, die Anfang des 16. Jahrhunderts von den „Neuen Inseln" in die „Alte Welt" kamen, beziehen sich ausschließlich auf die Beschreibung der Völker, mit denen die Spanier zusammentrafen. Viele dieser Landsknechte waren des Lesens und Schreibens unkundig. Selbst Francisco Pizarro, der das Reich der Inka in Peru zwischen 1532 und 1534 eroberte, lernte erst seinen Namen mühevoll auf ein Papier zu setzen, nachdem er bereits zum Vizekönig dieser Ländereien ernannt wurde. Von den anderen Spaniern, die Cuzco, die Hauptstadt des Imperiums der Inka, zum ersten Mal betraten und den „Nabel der Welt" unversehrt sahen, hinterließ kein einziger auch nur eine Zeile.

Besser bestellt war es um die Eroberung Mexikos (1519-1521). Hernan Cortes, der sein Jurastudium aufgab, um in Übersee „nicht wie ein

Bauer zu arbeiten, sondern Reichtümer zu erlangen", war ein hervorragender Berichterstatter. Das bezeugen die langen Briefe, die er an seinen spanischen König Karl III. sandte. Als Kaiser Karl V. des Deutsch-Römischen Reiches konnte dieser dank der Eroberungen behaupten, in seinem Reich gehe die Sonne nicht unter.

Nur eine ganz geringe Anzahl aus der ersten Periode der Kolonisation, die von spanischen Monarchen oder der Kirche nach den neu entdeckten Ländern gesandt wurde, bemühte sich um Objektivität, ohne jedoch die Andersheit jener Kulturen ganz zu begreifen. Die meisten standen ihnen ebenso verständnislos gegenüber wie ihre Vorgänger, die Eroberer.

Die Geschichte wird nun einmal von Siegern geschrieben. Der Wahrheitsgehalt ist sekundär. Eine Objektivität gegenüber dem völlig Unbekannten war dem damaligen Menschen wohl auch kaum möglich, waren sie doch aufgewachsen im Angesicht gotischer Kathedralen, erzogen im Dämmerlicht dieser sakralen Bauwerke und nicht zuletzt zur Zeit der Inquisition in Westeuropa. Mit Christoph Kolumbus, dem Entdecker Amerikas, begann bereits eine doppelzüngige Buchführung. Um seine Mannschaft zu beruhigen, fertigte er zwei Bordbücher mit unterschiedlichen Angaben der zurückgelegten Strecke an. Immerhin konnte der Jongleur zwischen Wunschdenken und Wirklichkeit von den meisten seiner Mannschaft nicht voraussetzen, daß sie von der Kugelgestalt der Erde so fest überzeugt seien wie er. Sie hingen noch den weit verbreiteten Ansichten nach, die Welt sei eine Scheibe, und man würde an ihrem Rand in den Abgrund stürzen.

Am 9. September 1492 hatten die drei Schiffe die westlichste Insel der Kanaren hinter sich gelassen und damit die damals bekannte Welt. In den Morgenstunden des 12. Oktober 1492 versperrte ein gewaltiger Kontinent den Spaniern den westlichen Seeweg nach Indien.

Unerwartet trat eine neue Welt ins Gesichtsfeld der Europäer. Die Verbesserung von Schiffstypen mit größerem Laderaum und die Entwicklung neuer nautischer Instrumente schufen die ökonomischen wie technischen Voraussetzungen, unbekannte Gewässer zu befahren und versprachen eine bis dahin noch nie erreichte Sicherheit einer Rückkehr.

Es war eine Zeit des Aufbruchs, vergleichbar aus heutiger Sicht mit der zweiten Hälfte unseres Jahrhunderts. Dieses Ende des Mittelalters schlug in allen Sparten zu Buch. Martin Behaim (1459–1506) schuf im Jahr 1492 den „Erdapfel", den ersten Globus, in Nürnberg. Leonardo da Vinci fertigte die Pläne zu einem Flugapparat an. Die Eroberung der Lüfte war ihm zwar nicht vergönnt. Wie Kolumbus verkörperte er den Prototyp eines Renaissance-Menschen. In der Malerei setzte er die Perspektive durch. (Die Tatsache, daß Paolo Uccello und andere, sie ahnend und andeutungsweise vorwegnahmen, darunter Piero della Francescas (1416–1492), dessen Untersuchung über die Perspektive im Jahr 1492, also im gleichen Jahr, wie die Entdeckung Amerikas, im Druck erschien, ist dabei ebenso sekundär wie der Vorstoß der portugiesischen Seefahrer für die Umschiffung Afrikas, um nach Indien zu kommen.)

Durch diese beiden großen Persönlichkeiten hatte das Denken eine neue Richtung, neue Möglichkeiten erhalten. Der Seefahrer und Nautiker, der Erfinder und Künstler stießen zu neuen Räumen vor und gaben der Welt in der Geographie wie in der Kunst eine andere Dimension: die einer bislang unbekannten räumlichen Tiefe. Nicht zu Unrecht markiert die Geschichtsschreibung die Epoche als „Beginn der Neuzeit".

Amerika war damals das einzig große Unbekannte der westlichen Welt. Eine Reihe von Irrtümern, darunter die Benennung „Westindische Inseln" und vor allem die Bezeichnung *Indios* = „Indi(an)er" für die Ureinwohner, wie ein fast 50jähriger Streit, ob jene Wesen, für die es in der Schöpfungsgeschichte des alten Testaments keine Erklärung gibt, Menschen seien und überhaupt die Sakramente empfangen dürften, geben Zeugnis von der ungeheuren Verwirrung.

Christoph Kolumbus, den Jakob Wassermann in seiner Biographie zu Unrecht als den „Don Quichote des Ozeans" bezeichnete, war sicherlich kein „Ritter von der traurigen Gestalt", eher ein Entdecker ohne *Fortune*. Jahrelang ging der Genuese mit seinen Plänen hausieren, zuerst am portugiesischen Hof, dann bei den spanischen Monarchen. Trotz deren Mißtrauen gegenüber seinen kühnen Ideen arbeitete die Zeit für ihn. Seit die Türken Konstantinopel und die Balkanhalbinsel erobert hatten, die Mittelmeerwege wie die alten Karawanenstraßen zu sperren begannen, sind die Handelsbeziehungen zwischen dem Abendland und dem Orient, insbesondere zu Indien, außerordentlich erschwert worden. Die Glorie von Venedig verblaßte. Das war eine Herausforderung und Glücksstunde zugleich für die Seefahrer der Pyränenstaaten, Spanien und Portugal, die durch ihre geographische Lage und in ihren wirtschafts- und handelspolitischen Interessen auf die Meere angewiesen waren. Die Portugiesen suchten den Seeweg nach Indien in südlicher Richtung durch die Umschiffung Afrikas. Kolumbus, im Auftrag der Spanier, blieb nur der Westen; das Wagnis, den Hintereingang zu dem Wunderland Indien und China zu finden, die für die Europäer seit Marco Polos Reisen den Inbegriff von Reichtum an exotischen Gewürzen, kostbaren Perlen, Edelsteinen, Gold und anderen Reichtümern verkörperten. Der Staatssäckel der neu vereinigten Königreiche Kastilien und Aragon in Spanien war leer. Die Vertreibung der Mauren aus dem südlichen Teil der Iberischen Halbinsel 1492 erwies sich als kostspielig. Die Ausweisung der orthodoxen Juden weniger. Dem konnte vielleicht der neue Seeweg Abhilfe schaffen.

Kolumbus kannte die Wünsche und Begierden seiner Auftraggeber Ferdinand und Isabella. Noch hatte er keinen Geistlichen dabei, wie auf seinen späteren Reisen, als er von einer kleinen Insel der Bahamagruppe in der Karibik, die die Eingeborenen Guanahani nannten, im Namen seines Königs und der Königin Besitz ergreift.

In seinem Brief vom 15. Februar 1493 auf der Rückfahrt von seiner ersten Reise, den er etwa auf der Höhe der Kanarischen Inseln schrieb, teilte er seinen Auftraggebern mit:

„Abschließend können ihre Hoheiten, wenn man bloß die Ergebnisse dieser Reise, die mit solcher Eile durchgeführt wurde, berücksichtigt, schon jetzt gewiß sein, daß ich ihnen soviel Gold verschaffen kann als sie nur wollen, wenn sie mir nur einigermaßen behilflich sein wollten. Überdies werden ihnen Gewürze, Baumwolle und Mastixharz in jedem gewünschten Ausmaß zu Gebote stehen, was von großem Vorteil ist, wenn man bedenkt, daß letzteres nur in Griechenland auf der Insel Chios gewonnen wurde, welches die Signoria (von Venedig) zu jedem Preis verkaufen konnte. Auch Aloe und Sklaven werden von dort in jeder gewünschten Menge eingeführt werden können. Ich glaube, auch Rhabarber und Zimt gefunden zu haben..." An späterer Stelle fügte er noch hinzu: *„Es muß die ganze Christenheit frohlocken und mit großen Feierlichkeiten und Andachten der Heiligen Dreifaltigkeit dafür Dank sagen, daß die Bekehrung so vieler Völker zu unserem Glauben dem Christentum neuen Aufschwung geben wird - ganz zu schweigen vom materiellen Wohlstand, den dies alles im Gefolge haben wird."*

Mit solchen Worten sind nicht nur die Kernpunkte des Unternehmens festgehalten: ein Unternehmen, das weniger als 30 000 Goldmark kostete und dem Christentum einen Platz unter den Weltreligionen sicherte. Die schöngefärbten Berichte, die Versprechungen von Gold und billigen Arbeitskräften und nicht zuletzt die Seelen jener Menschen sicherten Kolumbus nicht nur den Admiralstitel, sondern auch weitere Expeditionen. Bewußt oder unbewußt fiel damit auch der Samen für eine der sieben Todsünden seiner Religion auf die Länder, die von Menschen bewohnt waren, die kein Geld kannten: die Habgier.

Als der Seefahrer im Januar 1493 die Heimreise antrat, ließ er 38 seiner Männer in Hispaniola (Klein-Spanien) - wie er die Insel der heutigen

Dominikanischen Republik und Haiti nannte - in einer von ihm gegründeten Niederlassung mit dem Namen Navidad zurück. Sie lag bei einem Dorf des Taino Häuptlings Guacanagari, von dessen freundlichem Charakter und dem seiner Untertanen Kolumbus überzeugt war.

„Sie gehen nackend umher, so wie Gott sie erschaffen, auch die Frauen. Alle jene, die ich erblickte, waren jung an Jahren, denn ich sah niemand, der mehr als 30 Jahre alt war. Dabei sind sie alle sehr gut gewachsen. Ihre Stirn und ihre Kopfform sind breit ... Sie müssen gewiß treue und kluge Diener sein, da ich die Erfahrung machte, daß sie in Kürze alles, was ich sagte, zu wiederholen verstanden. Überdies glaube ich, daß sie leicht zum Christentum übertreten können, da sie allem Anschein nach keiner Religion angehören."

So fixierte Kolumbus seinen ersten Eindruck über die Ureinwohner der „Neuen Welt" in seinen Aufzeichnungen.

Das entsprach nicht der Wahrheit. Die Taino verehrten in ihrer Naturreligion den Mond und seinen Sohn, die Sonne. Sie zählten zur Aruak-Sprachfamilie, besiedelten Hispaniola (Haiti und Dominikanische Republik), Kuba, die Bahamas und andere Inseln der Karibik. Aus Südamerika kommend, verdrängten sie die alteingesessenen Ciboney (Guanahatabey), eine einfache Jäger-, Fischer- und Sammlergruppe.

Die Taino betrieben intensiven Bodenbau (Maniok, Mais, Bohnen), pflanzten Fruchtbäume (Mango etc.) und erzielten mit Hilfe von Bewässerung gute Ernten. Die Siedlungen bestanden aus großen Dörfern mit Ballspielplätzen und der Residenz eines Häuptlings (Kazike).

Die Gesellschaftsstruktur kannte drei Klassen: Sklaven, Freie und Adel. Ihre materielle Hinterlassenschaft besteht aus Keramik, Steinskulpturen und kleinem, kalt ausgehämmertem Goldschmuck. Ihr sozio-religiöses System ebenso wie ihre technischen und künstlerischen Fähigkeiten verweisen auf eine Vorstufe zu einer Hochkultur, ähnlich wie bei zahlreichen anderen Völkern, beispielsweise im Südwesten und unteren Mississippigebiet der heutigen USA oder der Muisca auf der Hochebene von Bogota in Kolumbien. Die spanische Eroberung beendete jäh den Entwicklungsprozeß, und keiner vermag zu sagen, welchen Verlauf die Geschichte jener genommen hätte, die vor den Schwellen einer Hochkultur standen.

Die zweite Reise von Christoph Kolumbus vom 25. September 1493 bis 11. Juni 1496 zeigte schon politischen wie militärischen Charakter. Der Kampf um die Ländereien, die man noch gar nicht kannte, begann, da Gerüchten zufolge die Portugiesen eine Flotte ausgerüstet hatten, um Haiti zu besetzen. Dazu waren 1200 Männer – Seeleute, Soldaten, Missionare und Beamte –, Pferde, Schweine, Hühner und Saatgut auf siebzehn Schiffen geladen; alle voller Hoffnung, schnellen Reichtum zu erwerben.

Für den Admiral aber zerbrach diese Hoffnung, als er nach weniger als einem Jahr nach Haiti zurückkehrte. Das Bild vom Paradies mit den edlen Menschen zeigte die Kehrseite. Keiner der Zurückgelassenen überlebte. Spaniens erster Stützpunkt im unbekannten Land war zerstört. Guacanagari hatte sich in die Berge zurückgezogen und lastete die Tat den wilden Kaziken der Kariben an, die aus dem Landesinneren kamen.

Diese große Völker- und Sprachfamilie erstreckte sich zur Zeit ihrer größten Ausbreitung im 16. Jahrhundert vom Mato Grosso in Brasilien und der Pazifikküste Kolumbiens bis zur Atlantikküste Guayanas. Dort war auch ihr Sprungbrett zum Vorstoß über die Kleinen Antillen zu den großen Inseln in der Karibischen See. Der Name dieser kriegerischen und durch ihre Wildheit verschrieenen Stämme geht vermutlich auf eine ähnlich klingende Eigenbezeichnung „Calino" oder „Calinago" zurück. Shakespeare ließ sich für sein Stück „Sturm" inspirieren, als er den Inselbewohner „Caliban" nannte.

Ob die Kariben die Übeltäter waren, wird die Geschichte nie erfahren. In späterer Zeit machten die Spanier des öfteren böse Erfahrungen durch Angriffe dieser ethnischen Gruppe. Auf der anderen Seite fanden die Leute von Kolumbus bei den Aruak, die ihnen bei ihrer ersten Reise so offen entgegenkamen, Gegenstände, die im Besitz ihrer toten Landsleute waren. Darunter war auch ein Schiffsanker. Ob seine Kameraden ihn eingetauscht hatten oder es sich um ein Beutestück des Überfalls handelte, blieb ungeklärt. Ebensowenig bekamen sie nie heraus, was damals wirklich geschah.

Es folgten noch zwei weitere Entdeckungsfahrten unter dem Kommando von Christoph Kolumbus. Wie bei seiner ersten und allen weiteren Expeditionen auch noch im folgenden Jahrhundert, waren die Geldgeber vorwiegend Privatunternehmer. Von den Monarchen hing jedoch die Erlaubnis ab.

Auf seiner dritten Reise (1498) fuhr der Admiral in der Nähe der Orinoko-Mündung (im heutigen Venezuela) entlang, ohne sich über die Bedeutung des Festlandes bewußt zu werden. Am 3. April 1502 brach er zu seiner vierten und letzten Reise auf, die wohl unter dem unglücklichsten Stern stand. Die Entbehrungen und Verluste seiner Schiffe entschädigte höchstens das Gold, das er bei den Eimheimischen an der „reichen Küste" (Costa Rica) und denen von Veraguas im heutigen Panama sah. Die irrtümliche Bezeichnung „Veraguas-Adler" – in Wirklichkeit handelt es sich um den Königsgeier – ebenso wie der Name Costa Rica, gehen auf diese Reise zurück.

Kolumbus glaubte bis zu seinem Tod im Jahre 1506, daß er nur einen neuen Seeweg nach Indien gefunden hätte. Das ist die Tragik eines unerschütterlichen Glaubens. Eine Farce der Weltgeschichte ist das Mißgeschick, das ganz nebenherlief.

Der Portugiese Pedro Alvarez Cabral war sechs Jahre zuvor von seinem Seeweg um die Südspitze Afrikas nach Indien, den Vasco da Gama 1498 erfolgreich durchführte, vom Kurs abgekommen und entdeckte dabei - beabsichtigt oder zufällig - Brasilien.

Ein Italiener namens Amerigo Vespucci (1454-1512) aus florentinischem Patriziergeschlecht behauptet nach seinen eigenen Angaben, er hätte insgesamt vier Reisen unternommen. Bei seiner ersten Reise (1499) unter spanischem Kommando von Alonzo de Hojeda nahm er als Kosmograph an einer Expedition teil und trennte sich mit seinem Schiff vom Rest der Flotte. Dabei segelte er am südamerikanischen Festland entlang und entdeckte angeblich Guayana und den nördlichen Teil Brasiliens. Bei seiner zweiten Reise wechselte er die Fahne. Mit Gonzalo Coelho, einem Portugiesen, segelte er im Jahr 1501, wiederum entlang der brasilianischen Küste, weiter nach Süden.

Laut Vertrag von Tordesilla von 1494, bei dem Papst Alexander VI. die Welt zwischen Spaniern und Portugiesen aufteilte - die Trennlinie verlief 370 Meilen westlich der Azoren –, fiel dieser Teil der noch zu entdeckenden Länder an Portugal. Die Beute war also bereits verteilt, noch bevor man sie erlegte. Es folgte noch eine dritte und vierte Reise Vespuccis auf der alten Route, die noch weiter südlich führte. Damals brachten die Seefahrer rötliche Hölzer mit, die von Einheimischen als „brazil" bezeichnet wurden. Danach erhielt die spätere und einzige portugiesische Kolonie auf dem amerikanischen Festland ihren Namen.

Lettera di Amerigo vespucci
delle isole nuouamente
trouate in quattro
suoi viaggi.

Vespucci war das Gegenteil von Kolumbus. Er war mehr mit Feder, Papier und Phantasie vertraut als mit der Kenntnis des Sternenhimmels, der Winde und der Meeresströmungen. Schon bald nach seiner Rückkehr von den verschiedenen Reisen erschienen mehrere phantasievolle Schriften und populäre Beiträge, die die Neugier der Leser befriedigten und die Vermutung ins Gespräch brachten, dieser Reiseschriftsteller des zur Neige gehenden Mittelalters hätte einen unbekannten Erdteil entdeckt, der bislang als „tierra icognita" bezeichnet wurde.

Namhafte Historiker haben sämtliche Fahrten Vespuccis in Frage gestellt und zu beweisen versucht, daß die Angaben des Florentiners nicht fundiert waren. Da die Schiffsdokumente fehlen, ist es heute schwierig, Vespuccis Behauptungen zu untersuchen. Ein Buch jedenfalls ist historische Tatsache. Es erschien 1507 unter dem Titel „Mondo nuovo" (Neue Welt) in Venedig und fand schnell Verbreitung.

Über den Deutschen Martin Waldseemüller weiß man wenig. Er kam 1472 zur Welt, und aus dem Jahr 1490 ist überliefert, daß er an der Freiburger Universität immatrikuliert war. Im Jahr 1507 wurde er zusammen mit seinem Freund Mathias Ringmann von Herzog René II. von Lothringen zu einer wissenschaftlichen Tagung nach Saint-Dié eingeladen. Aus diesem Anlaß zeichnete er die erste Weltkarte mit dem eben im Westen entdeckten neuen Kontinent, die in dem Ort als Holzschnitt im Format 43 x 59 cm gedruckt wurde. Was noch fehlte, war ein Name. Den beiden kam die Reisebeschreibung Vespuccis in die Hände, und Ringmann notierte: *„... Auch ein vierter Kontinent ist durch Amerigo Vespucci entdeckt worden. Ich sehe keinen Grund, dagegen Einspruch zu erheben, daß dieser nach seinem Entdecker Amerigo benannt werden kann."*

In der „Cosmographiae universalis introductio" („Einführung zu einer allgemeinen Weltbeschreibung") wurde Waldseemüllers Karte 1507 beigegeben. Die Publikation hatte eine Auflage von 1000 Exemplaren. Das reichte, um den Begriff „Ameriga" durchzusetzen. Das unbekannte Land (*tierra icognita*) hatte ähnlich wie Asien und Afrika einen wohlklingenden Namen.

Vielleicht war es eine Laune der Weltgeschichte, daß der Blender über den Grübler siegte, daß Amerika nicht nach seinem Entdecker benannt wurde, sondern nach dem, der sich für ihn hielt. Das ist eine Don Quichoterie der Weltgeschichte. Noch 30 Jahre - insgesamt 45 seit der Entdeckung - vergingen, bis Paul III. (1534–1549) durch eine päpstliche Bulle von 1537 die Ureinwohner Amerikas für Menschen erklärte. Damit gab man sich zufrieden. Der Name Indianer ebenso wie die Bezeichnung Amerika war nicht mehr austauschbar.

Die Frage, wer die *„Indios"* sind, woher sie kamen und wann sie das riesige Gebiet zwischen Alaska und Feuerland besiedelten, war weder von Interesse, noch war die Zeit reif dafür. Sie rückte erst viel später in den Vordergrund, als 1859 in England das Buch „On the Origine of Species", („Die Entstehung der Arten") von Charles Darwin erschien und Aufsehen wie weltweite Empörung erregte. Auch interessierte es bis in unser Jahrhundert hinein reichlich wenig, wie viele Ureinwohner es in Amerika zur Zeit der Entdeckung und Eroberung gab. Erst der Einsatz neuer Methoden, wie etwa Hochrechnung und Statistik, erlaubt uns heute, die Bevölkerungszahlen etwa zu Beginn der Konquista zu berechnen. Unter Hinzuziehung von Vergleichen aus der frühen Kolonialperiode, bei der aus Gründen der Steuereintreibung auch die Verfügbarkeit von Arbeitskräften in Listen regelmäßig erfaßt wurden, ergibt sich für die moderne Forschung zu Beginn des 16. Jahrhunderts eine Gesamtbevölkerung der Erde von etwa 400 Millionen Menschen. Davon lebten etwa 80 Millionen auf dem Doppelkontinent. Kolumbus hatte also nicht nur die Grenzen der abendländischen Welt nach Westen ausgedehnt, er hatte auch ein Fünftel der Menschheit entdeckt, von der die übrige Welt bislang keine Kenntnis besaß. Das blieb nicht lange so. Eine Invasion von Gerüchten, die geschönten Berichte, die bereits mit seiner ersten Reise begannen, dieser Traumtanz zwischen Schein (Indien) und Sein (Amerika) lockten ein Heer von Abenteurern nach Übersee.

Obwohl das Jahr 1492 den ersten Kontakt zwischen Völkern der Neuen Welt und dem Europa der Renaissance als „Beginn der Neuzeit" markiert, sollte es noch ein halbes Jahrhundert dauern, bis die spanischen Eroberer in Mexiko, im nördlichen Mittelamerika und im zentralen Andenraum in Südamerika auf große indigene Hochkulturen stießen, die sich eigenständig und isoliert von der übrigen Welt entwickelt hatten – die letzten, die es damals noch zu entdecken gab. Es waren aber nicht ihre eindrucksvollen Leistungen, die großen Städte mit den riesigen Pyramidenbauwerken und dem megalithischen Mauerwerk der Tempel und Paläste, auch nicht der komplexe Verwaltungs- und Regierungsapparat, noch ihre bildenden Künste, also nicht der hohe Grad der kulturellen Entwicklung, den die Eroberer vorfanden; es war allein die Gier nach Gold und anderen Reichtümern, die ihnen Ansporn gab. Das zeigte sich an Tenochtitlan, der aztekischen Metropole, ebenso wie an Cuzco im Reich der Inka und vielen anderen Plätzen, die gewaltsam zerstört und geplündert wurden.

In dem Maße, in dem Mexiko und später Peru ins Blickfeld der Europäer rückte, verblaßten auch die Taten des Genuesen. Andere Namen zierten die Analen der Weltgeschichte. Vasco Nuñez de Balboa (1475-1517), der mit 190 Spaniern und zahlreichen Bluthunden die Landenge von Panama durchquerte und vom „Mar del Sur", dem Pazifischen Ozean, im Namen des spanischen Königs feierlich Besitz ergriff. Und vor allem Hernan Cortes (1485-1547), dem Eroberer Mexikos, und Francisco Pizarro (1475-1541), der das Reich der Inka vernichtete, sowie zahlreiche andere, die im Schatten jener standen. Mit ihnen allen kam der Tod; Kinderkrankheiten wie Masern, Windpocken und andere, gegen die die Ureinwohner Amerikas nicht immun waren. Katastrophale Seuchen brachen aus, forderten tausendfach mehr Opfer als Schwerter aus Stahl und die bleiernen Kugeln der Musketen. Damit war der Untergang der altamerikanischen Hochkulturen besiegelt.

Bereits 50 Jahre nach den ersten Eroberungszügen auf den Karibischen Inseln und danach auf dem Festland betrug die Bevölkerungszahl Amerikas gerade noch 10 Millionen - eine Dezimierung um 70 Millionen Menschen in einem halben Jahrhundert. Die Verluste waren deshalb so hoch, weil die anderen Gebiete ohne große Bevölkerungskonzentration, die erst durch den Anbau potentieller Nutzpflanzen möglich wurde, für die Kolonisten nicht von Interesse waren. Das veranlaßte noch 250 Jahre später den geborenen Spötter der Aufklärung, Georg Christoph Lichtenberg, zur bissigen Bemerkung: „Der Amerikaner, der den Kolumbus zuerst entdeckte, machte eine böse Entdeckung."
Das Dilemma der Entdeckung wie anschließend der Eroberung war: Die Europäer hatten zwar Amerika entdeckt, nicht aber die Menschen, es sei denn als billige Arbeitstiere - und vor allem nicht die Vielseitigkeit und den hohen Standard ihrer andersgearteten Kulturen.

Gerechtigkeitshalber muß hinzugefügt werden, daß vor allem drei Ausnahmen die Regel bestätigen. Der um Objektivität bemühte Chronist Bernardino de Sahagun (1499-1590) - ein Franziskanerpater - kam als Missionar bereits 1524 in das zerstörte Tenochtitlan, in die nach dem Wiederaufbau zur „Ciudad Real de Mexico" erhobenen Hauptstadt von Neu-Spanien, und errichtete im Vorort von Tlatelolco eine Klosterschule für die Söhne der Besiegten. Das Besondere dabei war seine modern anmutende Methode. Nachdem er seinen aztekischen Schülern das Schreiben lateinischer Lettern lehrte, ließ er sie alles, was sie über Sitten und Gebräuche, über ihre Götter und Feste sowie Hymnen und Legenden wußten, in ihrer Sprache, dem Nahuatl, niederschreiben. Die Aufzeichnungen wurden von seinen aztekischen Schülern, zum Teil nach alten Vorlagen der Bilderschriften und in ihrem Stil, mit Illustrationen versehen. Diese äußerst „moderne" Methode, der sich die zeitgenössischen Ethnologen bedienen, erlaubt, obwohl von einem Europäer inspiriert, einen Blick auf die andere Seite, die nicht von den Siegern geschrieben wurde. Sahagun schien sich dessen bewußt. Eine Übersetzung, bei dem dieses Werk als Grundlage diente und bei dem er mit Geschick die Klippen der Zensurbehörde der heiligen Inquisition umschiffte, entstand zwischen 1558 und 1580 und erschien unter dem Titel: „Historia general de las cosas de Nueva España". Das Originalmanuskript seiner Gewährsleute wurde erst Jahrhunderte später in der Bibliothek der Medici in Florenz entdeckt. Dieser „Codex Florentino" ist eine der wichtigsten Quellen zum Verständnis der aztekischen Kultur. Das erste Quellenwerk über die Maya verfaßte Diego de Landa (1524–1579), der etwa 30 Jahre lang auf der Halbinsel Yucatan lebte, im Jahr 1566. Er schilderte ihre Lebensweise in Familie und sozialen Gemeinschaften, ihre Religion, beschrieb Ackerbau- und Jagdmethoden sowie die Technik der Kriegsführung. Vor allem aber gab er erste Hinweise auf ihre Hieroglyphenschrift und ihr sowohl kompliziertes wie genaues Kalendersystem. Dieser Bericht wurde justament von dem Mann verfaßt, der Hunderte, ja vielleicht sogar Tausende Originalhandschriften jener Kultur Jahre zuvor als „Werk des Teufels" verbrennen ließ, dem zweiten Bischof von Yucatan: Diego de Landa.

Der einzige spanische Chronist, der in seinem Zorn gegen die vielen geschönten Berichte seine Stimme erhob, war Bartolome de Las Casas (1474-1566). Sein Vater kam bereits mit den ersten Siedlern nach Westindien. Der Sohn folgte ihm um die Wende vom 15. zum 16. Jahrhundert und betrieb erfolgreich Grubenabbau und Plantagenanbau. Angesicht der Greueltaten, die man „Pazifierung" nannte, wurde aus dem anfänglichen Saulus ein Paulus, der sich offensichtlich sehr früh mit den Kulturen der „*Indios*" beschäftigte. Man sagt ihm nach, er habe mehr als ein Dutzend indianischer Sprachen und Dialekte erlernt. Im Jahr 1511 empfing der Theologe und Jurastudent in Santa Domingo auf Hispanola die Priesterweihe. In den darauffolgenden Jahren wurde er nicht müde, in seinen Predigten und Schriften die Zustände anzuprangern. Höhepunkt war die Audienz bei Karl V. und seine öffentlich vorgebrachten Anschuldigungen vor den Mitgliedern des Indischen Rates in Sevilla. Sein Einsatz für die Ureinwohner Amerikas brachte ihm den Beinamen „Vater der Indios" ein. Leider geht auch der Vorschlag, Schwarzafrikaner als

Arbeitskräfte in Amerika einzuführen und damit der gewinnbringende Sklavenhandel, auf ihn zurück.

Die zweite Entdeckung Amerikas ist mit dem deutschen Naturforscher und Gelehrten Alexander von Humboldt (1769-1859), verbunden; nicht zu Unrecht. Alexander von Humboldt veränderte den Blickwinkel, versuchte aus dem von den Konquistadoren übriggebliebenen Scherbenhaufen neben seinen fundierten naturwissenschaftlichen Forschungen auch ein objektiveres Bild von den Hochkulturen des alten Amerika zu rekonstruieren und auf ihre Werte wie Leistungen hinzuweisen. Am 16. Juli 1799 setzte der deutsche Gelehrte seinen Fuß auf amerikanischen Boden. Am 30. Juni 1804 trat er die Heimreise an. Christoph Kolumbus war zu dieser Zeit nur noch Legende, Bauschutt unter den prächtigen Palästen der Vizekönige in Ibero-Amerika.

In dem unvollendeten Reisebericht und den Tagebüchern Humboldts, die erstmals als Zusammenstellung unter dem Titel „Die Wiederentdeckung der Neuen Welt" 1989 in Berlin erschienen, findet sich der Name Kolumbus gerade dreimal erwähnt, ganz im Gegensatz zu Hernan Cortes, dem Eroberer von Mexiko, und dem aztekischen Herrscher Moctezuma, der ihm unterlag, oder Francisco Pizarro und Atahualpa, dem „Gott-König" des Inka-Reiches.

Im nördlichen Hochland von Peru, in Cajamarca, beim Besuch der Inka-Bauwerke, beschäftigten den Gelehrten zwar die korrupte Erpressung des Lösegeldes durch den spanischen Konquistador, das in Form von goldenen Gegenständen einen Raum füllte, und den Tod des letzten Inka Atahualpa dennoch nicht zu verhindern vermochte. Auch die gewaltigen Staatsstraßen der Inka, die er noch zum Teil auf seiner Reise von Quito nach Lima benutzen konnte, lösten sein Erstaunen wie seine Bewunderung aus.

Während seines über einjährigen Aufenthaltes in Mexiko schien sich Humboldt vom Virus des Sammlers von präkolumbischen Artefakten infiziert zu haben. Über die Bilderhandschriften, nach denen er im indianischen Archiv von Boturini in der Universitätsbibliothek fast vergeblich gesucht hatte, schrieb er: „In der Tat habe ich hier die Originale gefunden. Aber, oh Jammer, in welchem Zustand! Es existieren nur mehr drei dicke Pakete.

Aus dem 96seitigen Katalog, dem Boturini seine Idee einer neuen allgemeinen Geschichte Nordamerikas von 1745 beigab, ersieht man, daß sein Museum mehr als 500 Bilderschriften zur mexikanischen Geschichte enthielt. Der spanische Statthalter war so grausam, es Boturini zu konfiszieren. Die Reste werden im Erdgeschoß des Staatspalastes aufbewahrt, in einem sehr feuchten Raum. Da hinein wurden die mexikanischen Bilderhandschriften geworfen, zusammen mit alten Akten, auf die man keinen Wert mehr legt. Ein großer Teil ist schon zerfetzt, weil sie jedesmal einreißen, wenn jemand die Bündel öffnet. Warum schickt man diese kostbaren Reste indianischen Altertums nicht nach Madrid?" Neben den Handschriften, von denen Humboldt an anderer Stelle vermerkt, „...ich besitze selbst drei Fragmente...", ist wohl die nach dem Naturforscher benannte „Humboldtscheibe" am bekanntesten.

Das Original ging in den Besitz des früheren Museums für Völkerkunde in Berlin über, ist aber seit dem Zweiten Weltkrieg verschollen. (Eine Abformung in Originalgröße befindet sich im Besitz des Knauf-Museums und ist in den Komplex der aztekischen Kultur integriert.)

Humboldt hat nicht nur Fauna, Flora und Geologie sowie vieles andere mehr aus Amerika uns nähergebracht. Er lenkte auch die Aufmerksamkeit auf die Menschen, stellte die Frage nach ihrer vorspanischen Vergangenheit und ihren kulturellen Leistungen. Etwa zwei

Jahre vor seiner Ankunft in Mexikos Hauptstadt wurden 1790 bei Umbauarbeiten an der Plaza de Mayor, heute als Zocalo bezeichnet, die tonnenschwere Statue der Vegetationsgöttin Coatlicue und der sogenannte Kalenderstein gefunden. Diese beiden vorspanischen Zeugnisse wurden zunächst neben der Kathedrale ausgestellt, jedoch nicht von langer Dauer. Die Indios kamen zu Scharen, standen schweigend vor der Erdgöttin, und so mancher brachte ihr Blumen. Das war nicht der Sinn. Die Coatlicue Mayor, wie die Archäologen heute die etwa 2,5 Meter große Steinskulptur nennen, wurde in den Hof der Bergbauakademie verbannt. Als Humboldt davon hörte, bat er, sie besichtigen zu dürfen. Eine Bitte, die ihm gewährt wurde. In seinem 1816 in Paris erschienenen Werk bildete Humboldt einen Stich des Kalendersteins ab. Seine Veröffentlichung veranlaßte den Engländer William Bullock zu einer Mexikoreise, bei der er eine große Sammlung aztekischer Kunstwerke erwarb und nach England verschiffen ließ. Außerdem trug er sich mit dem Gedanken, die erste große Mexiko-Ausstellung vorzubereiten.

In seinen Erinnerungen heißt es: „Die einzigen Kunstwerke der Einwohner der Stadt Mexiko vor der Eroberung, damals Tenochtitlan genannt, welche man jetzt öffentlich sieht, sind der große Kalenderstein, in der Volkssprache Moctezumas Uhr genannt, und der Opferstein oder der große Altar, der einst in dem großen Tempel vor dem Hauptgötzenbilde stand ... Von dem ersten Augenblick an, wo ich es sah, beschloß ich, diese schönen Proben aztekischer Kunst mit nach Europa zu bringen. Durch Fürsprache des ersten Ministers erhielt ich von der Geistlichkeit Erlaubnis, ein Gerüst an der Kathedrale zu errichten, und nahm einen Abdruck (vom Kalenderstein) in Gips davon, der hernach sorgfältig aufgepackt und mit einigen Schwierigkeiten nach Vera Cruz geschafft wurde. Er ist glücklicherweise unbeschädigt in England angekommen und macht jetzt einen der Gegenstände von der Ausstellung des alten Mexiko aus, welche man in der ägyptischen Halle sieht."

Der unternehmungslustige Engländer war damit keineswegs zufrieden. Er forschte nach der vom Hörensagen nach bekannten Erdgöttin. „Die größte und berühmteste der mexikanischen Gottheiten war, und wie man wußte, unter der Galerie der Universität begraben worden. Mit einiger Mühe brachte man den Fleck heraus. Herr del Rio, Professor der Mineralogie, war so gütig, sich für mich bei den Häuptern des Kollegiums zu verwenden, und die große Gottheit wurde auf Kosten der Universität ausgegraben... Ich hatte das Vergnügen, die Auferstehung dieser schrecklichen Gottheit zu sehen. Dieses kolossale und schreckliche Ungeheuer ist aus einem einzigen Basaltblock gehauen, neun Fuß hoch, und seine Umrisse geben einen Begriff von einer entstellten menschlichen Gestalt, welche alles, was im Tiger und in der Klapperschlange Schreckliches ist, in sich vereinigt. Während der Zeit, wo sie frei stand, war der Universitätshof mit Menschen gefüllt, von denen die meisten entschiedenen Zorn und Unwillen ausdrückten. Nicht so die Indianer. Ich beobachtete aufmerksam ihre Gesichtszüge, und nicht ein Lächeln, nicht ein Wort entschlüpfte ihnen. Alles war Schweigen und Aufmerksamkeit.

Als Antwort auf einen Scherz, den einer der Studenten machte, bemerkte eine alte Indianerin: Es ist wahr, wir haben drei sehr gute spanische Götter, aber man hätte uns immerhin erlauben mögen, einige von denen zu behalten, die unsere Vorfahren hatten! „Man sagte mir nachher, daß von den Eingeborenen, die sich des Abends zu diesem Endzweck ungesehen hierher geschlichen hatten, Blumengebinde auf die Gestalt gelegt wurden - ein Beweis, daß ungeachtet der äußersten Sorgsamkeit, welche die spanische Geistlichkeit 300 Jahre anwendete, noch immer ein Anstrich heidnischen Aberglaubens unter den Nachkommen der Ureinwohner zurückbleibt. In einer Woche war der Abguß beendigt und die Göttin wieder an ihren Begräbnisplatz gebracht, wo sie den profanen Blicken des großen Haufens entzogen war." In Bullocks Ausstellung, die erste mexikanischer Altertümer in der „Ägyptischen Halle" in der Piccadilly, London, waren die beiden Abgüsse neben Phantasieprodukten zu sehen. Über die Resonanz des Publikums auf die Coatlicue ist nichts bekannt. In Mexiko jedenfalls zeigte sich anhand der Erdgöttin, daß der Unterschied zwischen den katholischen Würdenträgern und den aztekischen Priestern, die „die Dame mit dem Schlangenrock" verehrten, nicht groß war. Die einen sahen ein Werk des Teufels, die anderen die Göttin der Sünde, die „Dreckfresserin", die alles Gebärende und alles Verschlingende, die Erd- und Fruchtbarkeitsgöttin, die Mutter aller wichtigen aztekischen Götter. Für die einen wie für die anderen war es eine übernatürliche Erscheinung, ein Mysterium mit erschreckender Ausstrahlung.

Was den Europäern den Blick trübte, war vor allem ihre Einstellung zur Kunst und im Begriff der Ästhetik des 18. und 19. Jahrhunderts, die wiederum auf die von den Griechen vor über 2000 Jahren für das Abendland prägende Kunstauffassung zurückgeht. Heute befinden sich die Steinskulpturen im Museo Nacional de Antropologia e Historia, und anhand einer Umzeichnung wird in der Sonderausstellung auf die Unterschiede zwischen der Kunstauffassung der klassischen Antike und der der Azteken hingewiesen. Da sich die schweren Abgüsse, im alten Mauerwerk befestigt, für die kurze Dauer dieser Sonderausstellung „Azteken, Maya, Inka und ihre Vorläufer" nicht entfernen ließen, wurden die präkolumbischen Artefakte aus der Neuen Welt in die Räume der Kunst der Alten Welt integriert. Was anfänglich als ein ästhetisches Hindernis erschien, zeigte sich bei genauerer Überlegung als großer Reiz. In den Völkerkundemuseen sind die Kulturkreise allein durch die Raumaufteilung getrennt. Die Sonderausstellungen, wie etwa „Glanz und Untergang des ALTEN MEXIKO", „Die Welt der Maya" oder „Peru durch die Jahrtausende", widmeten sich ausschließlich einem Kulturkreis. So besteht hier - wo aus der Not eine Tugend gemacht wurde - für den Besucher die Möglichkeit, sich ein eigenes Bild zu machen und mit der Andersartigkeit der Kunst jener Kulturen, die sich unabhängig von der übrigen Welt entwickelten, auseinanderzusetzen.

Um Konzeption und das Schema der aztekischen Kunst im besonderen und der alt-amerikanischen in ihrer Vieldeutigkeit zu beschreiben, gibt es wohl kaum ein besseres Beispiel, das eine deutlichere Sprache spricht, als das Bildnis der Erdgöttin Coatlicue. Die „Göttin mit dem Schlangenrock",

Ursymbol der Zwiespältigkeit allen menschlichen Lebens, ist der kosmische Ausdruck für Leben und Tod; sie verkörpert die Erde, die Leben gibt und Leben nimmt; als Mutter auch von Huitzilopochtli, dem aztekischen Stammesgott, ist sie dem Himmel als männlicher Teil und Vater gegenübergestellt. Sie ist das Ungeheuer, daß die Sonne am Abend verschlingt und am Morgen wieder gebiert. Sie steht im engsten Kontakt zu dem Gott des Todes und der Unterwelt. Die 2,52 Meter hohe Skulptur zeigt kein menschliches Wesen, sondern die Verkörperung einer Idee. Aus dem kleinen menschlichen Kern wuchert nach allen Seiten das Tierische, das Raubtierhafte, gleichsam visualisierte, symbolhafte Meditationsdiagramme. Die Mitte bildet ein weiblicher Körper mit schlaffen Brüsten. Von der Hüfte abwärts wird der Leib mit einem Rock aus gewundenen Schlangen verhüllt. In Nabelhöhe hängt als Pektorale an einer Kette von aufgereihten menschlichen Händen und Herzen ein Totenkopf. Die verstümmelten Arme haben die Gestalt von Schlangenrachen, die zum Angriff bereit sind, die Füße in Form von Jaguarklauen. Der Kopf dieser monumentalen Plastik besteht aus zwei ineinanderlaufenden Schlangenhäuptern, die symmetrisch angeordnet sind und deren gespaltene, weit heraushängende Zunge zu einer zusammenfließen. Eduard Seler, der „Vater der Amerikanistik", sieht in den beiden Schlangenhäuptern ein Symbol für zwei Blutströme, die dem geköpften Leib der Göttin entspringen. Die merkwürdige Idee, eine Vegetationsgöttin darzustellen, glaubte er in den aztekischen Riten zu finden, von denen überliefert ist, daß bei Festen zu Ehren der Göttin eine Frau als ihr Abbild geköpft und anschließend geschunden wurde. Das Schinden, das Abziehen der Haut, war Sinnbild der Verjüngung der Natur. Die Rückseite der gewaltigen Skulptur der Coatlicue ist annähernd gleich gestaltet, nur fehlen die Brüste. Vom Gürtel, gleich einer Schließe mit einem Totenkopf, fällt ein Behang mit Schneckengehäusen als Symbolträger für Fruchtbarkeit, die an geflochtennen Riemen aufgereiht sind. Die Unterseite der Figur zeigt in einem eingeschnittenen Relief eine

Gottheit mit gespreizten Armen und Beinen, der eine regengottähnliche Maske trägt. Die einen sehen in der Darstellung einen Todesgott, die anderen ein Symbol der Erdkröte, was zweifellos eher einen Zusammenhang mit Tlaloc, dem Regengott, ergibt. Wer Recht hat, ist von sekundärer Bedeutung, wesentlich ist - und das finden wir auch bei anderen Monumentalskulpturen –, daß vom Künstler ein Detail geschaffen wurde, das niemals für den Beschauer sichtbar war. Für den Bildhauer aber durfte dieser wesentliche Teil seiner „Erzählung" nicht fehlen, sonst hätte sein „Gebet in Stein" die magischen Kräfte verloren. Hierin wird der Unterschied zwischen der abendländischen Kunst und der des alten Amerika so deutlich sichtbar wie kaum anderswo. Es ging bei dieser sakralen Kunst nicht darum, zu gefallen und den Lebenden alles zu zeigen, es kam allein darauf an, eine Idee zu verwirklichen, die in der bildenden Kunst vorher ganz im Bild begriffen sein mußte: eine Allegorie eines ungeheueren kosmischen Vorgangs. Das Grauenhafte ist nur Spiegelbild der Grausamkeit des Lebens, denn hier wird eine unverrückbare Tatsache beschrieben: Leben und Vergehen.

In formal-künstlerischer Hinsicht ist die Skulptur allein durch ihre Monumentalität und ihre symmetrische Fügung bemerkenswert. Das Feierliche wie auch das Abschreckende, das von dieser Großplastik ausgeht, übermittelt die gebändigte, aber gleichzeitig ungeheuere Kraft der Naturgewalten, sie bannt gleichsam die dämonischen Kräfte und nicht erklärbaren Mächte. Sie ist phantastisch zusammengesetzt und bedient sich der unheimlichen und erdhaften Wesen: der Schlangen, der Jaguarklauen, um wirkungsvolle Assoziation zu geben (absichtlich wird hier eine schematische Zeichnung der Fotografie vorgezogen, um den Überblick dieser tierischen und dämonischen Formen besser zu vermitteln). Wie Picasso es in seinem „Guernica" vermied, dem Krieg Züge der Realität zu verleihen, so kam auch der Künstler hier davon ab, das Göttliche als ein reales Wesen darzustellen. Im Detail zeigt der unbekannte Meister eine präzise Exaktheit, die

noch das Vorbild der Natur erkennen läßt, es aber stark stilisiert wiedergibt, um das Übernatürliche und damit Zeitlose auszudrücken. Mit dem ganzen Bild aber steht er so in einer jenseitigen, göttlichen Welt, die in die kosmischen Abläufe eingebunden ist. Die einzige Erläuterung zu diesem phantastischen Gebilde findet sich im Mythos, der von der Erdgöttin berichtet, daß sie an allen Gelenken Augen und Mäuler hatte, mit denen sie beißen konnte. Zuweilen schrie sie des Nachts und verlangte nach Menschenopfern. Sie kam nicht eher zum Schweigen, brachte nicht eher Frucht, bis die Menschen ihr den Wunsch erfüllten.

„Was dieses Hauptwerk der Azteken, die Coatlicue, von der Venus von Milo unterscheidet, ist nicht allein die Darstellungsweise, viel mehr die verschiedene Vorstellung, die der Azteke und der Grieche vom Wesen einer Gottheit haben. Weil das metaphysische Erlebnis, aus dem heraus gebildet wird, so durchaus anders ist, entstehen Werke, die auch künstlerisch einer völlig anderen Konzeption entstammen", so Paul Westheim.

Die Griechen der Klassik haben den Menschen als göttliches Maß entdeckt und zu ihrer Mitte gemacht. Ihre Helden wurden zu Göttern, und als Götter sind sie Helden geblieben. Menschliche Leidenschaften, ja sogar menschliches Versagen sind ihnen zugebilligt worden. Die tragische Bedingtheit des Menschen im Universum spielte in der Religion wie in der Kunst nur eine begleitende Rolle, während sie bei der des alten Amerika das ganze Denken einnahm. Der Mensch als Geschöpf der Götter war ihr Diener, ihr „Erhalter und Ernährer". Er war eingebunden in das Weltbild einer zyklischen Wiederkehr und lebte ständig in der Angst, die Gestirne, die Götter, vor allem der Sonnengott, könnten ohne ihn am nächsten Tag nicht ihren Lauf vollziehen. Eine gedanklich ähnliche Konzeption des Eingebundenseins in den Kosmos findet sich in bildhafter Übersetzung auch in der „Raimondi-Stele" der Chavín-Kultur in Peru, die im 1. vorchristlichen Jahrtausend zur Blüte kam und mit Hilfe ihres einprägsamen Kunststils das Weltbild der nachfolgenden Kulturen wesentlich prägte. Von dieser Reliefplatte, die im Original heute im Museum in Lima steht, befindet sich eine Abformung im Knauf-Museum. Auch hier ist eine schematische Umzeichnung einprägsamer, um die einzelnen Details und ihre

Vielfältigkeit in unterschiedlichen Perspektiven erkennen zu können. In beiden Fällen sind diese Exemplare besonders geeignet, um die Andersartigkeit der indianischen Kunstauffassung und ihrer Religion in den Hochkulturen zu sehen und sich ihr zu nähern (vergl. auch S. 33).
Humboldt war „Brückenbauer", und er löste mit seiner „Reise in die Äquinoktial-Gegenden des neuen Kontinents" und anderer Veröffentlichungen allgemeines Interesse an Amerika aus. Man begnügte sich nicht mehr mit dem was zu sehen war. Um die Vorgeschichte zu ergründen, wurde an der Oberfläche gekratzt. Die Reisebeschreibungen bildeten das Salz für die Gerichte, die dann später von Archäologen zubereitet werden konnten.

Mit „Peru - Reiseskizzen aus den Jahren 1838-1842" des Schweizers Johann Jakob von Tschudi (1818–1889) fand Humboldt einen Nachfahren, der alte Ruinen wie die Lebensweise peruanischer Indianer lebhaft zu schildern vermochte. Einen Schritt weiter mit der Erforschung der Vorgeschichte Perus ging der Nordamerikaner E. George Squier (1831-1888), der mit einer gewissen Berechtigung als der erste nordamerikanische Archäologe in Peru genannt wird. Sein Werk „Peru. Reise- und Forschungserlebnisse in dem Lande der Incas" erschien 1883 auch in Deutsch in einem Leipziger Verlag.

Humboldt war somit Vorbild, setzte Maßstäbe und ebnete das Feld für die altamerikanische Archäologie. Dabei darf nicht außer acht gelassen werden, daß es die noch lange nicht gab. Alle diese Pioniere waren Autodidakten, die nur eines gemeinsam hatten, das Verlöbnis mit der Neugier, den Wissensdurst und die Entbehrungen, die sie auf sich nahmen. Von der Kultur der Maya wußte zu Humboldts Zeiten kaum jemand etwas. Sie hatte keinen so spektakulären Untergang wie die Azteken und Inka. Das änderte sich wenige Jahrzehnte später durch einige Amateure, die anfangs belächelt wurden, als sie sich in die unzugänglichen Regenwälder vorwagten. Ich bevorzuge das Wort „Amateur", es beinhaltet Liebe, denn Autodidakten waren ja alle, die sich damals auf den Weg machten, um das Unbekannte, das in Amerikas Erde über die Vorgeschichte liegt, zu erkunden. Liebe ist häufig verbunden mit Entbehrungen und Enttäuschungen. Obwohl die Archäologie noch in den Kinderschuhen steckte und sich aus dem Gesichtsfeld der Europäer vorwiegend mit den Griechen, Römern und dem Vorderen Orient zu beschäftigen hatte, fanden sich solche Abenteuernaturen. Damals war der Zeitpunkt günstig. Der Aufklärung in Europa und damit im kausalen Zusammenhang der Loslösung der Kolonien vom Mutterland sowie der Ausrufung unabhängiger lateinamerikanischer Staaten kam eine Identitätsfindung nicht ungelegen.

Einer der ersten, der in Mittelamerika auszog, um den Gerüchten über die versunkenen Städte der Maya-Kultur in den Regenwäldern auf den Grund zu gehen, war der New Yorker Rechtsanwalt John Lloyd Stephens, ein fanatischer Forscher und Amateur. Er ließ seine Kanzlei im Stich. Mit seinem englischen Freund Frederick Catherwood, einem ebenso pedantischen wie genialen Zeichner, durchstreifte er die Heimat der Maya-Indianer. Vorgeschult durch archäologische Reisen im Vorderen Orient und in Ägypten, wurden die beiden Männer von der Maya-Kultur in einem Grade fasziniert, daß sie jahrelange Einsamkeit wie den befremdeten Blick der wenigen, dieses feuchte und ungesunde Land noch bewohnenden Menschen ertragen lernten. In den Jahren 1839 und 1840 entdeckten sie zahlreiche alte Maya-Ruinen und -Monumente. Den Anblick von Copan schilderte Stephens in seinem Reisebericht mit den Worten: „Wir saßen am Rande der Mauer und bemühten uns vergeblich, das Geheimnis zu ergründen, das uns umgab. Wer waren die Menschen, die diese Stadt erbaut hatten? In den zerstörten Städten Ägyptens, auch in dem längst vergessenen Petra, kennt der Fremde die Geschichte des Volkes, dessen Spuren ihn umgeben. Amerika, so sagen uns die Historiker, war bevölkert von Wilden; niemals aber haben Wilde diese Bauten errichtet, diese Steine geformt. Wir fragten die Indianer, wer das alles gemacht hatte, jedesmal aber war ihre Antwort nur das nichtssagende „Quién sabe", „wer weiß?" (Vergleiche dazu abgeformte Skulpturen im Maya-Saal des Knauf-Museums.)

Unterstützt von den genauen Zeichnungen Catherwoods, bewirkte Stephens farbenreiche Schilderung dieser zugleich unheimlichen und märchenhaft schönen Landschaft mit ihren imposanten und rätselhaften Ruinen, daß sich das Interesse der Öffentlichkeit eine Zeitlang von Ägypten, Griechenland und Mesopotamien abwandte und für einen kurzen Augenblick Zentral-Amerika ins Blickfeld der US-Amerikaner und Europäer rückte und seine Bücher von 1841 und 1843 einen unerwarteten Verkaufserfolg erreichten. Es war nicht von langer Dauer. Die Eroberung der mexikanischen Territorien von Arizona, New Mexiko und Kalifornien durch die USA, die Revolution von 1848 in Europa und ihre Folgen sowie die Sensation der ersten Eisenbahnen ließen in den darauffolgenden Jahren die Hochkultur der Maya diesseits und jenseits des Atlantiks wieder in Vergessenheit geraten. Ihre versunkenen Städte und Tempelbezirke moderten in dem feucht-grünen Grab des Regenwaldes, und allein das „Quién sabe?" der Eingeborenen, die stereotype Antwort auf alle forschenden Fragen, blieb von der Zeit unberührt.

Aus zunächst völlig anderen Gründen hat es den 1842 in Rom geborenen österreichischen Staatsbürger Teobert Maler nach Mexiko verschlagen. Er studierte Architektur und Ingenieurwesen. Als Erzherzog Ferdinand Max 1864 die Kaiserkrone von Mexiko angenommen hatte, trat Maler in das Freiwilligen-Corps der „1. Pionierkompagnie" als Kadett ein. Weder seine Kompagnie noch die französischen Truppen konnten Kaiser Maximilian noch den auf Bajonetten fremder Nationen gestützten Kaiserthron in Mexiko retten. Das ist allgemein bekannt.

Nach der Erschießung seines Monarchen 1867 in Queretaro wechselte der Kapitän Teobert Maler Degen und Flinte gegen Fotoapparat und Machete. Er reiste nach Süden in das Land der Maya. Unermüdlich reinigte er die vom Regenwald überwucherten Ruinenstätten, um sie zu fotografieren. Seine Bilddokumente sind für die Archäologie von unschätzbarem Wert. Als Maler 1917 in Mexiko arm und vereinsamt starb, tobte in Europa der Erste Weltkrieg und in Mexiko die Revolution. So hatten die Mexikaner mit sich zu tun, und die Nordamerikaner, von denen einige

Institutionen die Zeit zuvor den Einzelgänger Maler unterstützten, hegten keine großen Sympathien mehr für Deutsche und Österreicher. Malers Werk wurde zerstreut. Das Werk geriet in Vergessenheit. Erst viel später, als die Erforschung jener Kultur, die als einzige eine Hieroglyphenschrift entwickelte, in größerem Ausmaß wieder anlief, erinnerte man sich an den ehemaligen Offizier und *Selfmademan,* erkannte die Bedeutung seiner Fotografien und Arbeiten für die Archäologie der Maya-Kultur.

Etwa zur gleichen Zeit wie Teobert Maler kam der Engländer Alfred Percival Maudslay (1850-1931), angeregt durch die Reiseberichte John L. Stephens, in das Kernland der alten Maya-Kultur. Für seinen wissenschaftlichen Bericht studierte er die Ruinen, fertigte ebenfalls Fotografien, hervorragende, maßstabgetreue Pläne und Zeichnungen sowie die ersten Models von Skulpturen aus Pappmaché (casts) an, die man dann in seiner Heimat in Gips oder einer anderen Masse maßstabgetreu abformte. Bis zum Jahr 1894 hatte er dafür bereits sieben Expeditionen auf eigene Kosten durchgeführt. Neben Quirigua, Palenque und Chichen Itza besuchte er viele andere Städte von Bedeutung. Was Stephens mangels geeigneter Transportwege nicht möglich war, nämlich eine ihm geschenkte Maya-Stele aus Quirigua oder einige aus der Ruinenstadt Copan - er erwarb sie für 60 US-Dollar - in die USA zu transportieren, realisierte Maudslay mit einigen Originalsteinreliefs aus Yaxchilan. Er schenkte sie dem Britischen Museum in London, dem heutigen Museum of Mankind. Wie er in seinen Aufzeichnungen schrieb, entdeckte er sie in einem halb eingestürzten Gebäude, *„aber wir fanden diese so schön und sorgfältig ausgeführt, die aus dem Bauwerk herabgefallen sind und an einer Seite der Tür lehnten. Dieses exzellente Beispiel der Maya-Kunst beschloß ich nach Hause zu nehmen, und ich brachte meine Männer dazu, den Stein so zu bearbeiten, daß sich das Gewicht verringerte. Wir mußten über eine halbe Tonne wegnehmen durch Abschlagen der undekorierten Enden und die Dicke des Steins reduzieren... und am Ende der Woche konnten wir das Gewicht um die Hälfte senken."*

Maudslay, der als erster Archäologe diesen wichtigen Ruinenkomplex, der damals „Menche“ genannt wurde, sah, gelang der Transport aus Yaxchilan. Der große Ruinenkomplex liegt auf der mexikanischen Seite am Rio Usumacinta, der die Grenze zur heutigen Republik Guatemala bildet. Maudslay ließ einen Einbaum schlagen, benutzte zunächst den Flußweg, dann Maultiere und indianische Träger sowie, wenn möglich, Ochsenkarren. In Belize, dem Hafen der damaligen englischen Kolonie British Honduras, fand die Einschiffung nach England statt. Eine Abformung des Reliefs eines Türstocks (Lintel Nr. 25) gehört zu den Beständen des Knauf-Museums. Die begleitenden Hieroglyphen verweisen auf das Jahr 725 n. Chr., dem Datum, an dem das „Bauwerk 23“ in Yaxchilan errichtet wurde. Die Darstellung wird heute von den Maya-Forschern Linda Schele und David Freidel als Frau Xoc, einer hohen Würdenträgerin, entschlüsselt. Es zeigt die hohe Dame bei der Ausübung eines Rituals . Sie empfängt in Trance die „Visionsschlange“, die aus einer Opferschale aufsteigt, und beschwört den Dynastiegründer Yax Balam, dessen Antlitz sich aus dem stilisierten Schlangenmaul über sie beugt.

Das Ergebnis seiner Reisen zwischen 1889 und 1902 veröffentlichte Alfred P. Maudslay unter dem Titel „Biologia Centrali-Americana, or Contributions to the Knowledge of the Flora and Fauna of Mexico and Central America“. Noch heute enthalten seine Aufzeichnungen wertvolle Angaben und dienen aufgrund seiner Genauigkeit und Objektivität als eine der Stützen für die ersten Studien zur Entschlüsselung der Maya-Hieroglyphen, da zahlreiche Monumente in der Zwischenzeit der Zerstörung anheimfielen und viele Inschriften heute nicht mehr lesbar sind.

Im zentralen Andenraum, im nördlichen Hochland von Peru, war der italienische Naturforscher Antonio Raimondi (1826–1890) einer der ersten, der sich für die Rettung prä-inkaischer Monumente verdient machte. Er sorgte bereits im letzten Jahrhundert dafür, daß eines der schönsten Kunstwerke, die nach ihm benannte Raimondi-Stele aus einer der bedeutendsten Tempelanlagen, bei der 3177 Meter ü. d. M. liegenden Ortschaft Chavin de Huantar nach Lima ins Museum kam. Mit genial „gezeichneter" Linienführung manifestieren sich in diesem Flachrelief gleichermaßen die religiösen Ideen wie der große Kunststil der am Anfang der altperuanischen Hochkulturen stehenden Kultur von Chavin. (Auch von diesem markanten Kunstwerk, auf das an späterer Stelle noch weiter eingegangen wird, verfügt das Knauf-Museum über einen vorzüglichen Abguß.)

Erst seit der Jahrhundertwende wurden zunächst zögernd, dann in immer schnelleren Abständen wesentliche Fortschritte erzielt. Vor allem die aus Europa stammenden Archäologen übertrugen die Methoden der Stratigraphie, den Schichtbefund einer Grabungsstätte, bei der die unteren ein höheres Alter aufweisen als die darüberliegenden, auf die Alt-Amerikanistik und die Ikonographie, die erlaubte, bestimmte Gegenstände zu klassifizieren und in eine gerade oder auch in eine sich verzweigende Abfolge einzuordnen.
In Costa Rica war es 1896/97 der Schwede Karl V. Hartman und in Peru, etwa zur gleichen Zeit, der Dresdner Max Uhle, die bei ihren Ausgrabungen diese Methoden anwandten. In Pachacamac an der mittleren Küste, südlich der peruanischen Hauptstadt Lima, stieß Uhle damit in die zeitliche Tiefe vor und brachte im Zusammenhang mit seiner späteren Feldarbeit sowohl eine geographische, chronologische wie ikonographische Ordnung in die bislang unbekannten Kulturen, die der Inka-Kultur vorausgingen.

Max Uhle (1856-1944) war überhaupt der erste, der stratigraphische Ausgrabungen in Amerika vornahm, als er 1902 einen Muschelhügel bei Emeryville in Kalifornien ausgrub. Seine bedeutenden Arbeiten in Bolivien und Peru waren es, die ihm den Beinamen „Vater der Peruanistik" einbrachten.

Nicht zu zählen sind die Namen aller derjenigen, die im 16. Jahrhundert die geographischen Karten durch ihre Vorstöße in unbekannte Gebiete von Jahr zu Jahr veränderten. Kaum mehr zu zählen sind jene, die sich seit 150 Jahren den Entbehrungen und Strapazen der staubigen Wüsten, der feuchten Regenwälder oder den eisigen Winden in der Bergwelt ausgesetzt haben, um die „weißen Flecken" auf der archäologischen Karte der Vorgeschichte des 42 Millionen Quadratkilometer großen Kontinents, einer viermal so großen Fläche als Europa, auch in ihrer zeitlichen Tiefe auszuloten.

Waren es anfänglich nur Europäer und US-Amerikaner, reihten sich doch bald in ihrem Gefolge einheimische Wissenschaftler ein. Der peruanische Arzt Julio C. Tello (1880–1947) grub Mitte der 20er Jahre an der südlichen Küste die Paracas-Kultur aus und erschloß damit als erster Archäologe einen Zeitraum vor Christus. Im Jahr 1936 entdeckte er das etwa 3500 Jahre alte Cerro Sechin, eine Tempelanlage, dessen relieferte Mauern Krieger und ihre Opfer zeigen. (Beachten Sie bitte die Abformungen im Peru-Saal des Knauf-Museums.) Besonders große Verdienste erwarb sich dieser Visionär um die Chavin-Kultur, deren Bedeutung er als erste pan-peruanische Kunstströmung erkannte. Ein Steinmonument, der Tello-Obelisk – ebenfalls als Abguß im Knauf-Museum –, wurde nach ihm benannt, der ursprünglich ein praktizierender Arzt war, und ein erfolgreicher Archäologe wurde.

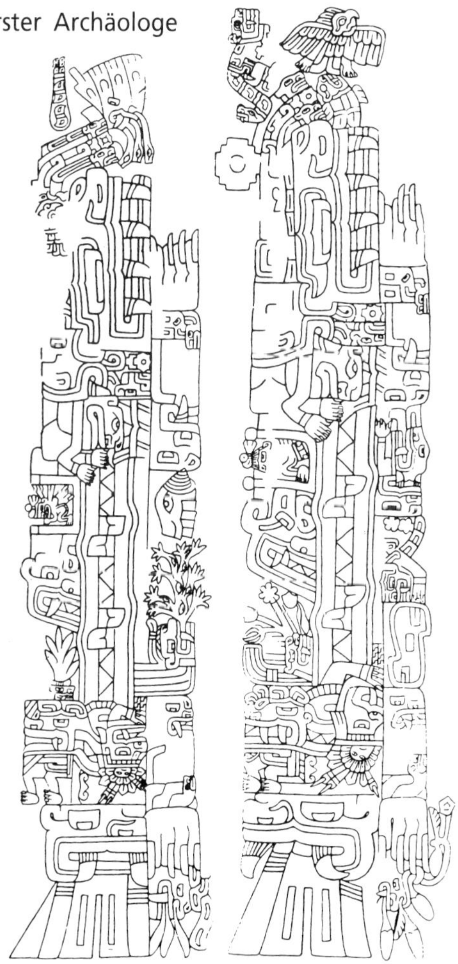

Die Mexikaner Manuel Gamio, Alfonso Caso, Ignacio Bernal, um nur einige zu nennen, leisteten Großes, um die schweigende Vergangenheit ihres Landes aufzuklären. Durch systematische Ausgrabungen von Siedlungen und kultischen Stätten kam auch das Gesicht des kleinen Mannes aus jenen fernen, verschütteten Zeiten zum Vorschein. Die materielle Hinterlassenschaft beinhaltete vor allem Werkzeuge und Waffen, die über den technischen Stand Auskunft geben können.

Keramik, Steinidole und Schmuck zeigen nicht nur eine hierarchische Gliederung der Gesellschaft, sondern auch den hohen Stand der „Kunst". Obwohl es in einer indianischen Sprache, außer bei den Zapoteken, ein Wort für „Kunst" wie in der alten Welt gibt, so ist dennoch die Kunst häufig der einzige Schlüssel dieser vorhistorischen Gesellschaften, die uns Zugang zum religiösen Denken wie Einblick in die sozialen Strukturen gewährt. Vor allem aber auch Nutzpflanzen als Grabbeigabe, die sich im ariden Klima der peruanischen Küste erhalten haben, oder Knochen von Mollusken (Weichtiere), Wild und Nutztieren geben Aufschluß über den Speisezettel und wann und in welchem Ausmaß die Kultivierung von potentiellen Anbaupflanzen und die Domestikation von Tieren, wie etwa Meerschweinchen oder Lama, stattfand.

Die neueste interdisziplinäre Forschung schließlich, die sich gleichermaßen anthropologischer, religionswissenschaftlicher, linguistischer und soziologischer Methoden bedient, verbunden mit Feldforschung, Luft- und Unterwasserarchäologie, unter Einbeziehung der Geologie wie Ethnobotanik und naturwissenschaftliche Laboruntersuchungen mit Hilfe neuester technischer Errungenschaften, fand befriedigende Antworten auf viele Fragen nach dem Wie, Wo und Wann im Ablauf der viele Tausende von Jahren währenden Kulturgeschichte, die mit den ersten Einwanderern beginnt. Sie kamen in kleinen Gruppen während der letzten Eiszeit über die Landbrücke der Beringstraße und besiedelten allmählich, etwa in dem Zeitraum von ca. 30000 bis 15000 v. Chr., den ganzen Doppelkontinent.

Auf indianische Hochkulturen stießen bei der Entdeckung Amerikas die Europäer im 16. Jahrhundert im „Zentralen Andenraum" in Südamerika (Ecuador und Peru einschließlich der Küstengebiete sowie des bolivianischen Hochlands) und in „Mesoamerika", dessen nördlicher Teil geographisch bis zum Isthmus von Tehuantepec Nordamerika und der südliche Zentralamerika zugeteilt wird. Um die mexikanischen Hochkulturen und die der Maya in diesem Raum von den nordamerikanischen Nomaden- und Jägerkulturen oder jenen zu unterscheiden, die nur an der Schwelle zu einer Hochkultur standen, wie etwa die Mississippi-Kultur des östlichen Waldlands, führte der deutsch-mexikanische Archäologe Paul Kirchhoff 1942 den eigens auf die Archäologie bezogenen Begriff „Mesoamerika" ein. Nur in diesen Kulturräumen entstanden Staatengebilde auf der Basis prähistorischer, agrarischer Dorfgemeinschaften und wurden in Mesoamerika als eine Allianz von Stadtstaaten (Azteken und Maya) oder im zentralen Andenraum Südamerikas als das Imperium der Inka von spanischen Eroberern gewaltsam zerschlagen.

Die archäologische Erforschung der präkolumbischen Kulturen ist in vollem Fluß und noch lange nicht abgeschlossen, dennoch ist das Feld in großen Zügen bereits karthographiert und datiert. Mit anderen Worten: Der große Schlüssel zum Hauptgebäude ist gefunden, die der Säle auch, lediglich in kleineren Zimmern, Kammern und Nischen könnte noch manche Überraschung zu finden sein.

Gerade die Nachrichten von neuen Ausgrabungen ändern am Gesamtbild nur wenig. Sie tragen aber dazu bei, die fast 500 Jahre ignorierten und im Schatten der klassischen Archäologie stehenden Kulturen gesellschaftsfähig zu machen und für Archäologen so manche Details schärfer in den Vordergrund zu stellen. Waren es doch noch vor ein bis zwei Generationen noch „Wilde", „Kannibalen", „Menschen ohne Kultur", die Amerika besiedelten; und die sollen so großen Leistungen wie die größte Pyramide der Welt, ihrem Rauminhalt nach, bei Cholula in Mexiko erbaut haben? Ein Straßennetz, umfangreicher und besser als das der Römer errichtet, ja goldene Pretiosen geschaffen, von schwer vergleichbarer Schönheit, abgesehen von der wundervollen Keramik, ohne Kenntnis der Töpferscheibe. Geht das mit rechten Dingen zu? Nein, riefen die einen, da waren Ägypter, Phönizier; nein, erwiderten die anderen, Chinesen, Japaner, und ein Baron von Münchhausen unseres Jahrhunderts fand in millionenfacher Verbreitung die Lösung: die Außerirdischen. Fast überflüssig zu erwähnen, daß das die eigentlichen Märchen sind, für die in der Spatenwissenschaft kein Platz ist.

Die Archäologie gliedert die verschiedenen Entwicklungsphasen und Kunststile geographisch wie chronologisch und bedient sich der Namen von Fundplätzen und -regionen. In den meisten Fällen haben sich diese Bezeichnungen - La-Venta-Typ, Nazca-Stil usw. - auch auf Kulturen und Kunstgegenstände übertragen.

Die Entwicklungstufen der Hochkulturen werden in der amerikanischen Archäologie mit folgenden Oberbegriffen bezeichnet:

1. Die präklassische oder formative Periode (etwa 2400 v. Chr. bis 250 n. Chr.), in der Ackerbau oder eine andere effektive Wirtschaftsform die Grundlage seßhaften Siedlungslebens bilden. (Im engeren Sinne dürften aber nur solche Kulturen, die den Entwicklungskeim zur klassischen Periode in sich tragen, vorklassisch oder auch formativ genannt werden.) Der Beginn der vorklassischen Zeit wird in Mexiko etwa um 2000 v. Chr. angesetzt - in Peru wird sie als Anfangsperiode (Initial Period - 2000-1400 v. Chr.) bezeichnet. Die Zeit etwa zwischen 1200 v. Chr., die mittlere vorklassische Periode, markiert in Mesoamerika das Auftreten des olmekischen Stils. Für den zentralen Andenraum ist der „Frühe Horizont" (1200-400 v. Chr.) durch eine überregionale Verbreitung der Chavin-Kultur, sowohl die Ideen wie der Kunststil, charakteristisch. In dieser Zeit werden die letzten Weichen für die Bahn einer hochkulturellen Entwicklung gestellt. In großen Gebieten des Doppelkontinents kommt es zu einer Stagnation, wie etwa im südöstlichen Waldland in den heutigen USA, oder es wird die formative Stufe erst gar nicht erreicht.

   Das Ende der Präklassik wird in Mexiko im allgemeinen um das Jahr 250 angesetzt und in Peru fünfhundert Jahre später. In manchen Fällen aber, wie beispielsweise in den Kulturen wie der Olmeken in Mesoamerika und der von Chavín im zentralen Andenraum, tragen die

Erscheinungsformen bereits früher wesentliche Merkmale der klassischen Kultur. Um eine bessere Differenzierung zu erreichen, die aber möglichst allgemein gültig sein soll, behilft sich die Amerikanistik mit der Bezeichnung „Proto-klassische Periode“ (etwa 100 v. Chr. bis 300 n. Chr.) in Mexiko und in Peru als „Frühe Zwischenperiode“ (250 v. Chr. bis 500 n. Chr.).

2. Mit „Klassischer Zeit“ bezeichnet man in Mesoamerika im weiteren Sinn jede voll ausgeprägte Entwicklungsstufe. Dieser Terminus ist anfänglich für die etwa zwischen 300 und 600 anzusetzende Phase der Maya-Kultur geprägt worden, wurde aber auf andere indianische Kulturen erweitert. Die ursprünglich nur qualifizierende Kennzeichnung „klassisch“ erhielt eine chronologische Bedeutung sowie auch die zeitliche Verlängerung mit dem Terminus „spätklassisch“ (etwa 600-900).

3. Mit der „Nachklassischen Zeit“ von etwa 900 bis zur spanischen Eroberung um 1520 bzw. 1532 verhält es sich ebenso. (Die großen Kulturen der Tolteken und Azteken, wie die Vorläufer der Inka und die Inka-Kultur selbst, müssen aber aufgrund des chronologischen Ablaufes als „Frühe nachklassische Zeit“ bzw. „Späte nachklassische Zeit“ unterteilt werden.) In Peru als „Späte Zwischenperiode“ (etwa 1000-1476) die dem „Späten Horizont“ der Inka-Kultur (1476-1532) vorausgeht.

In neuerer Zeit wurde der Terminus „Horizont“, der ursprünglich nur bei den altperuanischen Kulturen Verwendung fand, auch auf die mesoamerikanischen übertragen. Er wird angewandt bei Kulturen, denen es gelang, sich von einer zunächst lokalen Entwicklung heraus ihr „religiöses Weltbild“ mit Hilfe eines großen Kunststils über weite Regionen zu verbreiten, meist in Verbindung mit Fernhandel, und auf die diversen lokalen Stile Einfluß zu nehmen. In Peru wird der Erste bzw. Frühe Horizont von Chavín getragen, in Mesoamerika waren es die Olmeken, die direkt oder indirekt den Grundstein für die Entwicklung zu einer Hochkultur legten. (Vergl. dazu Zeittafel Mesoamerika und Zentraler Andenraum.)

Die dritte Entdeckung, den hohen Kunstwert in vielen Artefakten dieser schweigsamen Kulturen zu erkennen, sie als wesentlichen Zweig der Weltkunst einzuordnen, verdanken wir den Künstlern.

„Auch ich hab gesehen die dieng die man dem könig auss dem neuen guldnen land hat gebracht... und ich habe aber meiner lebtag nichts gesehen, das mein hercz also erfreuet hat als diese dieng. Dann ich hab darin gesehen wunderlich künstliche Dieng und ich hab mich verwundert der subtilen ingenia der menschen in frembden landen."

Kein Geringerer als Albrecht Dürer, dem Kaiser und Kaufleute, Bauern und Bettler Modell standen, schrieb diese Zeilen 1520 in das Tagebuch seiner niederländischen Reise, als er die Geschenke sah, die das geistige und religiöse Oberhaupt der Azteken, Moctezuma, durch Cortes an Kaiser Karl V. nach Europa sandte. Das Gold wurde vermutlich in klingende Münzen umgeschmolzen, von der „subtilen Ingenia" nahm kaum einer Notiz. Möglicherweise, daß einige Federarbeiten dieser Gastgeschenke, im Schloß Ambras bei Innsbruck aufbewahrt, überlebten und sich heute im Museum für Völkerkunde in Wien befinden, aus diesen Geschenken stammen. Ob es sich dabei um jene von Albrecht Dürer bewunderten handelt, darüber sind sich die Wissenschaftler trotz einer Liste, die Cortes selbst aufstellte und sich in der österreichischen Nationalbibliothek befindet, nicht einig.

Der Hinweis des genialen Künstlers aus Nürnberg auf die Qualität und seine Bewunderung für diese fremdartige Kunst blieb bis Anfang unseres Jahrhunderts ohne Resonanz. Das beste Beispiel - dreieinhalb Jahrhunderte nach Albrecht Dürer - gab wohl der Direktor des Louvre. Er weigerte sich noch Ende des 19. Jahrhunderts, Gegenstände aus dem alten Amerika in „seinem Museum" aufzustellen. Er ließ diese „abscheulichen Dinger" in den Keller verbannen.

Tatsächlich blieb die Entdeckung der altamerikanischen Kunst unserem Jahrhundert vorbehalten. Nicht nur in der Kunst Schwarzafrikas fanden

moderne Maler wie Picasso und Paul Klee, Bildhauer wie Henry Moore und Jaques Lipschitz, um nur einige zu nennen, Anregungen, sondern ebenso in der des alten Amerika. Das ist nicht verwunderlich. In der präkolumbischen Zeit sind, ganz allgemein gesprochen, drei Tendenzen wirksam, die sich auch in den Strömungen der Kunst des 20. Jahrhunderts wiederfinden: eine expressiv-realistisch anmutende, bei der die Natur das Vorbild gibt (z. B. Colima-Stil in Mexiko oder Moche-Kultur in Peru). Eine surreale, bei der durch das Zusammenziehen verschiedener Attribute von natürlichen Vorbildern eine eigene, surreale, also übernatürliche Schöpfung entsteht (Maya-Kultur, Nazca, Azteken). Und eine abstrakte, bei der durch Weglassen, durch Abstraktion also, das Vorbild zum „Zeichen" wird und seine magische Ausstrahlung erhält (Olmeken, Chavin, Inka). Der vor über 2000 Jahren von den Griechen realisierte Begriff „Kunst" verlor zu Beginn des 20. Jahrhunderts endgültig seine Vorherrschaft. Diese Um- und Neuwertung brachte dem Kunstmuseum einen gleichwertigen Partner, das Museum für Völkerkunde.

Gerade bei dieser Ausstellung im Knauf-Museum, die zum Teil in die Räume der klassischen Antike integriert werden mußte, kann man das Gegensätzliche, dieses völlig Andersartige empfinden. Man kann es akzeptieren lernen oder ablehnen. Auf jeden Fall ist eine Möglichkeit geboten - und das ist eines der Anliegen dieser Ausstellung –, sich mit dieser Kunst auseinanderzusetzen. Daß mit diesen hier gezeigten Exponaten, gleichsam einem Horsd´oeuvre, die Hoffnung verbunden ist, Freunde für diesen bislang im Schatten der übrigen Weltkunst stehenden Zweig der Menschheitsgeschichte zu gewinnen, ist das andere.

Im Musee de l'homme, dem ethnographischen Museum in Paris, standen längere Zeit über dem Eingang die Worte des Dichters Paul Valéry: „Von dem, der vorübergeht, hängt es ab, ob ich Grab bin oder Schatz, ob ich rede oder schweige."

Zwei Frauenfigurinen aus kompakten Ton vom Typ „Pretty Lady" (schöne Damen) aus Tlatilco, Hochtal von Mexiko. Präklassische Periode etwa 1200 bis 600 v. Chr.

Zwei Figuren aus kompakten Ton mit feingeschlemmter Engobe. Beide stellen den unverkennbaren olmekischen Typ dar (z. B. Schädeldeformation, Haartonsur und charakteristische Lippenpartie). Fundort: Las Bocas, Hochtal von Puebla, Mexiko, Olmekische Kultur, etwa 1200 - 400 v. Chr.

Stehende Figur vom olmekischen Typ aus dunklem graugrünem, glänzend poliertem Serpentin. Herkunft: vermutlich mittlere oder südliche Golfküste, Mexiko. Präklassische Zeit Olmekische Kultur, etwa 1200 bis 400 v. Chr.

Fünf „Amulette" aus unterschiedlicher Jade, darunter auch „Royal Jade". Die Objekte stammen zum Teil von der südlichen Golfküste, andere aus Chiapas (Mexiko) und dem nördlichen Tiefland von Guatemala. Präklassische Zeit, Olmekische Kultur etwa 800 bis 300 v. Chr.

Lebensgroße Maske in der Darstellung eines „Wer-Jaguars", in dem sich die Züge eines Menschen und einer Raubkatze vereinen. Graues Urgestein (Basalt).Herkunft: vermutlich südliche Golfküste oder Chiapas (Mexiko). Olmekische Kultur, etwa 1200 bis 400 v. Chr.

Perlenkette (Detail) mit figürlichem Anhänger aus Jadeit.
Herkunft: vermutlich mittlere Golfküste (Mexiko). Epi-Olmekische Kultur etwa 400 bis 100 v. Chr.

Pektoral oder Applikation aus Jade (Royal Jade) in der Darstellung einer relativ naturalistisch ausgeführten Raubkatze (Jaguar oder Puma).
Herkunft: Chiapas, Mexiko oder Guatemala. Olmekische Kultur (Epi-Olmec) etwa 700 bis 100 v. Chr.

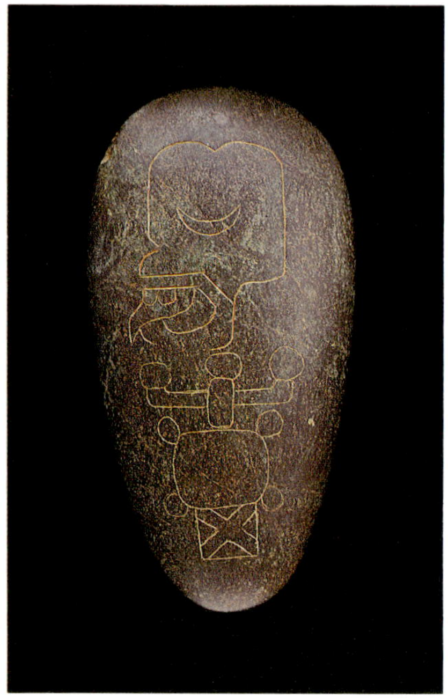

Gravierte Rückseite - Objekt links – mit Ritzdekor einer Vegetationsgottheit und den ersten Schriftzeichen (Glyphen).

Zwei Zeremonialäxte aus grünlichem Gestein (Serpentin). Abb.o. zeigt den Fußabdruck eines „Chaquenes" - Helfer der Regengottheit. Bei einem ähnlichen Objekt (Abb.re.u.): ist der Dekor im Tiefrelief reduziert auf Augenbrauen und Auge einer Raubkatzengottheit. Beide Olmekische Kultur etwa 1200 bis 400 v. Chr. Mittlere Golfküste (Mexiko).

Hohlfigur in Form eines Flötenspielers mit Narbentatauierung an den Schultern, Schmuckspangen an den Oberarmen und Ohrgehänge . Das einzige Kleidungsstück ist eine rechteckige mit Noppen verzierte Kopfbedeckung. Ton. Nordwest-Mexiko, Jalisco - Stil, Präklassische Periode, etwa 300 v. Chr bis 250. (M.f.V.B)

Darstellung eines liegenden Hundes, als Trinkgefäß gearbeitet. Ton. Nordwest-Mexiko, Colima-Stil, Präklassische Periode, etwa 300 v. Chr bis 300.

Tempeldarstellung mit drei Figuren (Priester) in starker Stilisierung, Grauer Stein (Basalt). West-Mexiko, Guerrero. Mezcala-Stil, Präklassische Periode, etwa 400 v. Chr. bis 300.

Malerei „al fresco" mit der Darstellung eines reichgekleideten Priesters mit Opfergaben in einer Hand. Das Band in der anderen, mit „Bildzeichen", steht in Verbindung mit dem S-förmigen Schnörkel vor seinem Mund: Zeichen für Rede, Gesang und Gebet. Die brillenumrandeten Augen verweisen auf den Regengott Tlaloc, dem zu Ehren die Zeremonie stattfand. Herkunft: Hochtal von Mexiko, Klassische Periode der Teotihuacan-Kultur, etwa 400 bis 600. (M.v.W.M.W.)

Maske aus poliertem dunkelgrauen Stein - evtl. Pektoral. Zentralmexikanisches Hochland. Klassiche Periode. Teotihuacan-Kultur, etwa 300 bis 700. (M.f.V.M.)

Schmuckanhänger aus einer Meeresschnecke. Die Einritzungen zeigen einen hohen Würdenträger - vermutlich den Fürsten eines der vielen Kleinstaaten der klassischen Maya-Kultur - (etwa 300 bis 900.). Herkunft: Nördliches Tiefland von Guatemala oder südliche Region der Halbinsel Yucatan, Mexico.

Diese beiden Figurinen (o. u. u.), in freier Modellierung zeigen Adelige oder hohe Würdenträger. Ton.
Spät-Klassische Maya-Kultur, etwa 600 bis 900.

Drei Beispiele von Terracotten im „Jaina-Stil". Oben: Vornehme Dame, als Okarina gearbeitet und mit Hilfe der Model hergestellt (M.f.V.B.);

Zwei Seiten eines hohen Bechers. Im Basrelief wird ein auf dem Thron sitzender Fürst in Audienz mit einem auf dem Boden sitzenden Würdenträger gezeigt. Die Darstellung ist mit sehr sorgfältig ausgeführten Hieroglyphen begleitet, die das Datum der Begegnung und die Namen der Personen wiedergeben. Ton. Herkunft: Nördliches Tiefland von Guatemala oder Belize. Klassische Periode der Maya-Kultur, etwa 550 bis 780.

*Großer Dreifuß-Teller.
Der Dekor zeigt einer „dämonisierten" Pflanze.
Die das Motiv umrandenden Glyphen haben nur ornamentalen Charakter. Ton.
Herkunft: vermutlich Campeche, Halbinsel Yucatan (Mexiko).
Spät-Klassiche Maya-Kultur etwa 600 bis 900.*

Große Hohlfigur vom Typ „Cara sonrientes" („Lächelndes Gesicht"), die in einer Hand eine Rassel hält. Geschmückt ist sie mit einer Perlenkette, bekleidet mit einem Hüfttuch bzw. Schamschurz und einem Brustband. Ton. Kultur der Mittleren Golfküste, Spät-Klassische Periode, etwa 600 bis 900. Vera Cruz, Mexiko.

„Yugo" (Joch). Diese U-förmigen Steinskulpturen wurden von Ballspielern um die Hüften getragen. Trotz der Schwere des Steins behinderte es den Spieler nicht, gab seinen Bewegungen Schwung, schützte Leber und Niere vor Verletzungen durch den Hartgummiball (Kautschuk). Hellgrünliches Gestein mit grauer Maßerung. Kultur der Mittleren Golfküste,Spät-Klassische Periode,etwa 600 bis 900 (M.f.V.B.)

Pektoral aus Gold. Die zentrale Figur stellt einen Vogel bzw. eine Vogelgottheit dar, die im Schnabel ein ornamentales Gebilde hält, das in vier Schellen ausläuft. Herkunft: Oaxaca, Mexiko, Mixtekische Kultur, Späte Nachklassische Periode, etwa 1250 bis 1521.

Kulturareale und wichtige Fundstätten in Mesoamerika / Ethnische Gruppen
I Zentrales Hochland
II Nordwest und nördl. Randgebiete
III Guerrero
IV Huaxteca (Nördl. Golfküste)
V Mittlere Golfküste
VI Südl. Golfküste (olmekisches Kerngebiet)
VII Oaxaca
VIII Maya-Hochland
IX Maya-Tiefland
X Südl. Randgebiet
Fundstätten
0 300 km
Casas Grandes
GOLF VON MEXIKO
KARIBISCHES MEER
PAZIFISCHER OZEAN
TAMAULIPAS
SAN LUIS POTOSI
Huaxteken
IV
NAYARIT
II
Ixtlan
Tarasken
JALISCO
Colima
COLIMA
MICHOACÁN
Tzintzuntzan
Chupicuaro
Tolteken I
Tula
Teotihuacán
MEXICO
Tlaxcala
Tenochtitlán
Cholula
Puebla
Xochicalco
Azteken
PUEBLA
Tehuacán
El Tajín
VERA CRUZ
Totonaken
Cempoala
V
Vera Cruz
Tres Zapotes
Olmeken
VI
La Venta
TABASCO
San Lorenzo
Tenochtitlán
GUERRERO
III
OAXACA
VII
Oaxaca
Tilantongo
Mitla
Monte Albán
Mixteken
Zapoteken
Pto. Marquez
Chiapa de Corzo
CHIAPAS
Palenque
Yaxchilán
Bonampak
Piedras Negras
Uaxactun
Tikal
EL PETÉN
Petén-Maya
BELICE
Mayapán
Chichén Itzá
Uxmal
Tulum
Insel Cozumel
HALBINSEL V. YUCATÁN
Yucatán-Maya
Insel Jaina
Rio Bec
IX
GUATEMALA
VIII
Quiriguá
Copán
Hochland-Maya
Izapa
Kaminaljuyú
Guatemala
El Baul
Tazumal
HONDURAS
X
EL SALVADOR

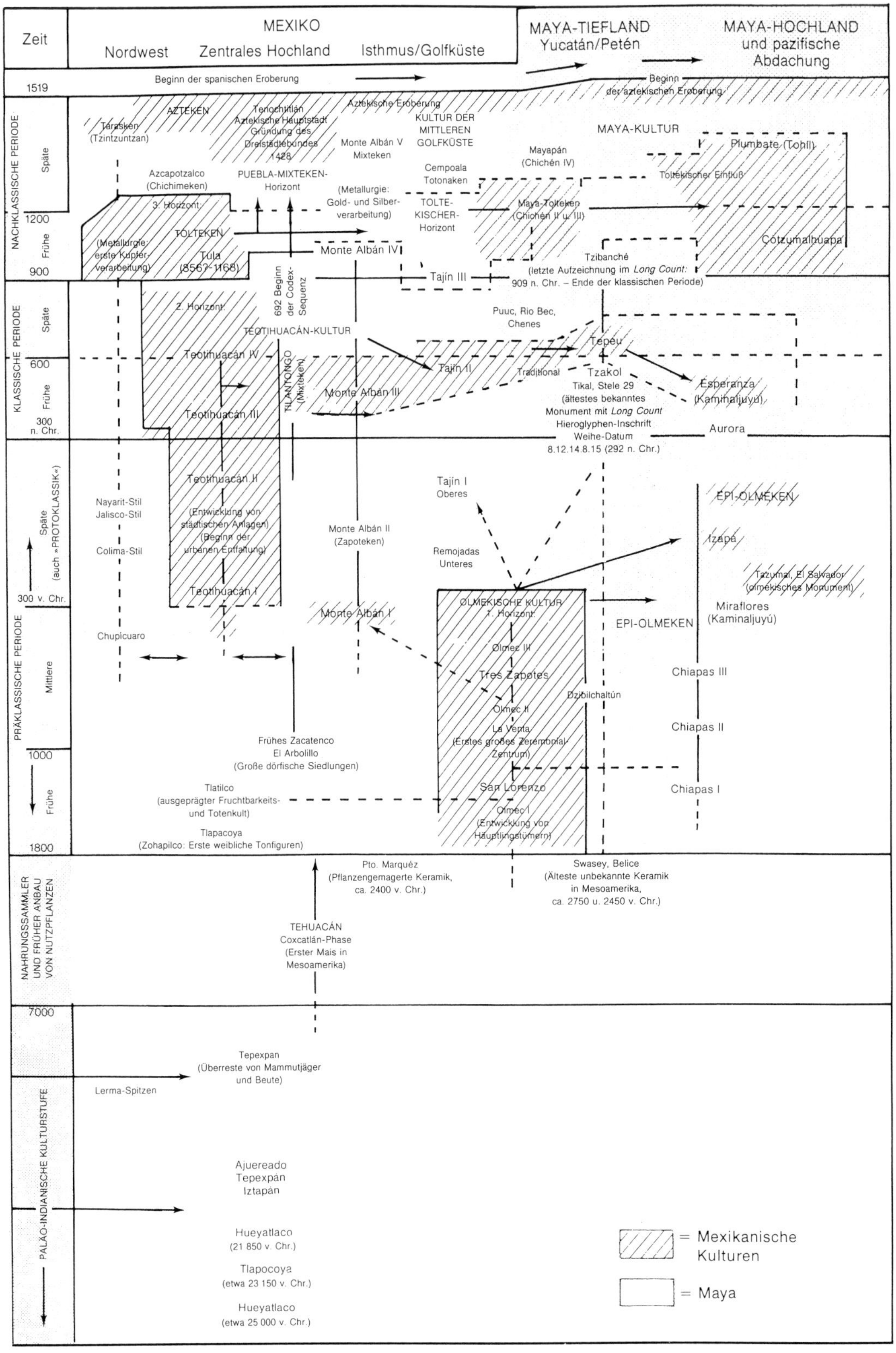

Zeit
MEXIKO
Nordwest
Zentrales Hochland
Isthmus/Golfküste
MAYA-TIEFLAND
Yucatán/Petén
MAYA-HOCHLAND
und pazifische Abdachung
1519
Beginn der spanischen Eroberung
Beginn der aztekischen Eroberung
NACHKLASSISCHE PERIODE
Späte
Frühe
1200
900
Tarasken (Tzintzuntzan)
AZTEKEN
Tenochtitlán Aztekische Hauptstadt Gründung des Dreistädtebundes 1428
Aztekische Eroberung
KULTUR DER MITTLEREN GOLFKÜSTE
Monte Albán V Mixteken
MAYA-KULTUR
Mayapán (Chichén IV)
Plumbate (Tohil)
Toltekischer Einfluß
Azcapotzalco (Chichimeken)
PUEBLA-MIXTEKEN-Horizont
Cempoala Totonaken
(Metallurgie: Gold- und Silberverarbeitung)
3. Horizont
TOLTEKISCHER-Horizont
Maya-Tolteken (Chichén II u. III)
TOLTEKEN
(Metallurgie: erste Kupferverarbeitung)
Tula (856?–1168)
Monte Albán IV
Cotzumalhuapa
Tzibanché (letzte Aufzeichnung im Long Count: 909 n. Chr. – Ende der klassischen Periode)
Tajín III
692 Beginn der Codex-Sequenz
KLASSISCHE PERIODE
Späte
Frühe
600
300 n. Chr.
2. Horizont
TEOTIHUACÁN-KULTUR
Puuc, Rio Bec, Chenes
Tepeu
Teotihuacán IV
Tajín II
Traditional
Tzakol
Esperanza (Kaminaljuyú)
TILANTONGO (Mixteken)
Monte Albán III
Teotihuacán III
Tikal, Stele 29 (ältestes bekanntes Monument mit Long Count Hieroglyphen-Inschrift Weihe-Datum 8.12.14.8.15 (292 n. Chr.)
Aurora
PRÄKLASSISCHE PERIODE
Späte (auch »PROTOKLASSIK«)
Mittlere
Frühe
300 v. Chr.
1000
1800
Teotihuacán II
(Entwicklung von städtischen Anlagen) (Beginn der urbanen Entfaltung)
Nayarit-Stil
Jalisco-Stil
Colima-Stil
Tajín I Oberes
EPI-OLMEKEN
Monte Albán II (Zapoteken)
Remojadas Unteres
Izapa
Tazumal, El Salvador (olmekisches Monument)
Teotihuacán I
OLMEKISCHE KULTUR 1. Horizont
Miraflores (Kaminaljuyú)
Monte Albán I
EPI-OLMEKEN
Chupícuaro
Olmec III
Tres Zapotes
Chiapas III
Dzibilchaltún
Olmec II
Frühes Zacatenco
El Arbolillo
(Große dörfische Siedlungen)
La Venta (Erstes großes Zeremonial-Zentrum)
Chiapas II
Tlatilco (ausgeprägter Fruchtbarkeits- und Totenkult)
San Lorenzo
Chiapas I
Olmec I (Entwicklung von Häuptlingstümern)
Tlapacoya (Zohapilco: Erste weibliche Tonfiguren)
NAHRUNGSSAMMLER UND FRÜHER ANBAU VON NUTZPFLANZEN
Pto. Marquéz (Pflanzengemagerte Keramik, ca. 2400 v. Chr.)
Swasey, Belice (Älteste unbekannte Keramik in Mesoamerika, ca. 2750 u. 2450 v. Chr.)
TEHUACÁN Coxcatlán-Phase (Erster Mais in Mesoamerika)
7000
PALÄO-INDIANISCHE KULTURSTUFE
Tepexpan (Überreste von Mammutjäger und Beute)
Lerma-Spitzen
Ajuereado
Tepexpán
Iztapán
Hueyatlaco (21 850 v. Chr.)
Tlapocoya (etwa 23 150 v. Chr.)
Hueyatlaco (etwa 25 000 v. Chr.)
= Mexikanische Kulturen
= Maya

Hochkulturen Mesoamerikas

Azteken und ihre Vorläufer, Maya, ihre Nachbarn

Das Volk, „dessen Gesicht niemand kannte", wie es in den alten Aufzeichnungen genannt wurde, und dessen Krieger und ihre Familien in Rupfen aus kratzenden Pflanzenfasern gekleidet niemand ernst nahm, gelang es in weniger als 150 Jahren, zu Meistern der Staatskunst und Schöpfern einer hohen Kultur aufzusteigen. Ihre Herrscher und die Pracht ihres Hofes versetzten die Spanier fast in Sprachlosigkeit als sie es 1519 zum erstenmal sahen, und ihre Haupt- und Residenzstadt Tenochtitlan, inmitten des Sees von Texcoco, verglichen sie mit dem Venedig der Alten Welt.

Um das zu verstehen, muß man in die 3000jährige Vergangenheit zurückgehen. Erst dann kann man die kurze Geschichte dieses Volkes, das sich als „Mexica" bezeichnete und erst seit 1780 allgemein als Azteken bekannt ist, begreifen. Das Wort „Azteken" hat der Jesuitenpater Franzisco Xavier Claviero für die nahuatlsprechenden Völker Zentralmexikos erfunden, vermutlich zurückgreifend auf die mythische Urheimat Aztlan, mit der die Wandersage der Azteken beginnt und in seiner „Historia Antigua de Mexico" so populär gemacht, daß er weder aus der Geschichtsschreibung noch im allgemeinen Sprachgebrauch zu tilgen ist. Erst bei der Unabhängigkeitserklärung vom Mutterland Spanien besann sich die junge Republik, der „Vereinigten Staaten von Mexiko", das Wort „Neu-Spanien" (Nuevo España) durch „Mexico" zu ersetzen. Die heutigen Staatsgrenzen sagen aber nichts über den alten Kulturraum aus, der im Laufe seiner Geschichte durch drei große Phasen eine nahezu einheitliche kulturelle Ausprägung fand, ökonomischen mit fast gleichen Praktiken bis zu den künstlerischen Ausdrucksformen, denen ähnliche religiöse Vorstellungen zugrunde

lagen, sowie von der gesellschaftlichen Organisation bis zu den kosmologischen und ethnischen Konzeptionen, durch diese zum Ausdruck kamen eine kontinuierliche Entwicklung aufweisen kann. Die Kontakte brauchen keineswegs immer als politische Abhängigkeit von einem bestimmten Ausstrahlungszentrum angesehen werden, denn seit frühester Zeit überzog ein weitreichendes Netz von Handelsverbindungen den Großraum der mesoamerikanischen Hochkulturen. Das Gebiet, das man als solches bezeichnet, ist im Norden von nomadischen Völkern begrenzt. Im Südosten lagen die zentralamerikanischen Länder, das heutige Nicaragua, Costa Rica und Panama, mit kulturell weniger hochentwickelten Zivilisationen. Im soziopolitischen Bereich kamen diese Stammeskulturen kaum über das Stadium von kleinen Häuptlingstümern hinaus.

Was die mesoamerikanischen Kulturen - wie übrigens die im „Reich der Inka" im zentralen Andenraum Südamerikas - auszeichnet, ist ihre Ursprünglichkeit und Andersartigkeit. Das letztere erklärt sich im ersteren. Ihr Ursprung, eben diese Originalität, verdanken beide Kulturen, daß sie ohne fremde Einflüsse der übrigen Welt aus sich selbst, aus dem „indianischen" Menschen heraus entstanden.

Die ersten Zeugnisse, Werkzeuge aus Stein, Feuerstellen, später auch verfeinerte Pfeilspitzen, reichen bis etwa 20000 v. Chr. zurück. Die Frage, warum gerade hier im zentralen Hochland im heutigen Mexiko die Anfänge einer der beiden amerikanischen Hochkulturen entstanden fanden der kanadische Archäologe R. S. McNeish und sein Team bei einem der umfassensten Ausgrabungsprojekte (1960-1965) eine befriedigende Antwort und zugleich eine Erklärung, warum die Hochkulturen Amerikas gegenüber denen der Alten Welt etwas nachhinken: Es lag am schwer zu erringenden „Geschenk der Götter", dem Mais. „*... Man wird finden, das alles, was sie tun, wie alles, worüber sie reden, sich um den Mais handelt. Wirklich, es fehlt fast nichts, und sie machen einen Gott daraus.*" Bischof Diego de Landa schrieb diese Zeilen Anfang des 16. Jahrhunderts über die Maya-Indianer im Süden Mexikos und der Halbinsel Yucatan. Er war der Wahrheit näher, als er ahnte. Die Maya hatten einen jungen Maisgott; und im Pantheon der Azteken finden sich sogar mehrere Gottheiten, die der kostbaren Pflanze beistanden, beim Säen, und nachdem die Wassergöttin dem jungen Mais ein fast Zuviel an Feuchtigkeit gab, springt Tepeyollotli, der Beherrscher der inneren Kräfte der Erde, ihm zur Seite und bewahrt ihn vor Fäulnis. Beim Durchstoßen der Erdkruste ist der Regengott Tlaloc behilflich, eine weitere Gottheit hält die schützende Hand über den reifenden Mais und wehrt gefräßige Vögel ab. (Vergl. Vorsatzblatt am Anfang des Katalogs.)

Mais, der zweitgrößte Ernährer nach Reis, war die Basis für die Entwicklung der präkolumbischen Hochkulturen. (Fast die Hälfte aller uns geläufigen Nutzpflanzen - neben dem erwähnten Mais, den Kartoffeln, Bohnen, Tomaten, um nur einige zu nennen -, Genußpflanzen wie Kakao, Tabak u. a. sowie eine große Anzahl von Heilpflanzen, wie etwa das fiebersenkende Chinin oder die krampflösende Datura, verdankt die übrige Welt den Ureinwohnern Amerikas. Das waren die wirklichen Reichtümer, ein Geschenk, das mehr als alles Gold und Silber der „Indianer" aufwog und ohne das es seit Einführung der Kartoffel in Europa keine jener katastrophalen Hungersnöte mehr gab, und Afrika sowie die übrige Dritte Welt ohne Mais noch ärmer dastehen würde.)

Mais war aber auch das größtes Hindernis und die Ursache für das verspätete Überschreiten der Schwelle zu den Anfängen einer Hochkultur sowie dem ungleichen Entwicklungsprozeß im Vergleich zu den nahöstlichen Kulturen. Der andere gravierende Nachteil lag am Mangel für die zur Domestikation geeigneten Tiere. (Lediglich auf dem südamerikanischen Kontinent durch die nur dort existierenden Kameliden wie Lama und Alpaka waren die Urindianer erfolgreicher). Möglich, daß hier die Ausrottung verschiedener Tierarten durch spezialisierte Jäger in paläolithischer Zeit ein Mitverschulden vorliegt. Das Wildpferd beispielsweise hat in der Alten Welt überlebt und wurde zu einem der wichtigsten Haustiere. In Amerika ist es etwa vor mehr als 10000 Jahren ausgestorben oder ausgerottet worden. Im anderen Fall, der Kultivierung von potentiellen Nutzpflanzen, kann das Urteil nur auf eindeutigen Freispruch lauten.

Der Mais in seiner Wildform ist einer der dürftigsten und aussichtlosesten Pflanzenarten, und man fragt sich, warum die Indianer gerade jenes Gewächs auswählten, um es zu kultivieren. Es blieb ihnen nichts anderes übrig. In Amerika waren wilde Weizen- und Gerstenarten wie im Nahen Osten nicht vorhanden. Dort konnten sich Jäger und Sammler niederlassen und aus dem vollen schöpfen, sogar größere Siedlungen gründen, lange bevor sie zum Feldbau übergingen.

Der Ethnobotaniker Paul Mangelsdorf von der Harvard University hat sich ganz der Aufgabe gewidmet, den Werdegang der heute so ertragreichen Nahrungspflanze Mais zu erforschen. Mit seinem Mitarbeiterstab führte er zahlreiche genetische Experimente durch, um die Urform(en) zu finden. Auf die Frage nach Erfolg, war seine Antwort: *„Erfolg? Nein, das kann man nicht sagen. Es sei denn, man versteht unter Erfolg die Kultivierung der unproduktivsten Getreideart der Welt."*

Für die Indianer ist der Mais ein Geschenk der Götter. Für die Wissenschaftler ist er „Trickser" und „Kurtisane" zugleich auf dem botanischen Thron. Schelm, weil er an vielen Stellen in unterschiedlicher Kleidung auftritt, das andere, seiner Großzügigkeit wegen. Im Gegensatz zum Weizen ist Mais getrennt-geschlechtlich. Der erweiterte Spielraum erlaubt Kreuzungen und Hybridisation, die den Aufstieg vom nutzlosen „Gräslein" zum wertvollen „Korn" möglich machen, einen genauen Einblick in den Prozeß aber weitgehend verwehren.

Im durch Bergketten abgeschlossenen Tal von Tehuacan, etwa 200 km südöstlich der mexikanischen Hauptstadt, rekonstruierte das Team von McNeish anhand genauer Untersuchungen den Werdegang kleiner Gruppen (microbands mit etwa 8 Mitgliedern) von Kleinwildjägern und Sammlern, die sich saisonbedingt kurzfristig zu größeren zusammenschlossen (seasonal micro-macro bands).

In sechs unterschiedlichen Kulturphasen zwischen etwa 10000 und etwa 1800 v. Chr. - dem Auftreten der Keramik im Tal von Tehuacan - rekonstruierte er anhand der Nahrung den langsamen Übergang vom Sammler zum Nutzpflanzenanbau und registrierte eine Bevölkerungsexplosion.

Der lange Weg vom Nahrungssammler zum Nahrungserzeuger war in vieler Hinsicht revolutionär. Nicht nur, daß die Menschen seßhaft wurden, sie bildeten auch größere Gemeinschaften. Aufgrund der Fundplätze mit Scherbenmaterial läßt sich nachweisen, daß es bereits vor etwa 4000 Jahren in Mesoamerika mehrere hundert feste Siedlungen gab.

Mit gebrannter Erde ist den Menschen in allen Regionen ein Medium in die Hand gegeben, mit dem er seine Umwelt, seine Wünsche und Vorstellungen und nicht zuletzt seine Persönlichkeit, eingebunden in seine Gesellschaft und einen bestimmten Zeitraum, ausdrücken kann.

Mit der Keramik beginnen für den Archäologen die ersten Seiten eines umfassenden Bilderbuches der gesellschaftlichen Evolution und der Beginn eines Herantastens an die Kunst. Außer Gefäßen enthält das frühe Fundmaterial aus dieser Zeit auch eine Fülle vorwiegend weiblicher Tonfiguren, denen sowohl im Fruchtbarkeits- wie im Totenkult offenbar große Bedeutung beigemessen wurde. Für die Ureinwohner Amerikas, die an ein Weiterwirken ihrer Ahnen im Jenseits glaubten, bedeutete der Dialog mit ihnen zugleich auch einen Dialog mit jenen Mächten, die sie als Triebkräfte der Erde vermuteten und von denen Gedeih und Verderb ihrer Anbaupflanzen und damit des Lebens abhing. Im Gegensatz zum Dasein der Jäger und Sammler und den vielen Stämmen, die an dieser Wirtschaftsform in Nordamerika oder großen Teilen Südamerikas festhielten, bedeutete für den Feldbauern Nachwuchs nicht Ballast, sondern Arbeitskraft und Fortbestand durch Erben. Nebensächlich ob es sich dabei um familiäre oder kollektive Bindungen handelte.

Die Kunst überlebt die Gesellschaften, die sie schufen. Sie ist das große Tor, das uns den Zugang zu jenen untergegangenen Kulturen öffnet. An ihr können wir Archäologen uns am allerbesten dieser Vorstellungswelt nähern, das Auf und Nieder der verschiedenen Epochen ablesen und nicht zuletzt auch das ästhetische Empfinden wie die handwerklichen Fähigkeiten nachvollziehen. Trotz vieler Gemeinsamkeiten in der ökonomischen Struktur der frühen Siedlungen zeigt die Kunst der präklassischen

Periode erstaunlich individuelle Züge. Selbst Gegenstände von unmittelbar benachbarten Fundplätzen weisen zum Teil gravierende stilistische Unterschiede und markante lokale Eigenheiten auf.

George C. Vaillant, der bereits zwischen 1926 und 1928 einige Siedlungsplätze der vorklassischen Zeit untersuchte - sie liegen inzwischen unter Wohnhäusern und Industrieanlagen in der heutigen Stadt Mexiko -, hat eine Stratigraphie (Schichtenbeschreibung) für das Hochtal von Mexiko erarbeitet. Vor allem die zwischen 4,5 und 7,5 m hohen Abfallhaufen von El Arbolillo und Zacatenco verschafften Einblick in die Struktur dieser Dorfbewohner und die damalige Lebensweise der Menschen. Die Wohnstätten aus vergänglichem Material haben kaum Spuren hinterlassen. Von größerem Bestand erwies sich der Unrat, denn mit der Reinlichkeit nahmen sie es nicht genau. Der Müll wurde vor die Tür geworfen. Aber diese Abfälle - zerbrochene Töpfe, abgenagte Tierknochen, und Reste von Maisstroh, aber keinen von Haustieren! - geben uns heute nach Jahrtausenden Aufschluß über den materiellen Besitz und die Ernährung der Bewohner.

Die bislang ältesten anthropomorphen Tonfiguren im Hochtal von Mexiko gehörten der Zohapilco-Phase an (etwa 2500-2000 v. Chr.) und wurden erst in den 70er Jahren in Tlapacoya entdeckt. Sie übertreffen an Alter jene weiblichen Tonidole, die Vaillant gefunden hat, etwa um ein halbes Jahrtausend. *„Sie haben für unseren Geschmack nichts Anmutiges"*, schrieb er damals gegen Ende der 20er Jahre.

Ganz anderer Ansicht waren moderne mexikanische Künstler wie Diego Rivera und Miguel Covarrubias. In den 40er Jahren besuchten sie regelmäßig einen anderen Fundplatz am Stadtrand von Mexiko - er ist heute, wie viele andere im Weichbild der modernen Stadt, mit Industrieanlagen überbaut -, und für ein paar Centavos erwarben die angesehenen Maler von Ziegeleiarbeitern interessante kleine Tonstatuetten, darunter auch Fragmente von doppelgesichtigen Tonfigurinen, die an Werke von Pablo Picasso erinnern. Als Archäologen sich des Fundplatzes bemächtigten und ihn Tlatilco nannten, was etwa so viel bedeutet, „dort, wo die Dinge versteckt liegen", bestand kein Zweifel mehr daran, daß hier große Künstler am Werk waren, die es schon vor 3000 Jahren verstanden hatten, aus einem Klumpen Ton jene anmutigen Geschöpfe zu formen, welche den Beinamen „pretty ladies" (schöne Damen) erhielten. Was aus den schätzungsweise wenigstens 6000 Gräbern zutage kam - nur etwa ein Zehntel durch fachgerechte Ausgrabungen -, stellte an Qualität und Vielseitigkeit alles Vorhergesehene in den Schatten. Keine benachbarte Kultur aus der mittleren vorklassischen Periode kannte regelrechte Gräberfelder und trieb einen ähnlich aufwendigen Totenkult. Hier zeigt sich bereits, was für die altamerikanischen Kulturen charakteristisch ist.

Die Verstorbenen galten als Mittler zwischen den dies- und jenseitigen Kräften. Um die Vegetationsgötter, die Triebkräfte der Erde, zu besänftigen und die Ahnen für die Anliegen der Lebenden zu gewinnen, wurde das qualitativste Kunsthandwerk hergestellt, z. B. keramische Gefäße, die keine Gebrauchsspuren aufweisen. Aber auch an Schmuckstücken, Waffen und Handwerkszeug sowie an Nahrung wurde nicht gespart, je nach Ansehen der Person. Es war ein Versuch, sie damit als Fürsprecher für die Lebenden zu gewinnen. Ob dies mit der Vorstellung an ein Weiterleben nach dem Tod zusammenhängt, bleibt zweifelhaft. Gerade in Tlatilco und anderen Fundplätzen der präklassischen Periode dürften die rituellen Tötungen an den Tonskulpturen eine Art symbolischen Charakter gehabt haben, die in späterer Zeit zu Menschenopfern ausarteten, zunächst um hohe Würdenträger zu begleiten oder als Bauopfer (wie wir es auch aus dem europäischen Mittelalter her kennen) und erst, als das Pantheon der Götter so gewaltig anwuchs und zu Exzessen führte, von denen die Spanier über die Azteken zu berichten wußten. Manches war sicherlich übertrieben, um die eigenen Taten zu rechtfertigen.

Im Material der Grabbeigabe von Tlatilco und anderen Fundstätten zu dieser Zeit ist der Ton vorherrschend, neben Gefäßen und Gefäßskulpturen reihen sich Roll- und Flachstempel, Okarinas, Rasseln, Masken und

Tabakspfeifen. Den größten Platz aber nehmen die meist unbekleideten oder nur spärlich angezogenen weiblichen Figuren ein. Mit phantasievollen Frisuren, die an die Rokokozeit in Europa erinnern, Haartönungen, raffinierten Gesichts- und Körperbemalungen und reichlichem Schmuck wie Colliers oder Schellen an den Beinen ersetzen sie den Mangel an Kleidung (Farbtafel 1 oben). Sogar Schönheitsoperationen an Schneidezähnen mit Einlagen aus Jade- und Pyrithplättchen, ausgeführt mit Obsidianwerkzeugen, treten bereits zu dieser Zeit erstmalig auf.

Im Fundzusammenhang zeigte sich, daß mehr als neun Zehntel dieser anmutigen Tonstatuetten rituell „getötet" wurden, d. h. zerbrochen. Die Verstümmelungen waren systematisch und wohlüberlegt vorgenommen, vorzugsweise gezielter Abschlag an Arm oder Bein oder gebrochen am Nacken, gleichsam enthauptet, manchmal auch in Körpermitte gebrochen.

Was Tlatilco außer der langen Besiedlung - 1455 bis etwa 600 v. Chr. ± 260 - von den übrigen Fundplätzen dieser Zeit unterscheidet, könnte im modernen Vokabular mit „weltmännisch" bezeichnet werden. Es fehlt zwar an Architektur- und größerer Bildhauerkunst, nicht aber an Luxusbedürfnis und an vielseitigen Ideen bei Gefäßformen und Figurentypen, die auf weitreichende Handelsverbindungen schließen lassen.

Auf eine stärkere und differenzierte Rangabstufung innerhalb der Sozialstruktur, die bei anderen bäuerlichen Dorfgemeinschaften nicht so deutlich sichtbar ist, läßt sich besonders an der unterschiedlichen Grabausstattung, wie dem Auftreten männlicher Statuetten, meist mit Helm oder Kinnschutz, bekleidete Ballspieler, schließen. Maskentragende Schamanen bereichern erstmals das Vokabular dieser „Sprache" aus gebranntem Ton. Das erstere geht vermutlich auf eine direkte Einwirkung auf eine andere Kultur zurück.

Man braucht nicht lange zu suchen, denn diese hat in Tlatilco ihr unverkennbares „Baby face", das Kindergesicht, der Olmeken hinterlassen. Neben diesem findet sich auch ihr anderes, nicht minder spezifisches, das Mischwesen, das des „Wer-Jaguars". Tlatilco und Tlapacoya am Südufer des Texcoco-Sees, Las Bocas und einige Siedlungsplätze im Bundesstaat Morelos waren offensichtlich olmekische „Kolonien" die Vorposten wie Handelsniederlassungen dieser Kultur, deren Zentrum in der Region der Chico-Zapotebäume, an der südlichen Golfküste lag (Farbtafel 1 unten). Zur Zeit der Azteken besiedelten die Olmeca Xicalanca die Region. Im Gegensatz zu diesem historisch verbürgten Volk sind die Olmeca, die „Leute aus dem Gummiland", von

denen der primäre geistige Anstoß für die späteren Hochkulturen Mesoamerikas ausging, nur durch archäologisch freigelegte eindrucksvolle Kunstwerke und Zeremonialzentren nachweisbar. Ihre Kolossalköpfe und andere Monumentalskulpturen, die uns allein schon durch die Perfektion der Technik, ihre Materialgerechtigkeit sowie formvollendete Ausführung, hergestellt mit Steinwerkzeugen, in Erstaunen versetzt. Wenn im Hinblick auf die Entwicklung großer Kulturen von Sternstunden gesprochen werden darf, dann trifft es für den gewaltigen Doppelkontinent nur zweimal zu: in der nördlichen Hälfte des Kontinents auf die Kultur der Olmeken und im Zentralen Andenraum Südamerikas auf die von Chavin.

Die **Olmeken** und ihre imponierende Kultur, die wir „olmekisch" nennen, wird zu Recht als rätselhaft bezeichnet. Doch der Standpunkt, daß sie ein Volk waren, das aus dem Dunkel gekommen ist und wieder im Nichts verschwand, dürfte überholt sein. Betrachtet man die Physiognomie mancher Einheimischer dieser Region an der mittleren und südlichen Golfküste Mexikos, ja sogar unter den Nachkommen der Maya, so können heute noch Ähnlichkeiten zwischen diesen Gesichtern und denen der alten Kultur festgestellt werden: der Rundschädel, die mandelförmigen Augen, die breite, kurze Nase sowie der sinnliche Mund mit vollen Lippen.

Der Ingenieur Jose Melga fand im Jahr 1862 bei Tres Zapotes (Vera Cruz) den ersten von inzwischen etwa 20 bekannten Kolossalköpfen, von denen die Mehrzahl aus den großen kultischen Zentren San Lorenzo-Tenochtitlan, La Venta und Tres Zapotes stammen. Als „Äthiopier", aufgrund seines „negroiden" Aussehens, bezeichnete damals der Mexikaner das metergroße und über fünf Tonnen schwere Haupt. Diese nicht ernstgemeinte Hypothese wird noch heute von einigen Phantasten ernstgenommen, die in Büchern diese Ansicht vertreten und Kolumbus um Verzeihung bitten, sozusagen, er sei ja nicht der erste gewesen.

Daß solche monumentalen Bildwerke gleichen Alters waren wie die kleinen, nur wenige Zentimenter großen archaischen Frauenstatuetten der „pretty ladies" der präklassischen Periode, stellte sich erst sehr viel später heraus. Diese primäre Hochkultur hat sehr lange auf ihre Entschlüsselung warten müssen. Erst 1925 stieß der dänische Archäologe Frans Blom und der Nordamerikaner Oliver La Farge in La Venta auf einen zweiten Kopf (Monument 1). „Der sichtbare Teil des Hauptes hatte sechs Meter Durchmesser", stellten sie fest. Zum Freilegen der ganzen Skulptur fehlte es den beiden Wissenschaftlern an finanziellen Mitteln wie Helfern in dieser Gegend. Erst mit dem 2. Weltkrieg änderte sich die Situation. Es war Geld vorhanden, welches nordamerikanischen Archäologen erlaubte, im moskitoverseuchten Sumpfgebiet an der Tonala-Flußmündung La Venta auszugraben.

Möglicherweise stand die mexikanische Vorgeschichte damals weniger im Vordergrund als die Gegenwart, vermutlich war die Gegend von La Venta als geeigneter Versorgungsstützpunkt für deutsche U-Boote ebenfalls von Interesse. Gleichgültig, was der tiefere Grund für die mehrjährige Arbeit an der Tonala-Flußmündung war, deutsche U-Boote tauchten nicht auf, erzählte Frans Blom, aber an den Tag kam La Venta, das größte Zeremonialzentrum und die Zeugen einer der eindrucksvollsten Kulturen,

darunter auch „unser Kopf" mit einem Gewicht von 24 Tonnen und einer Höhe von 2,41 m sowie einem Durchmesser von 6,40 m.
Für viele Anthropologen liegt, besonders was die präkolumbischen Kulturen betrifft, der Unterschied zwischen einem Häuptlingstum und einer Hochkultur in der Menge der verfügbaren Arbeitskräfte und erwirtschafteten Erträge, der Größe des urbanen Territoriums und der Güte der Wirksamkeiten im organisatorischen, soziopolitischen und künstlerischen Bereich. Für die olmekische Kultur treffen alle Kriterien einer Hochkultur zu und dennoch keine ohne Einschränkung: Es war kein großes urbanes Zentrum mit großer, zentraler Bevölkerung wie in Teotihuacan, jedoch ein ungeheueres Potential an Arbeitskräften aus der Umgebung für die Errichtung öffentlicher Plätze und sakraler Bauwerke, die auch einen Überschuß an gesicherter Ernährung für die Priester-Elite wie vieler Spezialisten erwirtschaftete. Fernhandel ist nachweisbar, jedoch kein großer Warenumschlagsplatz bekannt. Es gab lediglich „Elite-Zentren" mit meist Erdbauwerken und einer imponierenden Monumentalkunst aus Basalt. Der Kultkomplex von La Venta lag auf einer kleinen Insel im Tonala-Fluß, war umgeben von Sumpfgebiet und Mangrovenwäldern. Nicht viele Menschen hätten sich vom Boden des Eilands ernähren können. Dennoch scheint, sehr zum Erstaunen der Archäologen, diese kultische Anlage, die vor allem durch ihre astronomische Ausrichtung Nord-Süd und ihre geometrische Exaktheit beeindruckt, nach einem konstruktiven Plan errichtet worden zu sein. Dominierend ist die etwa 35 Meter hohe Pyramide, der man zunächst nach den bereits bekannten Pyramiden im übrigen Mexiko einen quadratischen oder rechteckigen Grundriß zuschrieb. Erst bei neueren, intensiveren Ausgrabungen zeigte sich im Jahre 1967 ihre wirkliche Form, die eines Vulkans. Der Grundriß ist fast kreisförmig und mit zehn Einbuchtungen am Rand, gleichsam fließender Lavaströme. Die Baumasse besteht aus über 100000 cbm aufgehäufter, gestampfter Erde - das sind etwa 200000 Tonnen Baumaterial. Auf der Plattform stand vermutlich der Haupttempel oder Altar. Der Pyramide vorgelagert war ein 85 Meter langer und 60 Meter breiter Platz mit etwa sechs Meter hohen Erdaufschüttungen an den Längsseiten, offenbar der älteste Ballspielplatz Amerikas für religiöse Zeremonien. Auf der Südseite korrespondierte ein kleinerer Erdhügel mit der Hauptpyramide.

Vermutlich hat bereits die Vor-olmekische Bevölkerung seit ihrer frühen Besiedlung fortwährend unter der Drohung von Vulkanausbrüchen und Erdbeben gelebt, möglicherweise ist das der Grund für diese Pyramidenform, die sich nur in der formativen Periode der präklassischen Zeit findet.

Neben den großen kolossalen Köpfen, monolithischen Altären und Stelen verblüfften Archäologen andere, aber völlig unerwartete kultische Elemente wie z. B. ein versenkter Innenhof mit einem Bodenmosaik, das ein stark stilisiertes Jaguarhaupt wiedergibt und unmittelbar nach seiner Entstehung „begraben" wurde. Ein Kunstwerk, das nicht für die Wirklichkeit bestimmt war, sondern der Kunst die Dimension einer anderen Wirklichkeit eröffnete. Im wahrsten Sinn vielleicht die „religiöseste" Kunst, die je von Menschen geschaffen wurde.

Eigenartigerweise erkannte kaum einer der früheren Archäologen den hohen Kunstwert der Monumentalskulpturen sowie die Zusammenhänge mit der Kleinkunst, in den zahlreichen - nicht nur in La Venta - zutage gekommenen kultischen Grabbeigaben, die neben mittelmäßiger Keramik aus hochqualifizierten Jade- und Serpentinobjekten bestanden und sich durch den sehr eigenwilligen Stil als unverkennbar „olmekoid" auswiesen (Farbtafel 2-6).

Besonderes Interesse erregte die bereits vor der La-Venta-Ausgrabung gefundene, zerbrochene, Stele C aus Tres Zapotes durch die Inschrift, die zur damaligen Zeit (1938/39) die weitaus früheste Zahlenangabe des alten

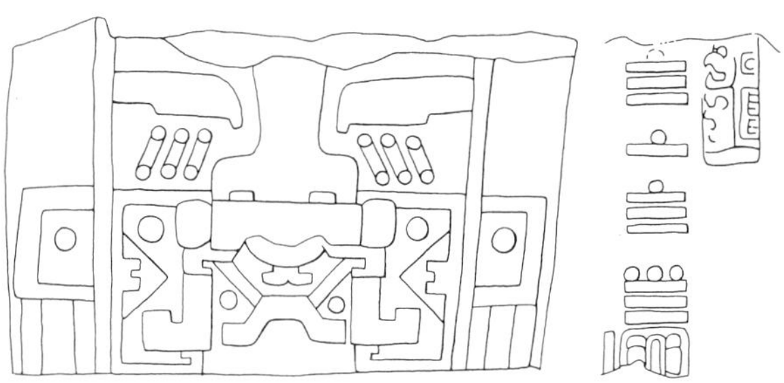

Amerika enthielt: ein Datum, das dem Jahr 31 v. Chr. entspricht und mit den Datierungsglyphen der Maya übereinstimmt. Dieser Fund übertraf damals alle bekannten Maya-Inschriften, die auf Stelen, Altären, Weihetafeln oder Treppen eingemeißelt, in Skulpturen graviert, oder auf Vasen gemalt und auf Fresken zu finden sind. (In Chiapa de Corzo wurde später die Stele 2 entdeckt, dessen Altersangaben die von Tres Zapotes um fünf Jahre in der Langzeitrechnung übertrifft.) Das frühe Datum der Stele C irritierte besonders die Maya-Forscher: Olmeken, früher als die Maya - undenkbar!

Der mexikanische Künstler Miguel Covarrubias machte als erster auf das hohe Alter der olmekischen Kultur aufmerksam. Auch Alfonso Caso, einer der führenden mexikanischen Archäologen, unterstrich das erstaunliche Alter dieser Kultur und wies auf ihre Bedeutung hin. So kam der Begriff „Mutterkultur" auf und hatte Bestand; nicht zuletzt deswegen, weil die beiden an mehreren Orten Fundstücke im olmekischen Stil der mittleren präklassischen Zeit mit vielen anderen Artefakten der agrarischen Dorfgemeinschaften nachweisen konnten, deren Alter später durch den C-14-Test bestätigt wurde.

(Die Radiocarbonmethode bzw. der C-14-Test wurde 1947 von dem amerikanischen Physiker Libby entwickelt zum Bestimmen des Alters von organischen Stoffen. C ist das chemische Zeichen für Kohlenstoff, das radioaktive Isotop des Kohlenstoffs hat die Massezahl 14. Damit nehmen auch Pflanzen Tiere und Menschen aus der Atmosphäre zusammen mit Kohlensäure winzige Mengen dieses radioaktiven Kohlenstoffs auf. Die Intensität der radioaktiven Atome sinkt nach dem Absterben eines Organismus in 5570 Jahren um genau die Hälfte, den sogenannten Halbzeitwert. Durch diese Anhaltspunkte sind relativ genaue Messungen, u.a. auch von Holzkohleresten, möglich geworden.) Zurück zu Covarrubias, dem Maler und Sammler, der des öfteren selbst zum Spaten griff, da geschulte Archäologen in Mexiko seinerzeit dünn gesät waren. So leitete er 1942 und 1947-49 die ersten systematischen Ausgrabungen in Tlatilco und erforschte wissenschaftlich mehr als 2000 Grabstätten. Besonders seine zweite Grabungskampagne ist insofern von großer Bedeutung, als er mit Hilfe der Radiocarbon-Datierungsmethode das Entstehen der Tlatilco- und der benachbarten Zacatenco-Keramik olmekischen Typs sogar ins zweite Jahrtausend v. Chr. zurückdatierten konnte, eine Altersangabe, die noch weit über die vorsichtigen Schätzungen seiner Vorgänger hinausführte. Bei der ersten „Olmeken-Konferenz", die nach Beendigung der Ausgrabungen von La Venta Ende der 40er Jahre stattfand, äußerste Covarrubias, „das Rätsel um die olmekischen Archäologie so komplex geworden sei, daß es selbst für die meisten Archäologen kaum mehr überschaubar sei" und *„sie es so widerstrebend anpacken, als wäre es eine Klapperschlange".*

Wie jede Kultur, so ist auch die olmekische das Ergebnis jahrhunderte-, jahrtausendelanger Erfahrungen und Überlegungen. Das Sichtbarmachen durch die Kunst ist nur der scheinbare „Anfang" der betreffenden Kultur. Mit der olmekischen Kunst nahmen die primären Ideen Gestalt an, wurden zu Grundlagen für eine Religion, die dem Schamanismus der kleinen bäuerlichen Dorfgemeinschaften und ihren vagen Vorstellungen ein „Überbild" entgegensetzen konnte, das an ihre archaischen Vorstellungen anschloß und zugleich geeignet war, die „abstrakten" Naturvorgänge in ein symbolisches Bild umzusetzen. An die Stelle der Magier trat eine Priesterelite, die sich auf ihr neues, imponierendes Weltbild stützen konnte, mit dem sie die kosmischen Vorstellungen ebenso wie die vagen Empfindungen um die Naturvorgänge in einem eindrucksvollen Kunststil auszudrücken vermochte. Offensichtlich wurde dieses „Weltbild", in dessen Zentrum ein Mischwesen aus Mensch und Jaguar steht, mehr sinnlich als logisch wahrgenommen und von einer großen Mehrheit verstanden und akzeptiert.

Daß die Priesterelite neben der religiösen Aufgabe weltliche Funktionen ausübte und den Menschen in eine Hierachie einordnete, läßt sich nicht nur durch die Kunst nachvollziehen. Hand in Hand mit der religiösen Zielsetzung ging die technische Entwicklung, vor allem die, die eine straffe Organisation von Kollektivarbeiten voraussetzt - zunächst für ein Bewässerungssystem, das die ungebändigte Kraft der unberechenbaren zum Golf von Mexiko hin ablaufenden Flüsse und Ströme in dieser so niederschlagsreichen Region zu bändigen vermochte und zwei Ernten gewährleisteten. Die Arbeitskraft des Menschen ging nicht mehr wie bei den Sammlern und Jägern völlig im Prozeß der Nahrungsbeschaffung auf. Wo sich der Boden durch Brandrodungen sehr schnell erschöpfte, führten ihm alljährlich Überschwemmungen fruchtbare Kräfte zu. Hinzu kam, daß der Bauer durch das neue Irrigationssystem im feuchten, subtropischen Klima den erheblichen Mehrertrag erwirtschaften konnte, der es erlaubte, auch jene Bevölkerungsschichten mitzuernähren, die nicht in der Landwirtschaft tätig waren (Priester, Bewässerungsingenieure, auch Künstler, wie Fernhändler etc.). Für den intensiven Maisanbau - die Hauptnahrungsquelle - benötigte eine indianische Familie etwa 90 Arbeitstage. Selbst bei einer zweimaligen Ernte verblieb genügend Zeit für kollektive Arbeitsleistungen: das Anlegen von Wegen, Bewässerungskanälen und Errichtung religiöser Zentren. Der unseres Wissens erste große Zeremonialkomplex von San Lorenzo-Tenochtitlan entstand zwischen 1200 und 900 v. Chr. Danach wurde die Stätte aus bisher noch nicht geklärten Gründen aufgegeben und La Venta übernahm die führende Rolle im kultisch-religiösen und sozio-politischen Leben. Es erweiterte das Fernhandelsnetz, was vor allem an der Jade, die aus dem Montagua-Tal im heutigen Guatemala eingeführt wurde, ersichtlich ist, die sich bei Ausgrabungen in San Lorenzo noch nicht fand (Farbtafel 3 u. 5). San Lorenzo wie später La Venta und einige andere Fundorte im Kernland der Olmeken verblüfften vorallem durch ihre Monumentalplastiken.

Um sich die „Plattform" im übertragenen Sinne zu vergegenwärtigen, auf der diese geradezu perfekte Kunst stand, und damit die Leistung dieser „Steinzeitkultur" erfassen zu können, müssen wir zunächst unsere Aufmerksamkeit auf die realen Plattformen lenken. Die von Nord nach Süd ausgerichtete Terrasse von San Lorenzo ist 1200 m lang, hat eine Breite von 770 m und erhebt sich etwa 12 m über das Niveau der Umgebung. Sie ist künstlich mit der gewaltigen Materialmasse von neun Millionen Kubikmetern gestampfter Erde unter Ausnutzung geringer Bodenerhebungen errichtet worden. Diese gewaltigen Erdmassen mußten von Arbeitskräften auf dem Rücken befördert werden. Die präkolumbischen Völker verfügten im Gegensatz zur Alten Welt über keine Zug- und Lasttiere, auch keine Werkzeuge aus Eisen.

Angesichts solcher vor rund 3000 Jahren vollbrachten Leistungen griffen die Archäologen zur Statistik. Gehen wir bei den damaligen Verhältnissen mit einer noch nicht sehr großen Bevölkerungsdichte davon aus, daß etwa

1000 Arbeitskräfte freigestellt worden sind, um die Erde aus der etwa zwei km entfernten Umgebung heranzubringen, und nehmen wir an, daß jeder täglich etwa 300 kg zu befördern hatte, so mußte er an einem Tag mehr als 20 km mit einer Last von ca. 30 kg auf dem Rücken zurücklegen. Auf diese Weise konnten im Laufe von etwa 100 Jahren zehn Millionen cbm Masse zusammengetragen werden (etwa 1 Mio. cbm wurde für die kleineren, symmetrisch angeordneten Terrassen benötigt, die als Fundament des Tempels und anderer Monumente dienten). Hinzu kamen Bewässerungsanlagen mit entsprechenden Arbeitskräften, sowie Künstler und ihre Helfer, darunter eine große Anzahl von Menschen, die für den Transport sorgten, denn das Basaltlager für die Monumentalskulpturen von San Lorenzo wie auch von La Venta lag in den etwa 80-100 km entfernten Tuxtla-Bergen. Es ist möglich, daß Künstler auch dort tätig waren, denn einer der Kolossalköpfe ist nicht vollendet und wurde noch im Gesteinsmassiv gefunden. Der Transport der Skulpturen bzw. des Materials erfolgte mit Hilfe von Rollen unter geschickter Nutzung der Wasserläufe auf Flößen.

Wie war es möglich die Menschen zu derart harter und ausdauernder Arbeit zu aktivieren? Für den Einsatz militärischer Kräfte zur Rekrutierung von Arbeitssklaven sind die Anzeichen zu dürftig. Überzeugender ist die Annahme, daß der Impuls für so gewaltige Leistungen von den neuen religiösen Ideen ausging, die, wie bei der Hochkultur von Chavin in Peru, aufs engste mit einer monumentalen Kunst verbunden ist, die einer Gesetzmäßigkeit unterlag und in religiösen Zentren in Einklang mit der Architektur Aufstellung fand. Beste Beispiele dafür sind die Kolossalköpfe, die tonnenschweren „Altäre" und Stelen von La Venta. Das bildete den beeindruckenden Rahmen für kultische Handlungen. Das kreisende Thema: die Fruchtbarkeit der Felder und die Besänftigung der nicht mit wissenschaftlichen Kenntnissen erklärbaren Naturgewalten und ihr Ausgeliefertsein. Letzen Endes ist es der uralte Gedanke von „Stirb und Werde", das Eingebundensein des Individuums in den Kosmos, das durch kultische Zeremonien belebt wurde. So konnte sich der Mensch auch als Teil dieser Gesellschaft empfinden.

Bei den Kolossalköpfen wie in der Kleinkunst fällt auf, daß der Künstler eine Individualisierung nur zaghaft andeutet, daß es ihm nur bedingt darum ging, eine bestimmte Persönlichkeit darzustellen, sondern mehr einen unverkennbaren Typus zu formen.

Das Aufstellen solcher „Überporträts" in den drei großen Zeremonialzentren (San Lorenzo-Tenochtitlan, La Venta und Tres Zapotes) entsprang vermutlich der Absicht, Ahnen wirkungsvoll zur Schau zu stellen, die das Göttliche der Herrscherkaste verkörpern und legitimieren sollten. Eine dominierende Rolle nahm im Kult der Olmeken der Jaguar ein. Das „Jaguarmotiv", mal realistisch, mal abstrakt, ist ein immer wiederkehrendes Element der olmekischen Kunst und zugleich die Grundlage für die erste Vegetationsgottheit, die ihre Fortsetzung in allen mesoamerikanischen Kulturen über die Zeit hinweg findet. Neben reinen Jaguardarstellungen (Farbtafel 5 u.) überwiegt eine Mischform, die einer vermenschlichten Raumkatze. Im „jaguar-face" sind die kindlichen Gesichtszüge des „baby-face" noch erfaßbar, doch das Naive hat bei diesen Mischwesen, dem „Wer-Jaguar", einem unberechenbaren, lauernden, ja unheimlichen Ausdruck Platz gemacht (Farbtafel 4).

Der vermenschlichte Jaguar ist das erste „göttliche" Wesen und die Quelle für das Aufkommen aller weiteren Fruchtbarkeitsgötter, das den Vorstellungen der früheren Bewohner zufolge aus der Vereinigung eines Jaguars mit einer Frau hervorging, worauf einige, leider sehr zerstörte Steinmonumente hindeuten (Potrero Nuevo: Monument Nr. 3, Rio Chiquito: Monument Nr. 1, Laguna de los Cerros, Monument Nr. 20), die den Kopulationsakt zwischen einem Jaguar und einer Frau zeigen. Eine Szene mit diesem Motiv findet sich auf einem Felsrelief im Hochtal von Puebla in Chalcacingo. In Peru, wie eine ausgestellte Keramik der Moche-Kultur zeigt, lagen vermutlich ähnliche Vorstellungen für „göttliche" Mischwesen zugrunde (Farbtafel 39 u. m.).

Die Idee solcher Darstellungen hat nichts mit Sodomie zu tun. In den indianischen Kulturen sind mit ganz wenig Ausnahmen Geschlechtsakte, ja sogar Andeutungen von Geschlechtsmerkmalen vermieden worden. Das trifft vor allem für die Olmeken zu: Ihren kleinen Statuetten fehlen meist jegliche sexuellen Merkmale (Farbtafel 2 u. Abb. S. 75 o.). So kann also nur der Gedanke dahinterstehen, daß die Mutter, durch die sich der Mensch mit seinen Ahnen verbunden fühlte, unmöglich von einem Menschen seinesgleichen „geschändet" werden konnte.

Für einen griechischen Zeus war in der indianischen Mythologie kein Platz. Für die Zeugung eines übernatürlichen, *sur-realen,* also übernatürlichen Geschöpfes bedurfte es des stärksten Tieres auf dem Doppelkontinent, dessen Eigenschaften bewundert und zugleich gefürchtet wurden: die des Jaguars.

Die olmekischen Priesterfürsten, sakrale wie weltliche Herrscher in einer Person, vermutlich mit geregelter Erbfolge, leiteten ihre Abstammung von dieser Gottheit her und wurden vom Volk mit ihr identifiziert. Die „Tatsache", daß sich ihre „Dynastie" auf den Jaguar-Vegetationsgott als Ahnherrn berufen konnte, sicherte Ansehen wie überregionale Befehlsgewalt. Bereits 1965 stellte Alfonso Caso in einer Publikation mit dem Titel „Existe un Imperio Olmeca?" (Existierte ein olmekisches Imperium?) die Frage, ob hierbei von einer regelrechten „Königsdynastie" mit Hofhaltung in den kultischen Zentren die Rede sein kann, diese Frage darf nach meinem Dafürhalten uneingeschränkt für das Kerngebiet dieser Kultur bejaht werden. Im Elitezentrum von San Lorenzo haben Archäologen kaum mehr als 200 Hausfundamente gezählt, Wohnraum für 800-1000 Menschen. Und dennoch ist mit geradezu unvorstellbarem Aufwand diese Anlage, wie auch das später erblühende La Venta, für den religiösen Kult errichtet worden, dem der Herrscher vorstand. Sie fungierten als heilige Residenzen und Sitz der Dynastie und unterschieden sich, sozusagen durch Welten von den einfachen agrarischen Dorfgemeinschaften der frühen präklassischen Zeit mit ihren Schamanenpriestern und Dorfvorstehern.

Das „olmekische Reich", die erste große politische Einheit Mexikos, umfaßte nach Schätzungen von Ignacio Bernal 18130 qkm und zum Zeitpunkt der dichtesten Besiedlung etwa 350000 Bewohner, über die Dynastie der Priesterfürsten ihre Macht ausübten. In ihren Händen lag die unumschränkte Kontrolle über Landwirtschaft, Handwerk und Handel - den regionalen wie auch den in weit entfernten Gegenden. Die monumentale Kunst ergänzt sich im Stil nahtlos mit der Kleinkunst, darunter Arbeiten aus dem „Grünedelgestein", insbesondere Jadestatuetten, und polierte Szepter oder andere Kultobjekte aus gleichem Material sowie lebensgroße Masken von Arroyo Pesquero. Über die Funktion der letzteren sind wir im unklaren. Ihre mit einem sanften Lächeln versehenen Züge geben keine Auskunft. Sie kamen durch Zufall ans Tageslicht, als ein Fluß seinen gekrümmten Lauf bei Hochwasser änderte und die vermeintliche Grabbeigabe freispülte. Und wie so häufig, die Archäologen kommen zu spät.

Die Olmeken waren mit Abstand die größten Bildhauer in Amerika. Die künstlerische Qualität ihrer kleinen Skulpturen entspricht dem hohen Standard ihrer monumentalen Bildnisse. Vielleicht ist es gerade das Extreme an diesen souveränen Bildschöpfungen, was an dieser „Steinzeitkultur" so fasziniert. Basalt und Serpentin sind hart, Jadeit und Steatit aber sind noch härtere Gesteinsarten. Sie waren das Lieblingsmaterial der olmekischen Künstler. Die Metallverarbeitung war ihnen unbekannt. Ihre Skulpturen wurden daher ausnahmslos mit Steinwerkzeugen geschaffen. Bewundernd verkündete der große englische Bildhauer des 20. Jahrhunderts: *„Sie sind das großartigste Werk von Geist und Gestaltung, was ich auf dieser Erde*

kenne." Die überraschende stilistische Disziplin in ihrer Kunst und die bisher unbekannten Gestaltungsformen zeugen noch heute von religiösen Vorstellungen dieser selbstbewußten, elitären Herrscherkaste. Zwei Extreme stehen sich konträr gegenüber und ergänzen sich dennoch aufs vortrefflichste. Da ist zum einen das sensibel gearbeitete menschliche Antlitz mit dem leicht geöffneten Mund und dem melancholischen Blick, zum anderen das furchterregende Mischwesen mit den anthropomorphen Gesichtszügen und den Attributen eines Jaguars. Häufig wird diese Geburt des Wer-Jaguars in Verbindung mit kleinen zwerghaft anmutenden Geschöpfen gebracht, so etwa auf beiden Seiten des „Altars V" in La Venta. Eine der expressivsten Skulpturen in dieser Ausstellung zeigt eine, von denen die Archäologen als „Chaquenes" bezeichnen. Bei den Maya waren diese „Trickser" oder Poltergeister Bewohner der Wälder, tummelten sich an Quellen und Flüssen. Sie galten als die Helfer des Regengottes Chac - in den mexikanischen Kulturen ist das Equivalent Tlaloc. Sie halfen, die Winde aus den vier Himmelsrichtungen zusammenzutreiben, sorgten für Donner und Blitz, daß das kostbare Naß aus den Wolken die Felder der Menschen nicht vertrocknen ließ. Bei dieser Skulptur sind die Schulterblätter so gearbeitet, daß man sie als Symbol für zwei gebalte Regenwolken halten kann. Das korrespondiert mit dem Schweif, der sich auf seiner Seite von der Hüfte bis zu den Beinen ringelt und in einen Schlangenkopf ausläuft, dem Symbol der fruchtbaren Erde.

Dieses Basaltskulptur korrespondiert wiederum vortrefflich mit einem Zeremonialobjekte in Axtform, von denen die eine ausgehöhlte Seite einen vertieften Fußabdruck dieses mythischen Wesens zeigt und die andere durch Gravierung in starker Stilisierung den Wer-Jaguar bzw. Regengott wiedergibt (Farbtafel 6 l. und r. o.).

Ein weiteres Kultobjekt, in Form und Material ähnlich, ist mit dem stark abstrahierten Motiv einer Raubkatze versehen, das sich nur auf hervorgehobene Augenbrauen im Tiefrelief und Einritzung für das lauernde Auge beschränkt (Farbtafel 6 u. r.).

Durch diese primären religiösen Ideen kommt die Dualität zum Ausdruck: Tag/Nacht; Himmel/Erde; Mann/Frau; anstelle von Gut und Böse die beiden Eigenschaften, die in den Elementen dieses vulkanischen Kontinents ruhen: das Wasser, zur richtigen Zeit und mäßig versprach es gute Ernten, im Übermaß war es ihr Zerstörer. Es sind die Anfänge einer Religion, die sich dem kosmischen Vorbild angleicht und die es versteht, das Pendel ausgewogen zwischen Angst und Hoffnung zu versinnbildlichen; sie gibt damit dem Menschen in dieser Gesellschaft die Möglichkeit, seine Existenz nicht mehr als zufällig zu empfinden. Mit diesen nur emotional erfaßbaren Bildern und Vorstellungen erhielt die neue Gesellschaft durch Glaube, Götterfurcht und Zugehörigkeit einen tieferen Sinn.

Etwa vier Jahrhunderte nach dem Verblassen von San Lorenzo widerfuhr La Venta ein ähnliches Schicksal. Nur kleinere Zentren wie Tres Zapotes überlebten und markierten das Ende der präklassischen Periode, leiteten allmählich über in die sogenannte Proto-Klassik (etwa 300 v. Chr.-250). Viele Fragen sind noch offen. Auf die wesentlichsten, Alter, Bedeutung, Einflußsphäre, Zusammenhänge usw., der olmekischen Kultur haben die Funde im Tiefland an der Golfküste wie im Hochtal von Mexiko, neuerdings auch in Guerrero, im Hochtal von Oaxaca auf dem Monte Alban und Dainzu, in Chiapas oder Guatemala eine Antwort gegeben. Ebenso ist die große Entfaltung der Maya-Kultur ohne die Olmeken undenkbar. Gerade sie haben sich vom großen Laib der „Mutterkultur" den größten Teil abgeschnitten und die Anfänge einer glyphischen Schrift wie der Kalenderwissenschaft weiterentwickelt und perfektioniert. In der Architektur gingen die unterschiedlichen

Erben verschiedene Wege. Im Pyramidenbau verdrängte ein quadratischer oder rechteckiger Grundriß das Vorbild der Vulkangestalt mit einer kreisförmigen Basis. Auch in anderen Regionen, gegen Ende der formativen Zeit, (archäologisch auch „Erster Horizont" bezeichnet) lassen sich bei den Nachfolgern die charakteristischen Merkmale, ihre Wurzeln, bei den Olmeken für die späteren Entwicklungen feststellen: eine Elite, die über Macht verfügt und die Umverteilung des *sur-plus* der erwirtschafteten Güter vornimmt, die Errichtung zeremonieller Anlagen mit monumentalen Steinskulpturen, weiträumig versenkte Innenhöfe sowie Plätze für das kultische Ballspiel. Außerdem die Grundlage für eine Schrift und die verschiedenen Kalendersysteme.

Die größte Leistung aber war das eindrucksvolle Götterbild einer Vegetationsgottheit, dessen Stammbaum auf die Olmeken zurückgeht und mit Hilfe eines großen unverkennbaren Kunststils über fast ganz Mesoamerika, deren Hintergrund der Fernhandel bildet, Verbreitung fand und unzählige Variationsebenen für die nachfolgenden Kulturen freihielt (siehe Skizze).

Mit den olmekischen Fernhändlern erweiterte sich zum ersten Mal die geographische Kenntnis. Obsidian, das vulkanische Glas für Messer, Schaber, Pfeilspitzen, kam aus den Pachuca-Bergen (etwa 100 km nördlich der heutigen Hauptstadt), aus Guerrero Hematith die geheiligte rote Farbe und das Grünedelgestein (Jadeit, Serpetine, Türkise). „Royal Jade" aus Guatemala, Nephrithe möglicherweise aus Costa Rica, Federn exotischer Vögel und Felle von Raubkatzen bezogen sie aus den unterschiedlichsten tropischen Regionen und auf dem Luxus-Nahrungssektor auch Kakao, eine Nutz- und Genußpflanze, die nur in Mesoamerika kultiviert wurde, obwohl sie in Wildform auch in anderen tropischen Gegenden Amerikas vorkommt.

Nur die Olmeken erkannten ihren Wert, einem Wert, den sie nachfolgenden Kulturen weiterreichten. Bei den Azteken z. B. galten Kakaobohnen als eine Art Zahlungsmittel innerhalb ihrer Tauschgesellschaft.

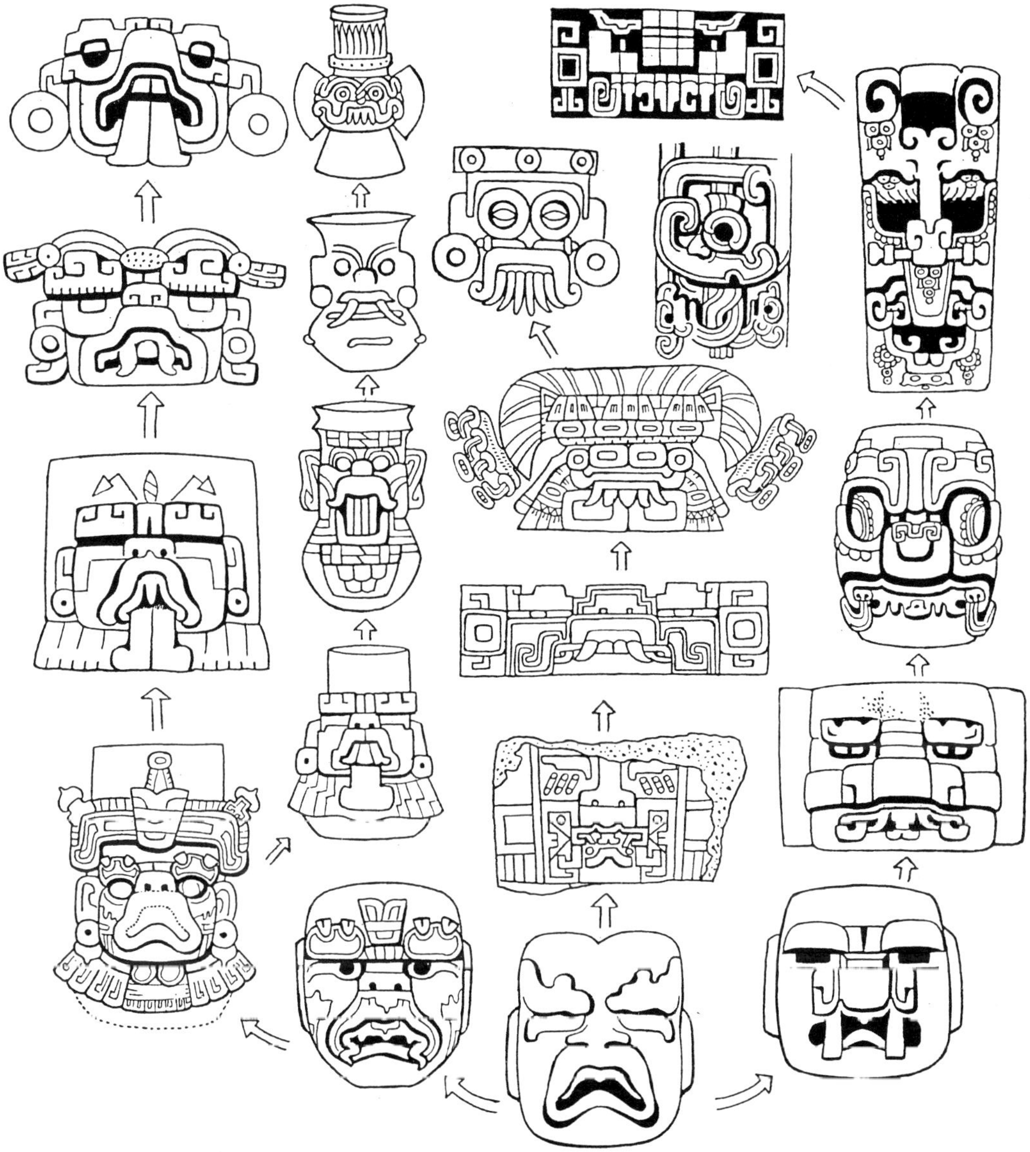

Entwicklungsstufen vom olmekischen „Wer-Jaguar" zu den diversen Regengottheiten. Rechts: Zu Chac, in der Maya-Kultur. Mitte: Zu Tajin an der mittleren Golfküste und im zentralen Hochland bis zu dem aztekischen Tlaloc. Links: In der zapotekischen Kultur zu Cosijo.

Nach M. Covarrubias

Diese Umverteilung der Ressourcen aus Mineralien und Produkten von Fauna und Flora erschlossen zum ersten Mal den geographischen Raum, der etwa den Grenzen „Mesoamerikas“ entspricht. Sie erkundeten die besten Wanderwege, hinweg über die größten Entfernungen, brachten der bäuerlichen Bevölkerung, die bis dahin kaum über das Gebiet ihres Tals hinauskam, neue Errungenschaften und Perspektiven.

Die Olmeken brachten den Ball einer rasanten Entwicklung zu einer Hochkultur ins Rollen. Als sie von der Bühne abgingen, lag er bereits im Vorfeld der klassischen Zeit. Der Weg war frei für weitere regionbedingte Entwicklungen. Was jetzt folgt, von der Blütezeit der Kultur von Teotihuacan bis zum gewaltsamen Untergang der aztekischen Hochkultur, wie die der Maya, ist der Archäologie seit längerem bekannt. Manches wird jedoch verständlicher durch das Erhellen jener Zeiträume des Anfangs, die im Dunkeln lagen. Ob die olmekische Expansion relativ friedlich oder mit militärischen Mitteln einherging, ist schwer zu sagen, es gibt für das eine wie für das andere Zeugnisse. Während in San Lorenzo oder La Venta sich kaum Anzeichen von Menschenopfern fanden, sind sie auf dem Monte Alban der Zapoteken im südlichen zentralmexikanischen Hochland oder in einer der ältesten Maya-Niederlassungen, z. B. Cuello (Belize), das sich vom „Dorf“ zum kultischen Zentrum mit Stuck verzierten Bauwerken mauserte, nachweisbar.

Fast 2000 km entfernt, in Cuicuilco, im Weichbild der heutigen Hauptstadt Mexico D. F., steht eine große gestufte Rundpyramide, begleitet von kleineren, die etwa zwischen 900 und 300 v. Chr. als zeremoniales Zentrum diente und noch bis vor eineinhalb Jahrzehnten für das älteste Bauwerk Mexikos gehalten wurde. Erst mit dem Wissen um das wirkliche Alter der olmekischen Kultur wurde die Annahme revidiert. Aus der neuen Sicht kann jetzt bei diesem Bauwerk sowohl von späten olmekischen Einflüssen - Tlapacoya und Tlatilco, die „Kolonien“ der Olmeken im Hochtal von Mexiko, sind weniger als einen Tagmarsch entfernt - als auch von eigenständigen Zügen gesprochen werden. Zu der etwa 18 Meter hohen Plattform der Rundpyramide, die einen Durchmesser von ca. 100 Meter hat, gelangt man entweder über eine Rampe auf der einen Seite oder über eine Treppe auf der anderen. Vermutlich krönte ein Tempel aus vergänglichem Material diese Plattform. Die Keramik von Cuicuilco, dem „Ort des Liedes und des Tanzes“, und dem benachbarten Copilco - außer Gefäßen und sich ähnelnde kleine Frauenstatuetten - erreichte nie die Qualität der Tonwaren von Tlatilco. Olmekisches Material kam in Cuicuilco nicht zum Vorschein, wohl aber eine der ältesten, wenn nicht überhaupt die älteste nicht olmekische Götterfigur: Huehueteotl, der „alte Gott“ mit den faltigen Gesichtszügen und den Zahnlücken, der „Herr der Vulkane und des Feuers“. Ihn zu beschwichtigen, mißlang, wie der Untergang jener kultischen Stätte zeigt. Zwischen 400 und 300 v. Chr. bereiteten die herabströmenden Lavamassen eines benachbarten Vulkans dem Ort ein gewaltsames Ende, ein Umstand, der die urbane Entwicklung des etwa 50 km weiter nördlich gelegenen Teotihuacan begünstigte.

Der Bundesstaat Guerrero, aus dem uns neben Wandmalereien in Höhlen wie auch der Zeremonialkomplex von Teopantecuantitilan, der erst 1988 entdeckt wurde und dessen Ergebnisse bis heute nicht zugänglich sind, sowie zahlreiche kleine Fundobjekte im olmekischen Stil, darunter eine Holzmaske, ist archäologisch noch weitgehend eine *Terra Icognita*. Für dieses verkarstete Bergland hat bereits damals gegolten, was heute noch Gültigkeit hat: Viele Steine gibt´s und wenig Brot. Das dürfte auch die Ursache sein, warum hier innerhalb der Grenzen des mesoamerikanischen Raums trotz des vielversprechenden Anfangs in späterer Zeit keine größeren Siedlungen in kultischen Zentren mehr entstanden sind.

Stein war - mit Ausnahme der Tonfiguren anmutigen „Damen“ von Xochipala und jenen vom Typ San Jeronimo - das Lieblingsmaterial und Hauptausdrucksmittel der Künstler dieses Gebietes, das zwar Rohstofflieferant für diverse Gesteinsarten war, aber dennoch von den Hochkulturen nur gestreift wurde. Ob jene Vorliebe für den Stein auf die Anwesenheit der Olmeken zurückzuführen ist, können wir nur vermuten. Neben sehr abstrahierten, geradezu modern anmutenden Steinskulpturen, die sich aus der Form der Streitaxt entwickelten, mit nur auf das

Wesentlichste reduzierten menschlichen Zügen, sind uns auch stark stilisierte Tempeldarstellungen aus grauem oder grünlichem Gestein bekannt (Farbtafel 8). Sie wurden vorwiegend am Mittellauf des Rio Balsa in der Nähe des Dorfes Mezcala gefunden, gleichnamig mit der Stilrichtung. Wenn auch auf andere Art als die verschlüsselte kultische, so ist „Mezcala" eine äußerst modern anmutende, formschöne Kunst, die hohe Ansprüche an die Phantasie stellt. Eine Kunst, die betrachtet, gefühlt und nicht entschlüsselt werden will. Sie ist höchst vollendet in der Abstraktion und zugleich von verhaltener Sinnlichkeit. Obgleich der „Mezcala-Stil" stereotyp anmutet und sich nur auf wenige Motive beschränkt, variert die Qualität der Ausführung.

Weiter nordwestlich von Guerrero, ebenfalls auf der pazifischen Abdachung, findet sich eine völlig andersgeartete Kunst. Hier war es das Leben, das die Künstler inspirierte: Freude wie Elend des menschlichen Daseins, die Tiere ihrer Umgebung, all das war Thema dieser Grabbeigaben. Menschen wie Tiere sind realistisch gestaltet, haben eine expressive Ausstrahlung, und sind von „göttlichen" Wesen, zumindest dem optischen Eindruck nach, meilenweit entfernt.

In historischer Zeit, etwa ab dem Jahr 900, war das Gebiet Tarasken-Land. Die Tarasken, ein kriegerisches Volk, sind erbitterte und unbesiegte Gegner der Azteken gewesen und somit zum Zeitpunkt der Eroberung Verbündete der Spanier. Ihr Name soll sich von „taraque" - „Schwiegerleute" ableiten, womit abwertend gesagt wird, daß die Tarasken ihre Töchter den Fremden überließen.

Die Volksstämme, die lange Zeit vor ihnen hier lebten, lassen sich nur archäologisch belegen. Vergleichbar mit der Moche-Kultur an der nördlichen Küste von Peru, hinterließen allein sie uns unter den vielen indianischen Kulturen der präcortesianischen Zeit eine „irdene Bibliothek", die

über alle Bereiche des Alltagslebens Auskunft gibt. Stechende Merkmale dieser Keramik sind die Züge der Volkskunst. Sie hat etwas Naives, Heiteres und Einschmeichelndes. Auch der Humor kommt in diesen aus Ton gebrannten Bildnissen nicht zu kurz, und wie jede Volkskunst hat sie auch etwas „Zeitloses".

Nach streng ethnographisch-kunsthistorischen Kriterien müßte man diese Kunst - benannt nach den heutigen Bundesstaaten Michoacan, Colima, Nayarit, Jalisco und Zacatecas - den Stammeskulturen zuordnen; im weitergefaßten Sinn der altamerikanischen Kultur sind diese Ausgrabungsstücke aus dem Nordwesten Mexikos aus dem Gesamtkomplex nicht wegzudenken.

Die Künstler setzten mit ihren Keramiken die Tradition der frühen Dorfgemeinschaften fort, wie wir sie z. B. in Tlatilco oder Zacatenco vorfanden, und bewiesen, daß sie sich in der vorklassischen Zeit sowohl den Einflüssen der Olmeken wie auch später in der frühklassischen Periode dem theokratischen Weltbild von Teotihuacan entziehen konnten. So wirkt diese figürliche Tonware wie eine später Ableger aus dem frühen Anfangsstadium. Das heißt aber nicht, daß wir es mit „gottlosen Barbaren" zu tun hätten. Nur war das religiöse Korsett hier sehr locker geschnürt, der künstlerische Gestaltungswille wurde nicht durch den strengen Codex eines Pantheons bestimmt, dessen Götter eine ausgefeilte, mit religiösen Zeremonien verbundene Ikonographie beansprucht. Dennoch bildete ein aufwendiger Totenkult den Mittelpunkt, war zentrales Anliegen jener Menschen und gab der Kunst ihre Ausrichtung wie Funktion.

Daß man in den Verstorbenen Mittler zu den jenseitigen Mächten sah, zeigt sich hier anders, weniger sakral eher fröhlich an den Grabbeigaben die gleichsam als Spiegelbild des Lebens und in einer sorgfältig konstruierten Grabarchitektur, der einzigen Architektur übrigens, die sich in dieser Region in der präklassischen und protoklassischen Periode (etwa 300 v. Chr. bis 300 n. Chr.) nachweisen läßt, die Toten begleitete. Diese

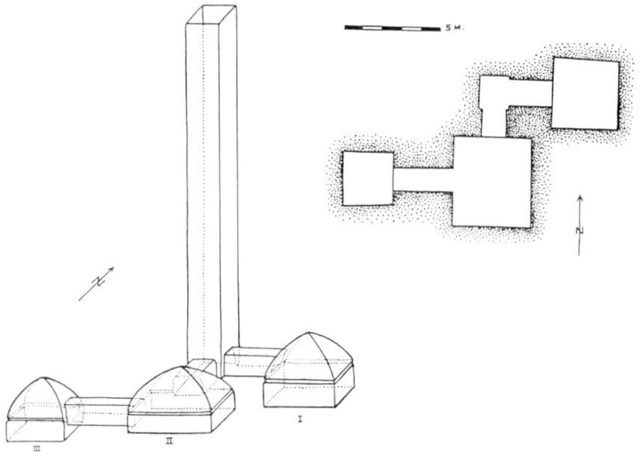

spezifischen Grabanlagen finden sich in Mesoamerika nur in Nordwest-Mexiko. Das hatte zur Folge, daß man die Artefakte stilistisch nach den heutigen Bundesstaaten benennt - Colima, Jalisco, Nayarit etc. - und den Kulturkomplex mit dem Überbegriff „Schacht- und Kammergrabkultur" bezeichnet. Zu den „stiefelförmigen" Gräbern, die meist mit mehreren Kammern ausgestattet und in einer Tiefe von etwa 7-14 Metern, führte ein kleiner zylinderförmiger Schacht. Der Brauch, die keramischen Skulpturen rituell zu zerbrechen, war bei diesen Kulturen nicht üblich, so daß eine große Anzahl nach vielen Jahrhunderten unversehrt wieder geborgen werden konnte. Manche Archäologen vertreten die Ansicht, daß diesem Begräbniskult des „Schachtkammergrabes" die Idee der Umkehrung des Gebärvorgangs, die Rückkehr „in den Leib der Erde der großen Mutter" zugrunde liegt.

Grundsätzlich zeigt sich in fast allen mexikanischen Kulturen, daß die Höhle ein mythischer Ort war. Die Sonnenpyramide von Teotihuacan z. B. ist über einer natürlichen Höhle errichtet. Die ersten vier Mixteken kamen aus einer Höhle in der Nähe von Apoala, wie in ihrer Bilderschrift, dem Codex „Vindobonensis", dargestellt ist, verteilten sich über das Land und gründeten in der Mixteca Alta ihr Volk. Sie waren die Urahnen der künftigen Dynastie.

Gleich welche Vorstellungen diese Begräbnisarchitektur hervorgebracht hat, Tatsache ist, daß die Toten mit reichlichen Grabbeigaben versehen wurden. Neben Schalen für Speis und Trank waren es vornehmlich Nachbildungen aus dem täglichen Leben der Menschen. Darunter befanden sich nicht nur Figuren fröhlich tan-

zender und musizierender Menschen (Farbtafel 7 o.), Akrobaten, Wiedergaben von Frauen mit Kindern, ja sogar torkelnde Betrunkene und dahinsiechende Kranke, Hausdarstellungen und Ballspiele - möglicherweise ein Einfluß durch olmekische Fernhändler -, sie gehören ebenso zum Repertoire wie die Darstellungen von Ballspielern und Kriegern.

Einen großen Raum nehmen Trinkgefäße in Form haarloser Hunde ein (Farbtafel 7 u.). Diese Bildnisse könnten mit religiösen Vorstellungen verbunden sein, denn wie uns Pater Sahagún aus aztekischer Zeit mitteilt, waren es doch Hunde, wenn sie ihren Herrn erkannten, die ihn über den neunfachen Strom von Mictlan, im Totenreich, geleiteten.

Die größeren Figuren in Imponierhaltung - manche bis zu 50 cm - sind häufig so plaziert worden, daß man versucht ist, in ihnen die „Wächter des Grabes", eine Art „Schutzgötter" zu sehen. Doch fehlt gerade jenen jegliches „göttliche" Attribut. Die meisten wirken eher wie Häuptlinge oder Sippenälteste. An der Unterschiedlichkeit der Kleidung und der Schmuckelemente läßt sich erkennen, daß es sich um eine Gesellschaft handelte, in der es bestimmte, wenn auch nur geringfügige Klassenunterschiede gab.

Ein Bindeglied zwischen den vorklassischen Fundplätzen im Hochtal von Mexiko und ihren vorwiegend weiblichen Statuetten und den Schachtgräber-Kulturen im Nordwesten Mexikos und gleichermaßen eine Reflektion der Verflochtenheit mit der archaisch-bäuerlichen Tradition sind die „Damen von Chupicuaro" aus dem heutigen Bundesstaat Guanajuato sowie die vorwiegend weiblichen Tonstatuetten aus Michoacan. Sie alle hatten die gleiche Funktion: Votivgaben für die Fruchtbarkeit der Äcker und Begleiterinnen der Ahnen zu sein. Jedoch erweisen sie sich stets einer lokalen Tradition verpflichtet. Charakteristisch für Chupicuaro sind die in Form von Tonwülsten aufgesetzten schräggestellten Augen und spitzen Nasen. Neben diesen findet sich auch eine Ware mit intensiv roter Engobe für Gefäße wie Figuren mit vorherrschend geometrischem Dekor.

Figürchen aus kompaktem Ton von einer Größe zwischen etwa 3 cm und 15 cm gewähren uns Einblick, ähnlich den „pretty ladies" von Tlatilco, in das Schönheitsideal: üppige Brüste und ausladende Hüften. Bei den größeren Statuetten aus kompaktem Ton - etwa zwischen 15 und 25 cm - machte der Töpfer aus der Not eine Tugend und gestaltete sie flach nach Art von Lebkuchen. Alles, was über diese Höhe hinausging, ist in Gefäßform entstanden, d. h. aber nicht, daß sie tatsächlich als Gefäße benutzt worden sind. Es war nur ein Hilfsmittel, um bei den großen Hohlfiguren den Ton beim Brennen vor dem Zerreißen zu bewahren. Der Ausguß erlaubte das gleichmäßige Entweichen der Feuchtigkeit, und das verhinderte einen Dampfstau. Auch sind altherkömmliche Ansichten, daß es sich bei weiblichen Figuren mit großen Füßen und dicken Schenkeln um ein Schönheitsideal handeln könnte, überholt.

Da den Künstlern der präkolumbischen Kulturen beim Modellieren kein Gerüst aus Draht zur Verfügung stand, eines aus Holz- oder Bambusstäbchen unbekannt war, das dem heutigen Bildhauer dazu dient, den Ton in der gewünschten Form zu halten, ergab es sich des öfteren, daß der nasse und schwere Ton noch vor dem Brennen in sich zusammensackte. (An der Stelle sei auch noch erwähnt, daß die Töpferscheibe erst mit den Spaniern in die Neue Welt kam.) Neben der Freude am Fabulieren von alltäglichen Themen verrät diese Keramik zuweilen auch etwas vom historischen Geschehen in jener fernen Zeit. Man kann auf unterschiedliche und sich möglicherweise ständig bekämpfende kleine Häuptlingstümer schließen, denn an bewaffneten Kriegern in Imponierhaltung fehlt es auch an dieser Bildergalerie nicht.

Zu jener Zeit, von der wir annehmen können, daß sich in Nordwest-Mexiko kleine Gruppen wegen Landansprüchen oder anderer Dinge bekriegten, entstand im Hochtal von Mexiko in einer Entfernung von weniger als 200 km Luftlinie eine der größten urbanen Metropolen des Doppelkontinents Amerika: Teotihuacan.

Teotihuacan war die erste Großstadt Amerikas und ein Beispiel für die „klassische Zeit". Die Übertragung abendländischer Begriffe erleichtert einerseits das Verständnis, andererseits führt es zu Mißverständnissen. Die klassischen Griechen haben den Menschen als göttliches Maß entdeckt und ihn in ihrem religiösem Kult in die Mitte gestellt. Ihre Helden wurden zu Göttern, und als Götter sind sie Helden geblieben. Die tragische Bedingtheit des Menschen im Universum spielte bei ihnen nur eine begleitende Rolle, während sie bei den indianischen Hochkulturen das ganze Denken einnahm. Die ideelle Weiterentwicklung religiöser Vorstellungen ist das wesentliche Element für die klassische Periode (etwa 250-900) der Kulturen Mesoamerikas.

Eine große Anzahl von differenzierten Göttern mit unterschiedlichen Funktionen und Verehrungsgrad bestimmt das tägliche wie geistige Leben. Die stark ausgeprägte polytheistische Religion beeinflußte Kunst und Architektur. Um dem Kult an den vielen Gottheiten gerecht zu werden bildet sich eine stark hierarchische Gliederung der Priester-Elite innerhalb dieser Theokratie heraus, die wiederum nach spezifischen Handwerkszweigen verlangt. Charakteristisch für das klassische Stadium sind in Kunst und Kunsthandwerk Qualität vor Quantität; in den religiösen Bauwerken Innerlichkeit und Aussage vor oberflächlich gefälliger Form mit technischen wie ästhetischen Höchstleistungen, und im weltlichen Bereich der Beginn einer urbanen Entwicklung, die zur Erweiterung der Zeremonialstätten bis zu wirklichen Städten als Handelsmetropolen führte.

Eingeleitet wird die klassische Zeit mit einem Differenzierungsprozeß (protoklassische Periode, etwa 300 v. Chr. 250 n. Chr.), der sich zwischen den ökologisch so unterschiedlichen Gebieten abzeichnet.

In den feuchtheißen Zonen des Tieflands - vom Kerngebiet der Olmeken an der südlichen Golfküste bis zum westlichen Teil des heutigen Honduras - bildet sich in der klassischen Periode auf der Grundlage einer extensiven Landwirtschaft die dezentralisierte Kultur der Maya mit zahlreichen Stadtstaaten heraus. Im zentralen mexikanischen Hochland dagegen entstehen nur wenige auf einer intensiven Landwirtschaft basierende politisch-religiöse Zentren, von denen Teotihuacan tonangebend war.

„Es war bei weitem die größte und wundervollste Stadt des vorspanischen Amerika. Größer in ihren Ausmaßen als Athen, größer als Rom." Zu diesem Schluß kam Jorge Acosta bereits 1963, als er mit 36 anderen Archäologen und 550 Arbeitern mehrere Jahre lang in Teotihuacan grub. Auf möglicherweise mehr als 200000 schätzte René Millon 1974 die Einwohnerzahl zu Beginn des 7. Jahrhunderts, als die Stadt ihre größte Ausdehnung erreichte. Eine Fläche von 35 qkm, die einst die alte Stadt und ihre Vororte bedeckte, wurde in mühevoller Kleinarbeit von seinen Mitarbeitern planmäßig erfaßt. Von den 2600 Bauwerken waren über 2000 Wohnkomplexe von unterschiedlicher Größe, variierend von 625 qm bis 6000 qm. Die Zahl ihrer Bewohner schwankte zwischen 20 und 100. Aus diesen Hinweisen ließ sich annähernd die realistische Einwohnerzahl ermitteln.

Teotihuacan war und ist keine der versunkenen Städte wie viele der klassischen Maya-Kultur. Ihre beiden großen Pyramiden bestimmen noch heute das Bild des nur 50 km nördlich von Mexiko-Stadt liegenden Teils des Hochtals. Harmonisch bildet die im Hintergrund liegende Bergkette, gleichsam einer Kulisse, einen würdevollen Rahmen.

Als die Azteken Mitte unseres Jahrtausends die Bühne Mexikos beherrschten, lag die Stadt bereits ein halbes Jahrtausend in Schutt und Asche, und nur eine vage Erinnerung an das „goldene Zeitalter" war zurückgeblieben.

In der Mitte der Nacht,
als noch nicht der Tag anbrach,
als noch nichts vom Licht
zu sehen war,
kamen sie zusammen,
beratschlagte der Rat der Götter
dort drüben in Teotihuacan.

heißt es im Codex Martinese.

Teotihuacan, der „Ort, wo die Götter entstanden sind", wurde von den Azteken mit größter Ehrfurcht erwähnt. Sie waren der Meinung, daß die gewaltigen Bauwerken in längst vergangener Zeit entstanden sind, in einer Zeit, in die das „historische Gedächtnis" der Völker, die die Spanier bei der Eroberung Mexikos vorfanden, nicht zurückreichte. *„Sie nannten den Ort Teotihuacan, weil es der Begräbnisplatz der Könige war, und die Alten sagen, wer gestorben ist, ist zu Gott geworden. Wenn man sagte, daß er nun teotl (Gott) sei, dann heißt das soviel wie, er sei schon tot."* Diese Zeilen überlieferte uns der Franziskanerpater Sahagún.

Den europäischen Eindringlingen erzählten die Azteken, die Erbauer der inzwischen verlassenene Stadt hätten einem Geschlecht von Riesen angehört, das nach ihrem Glauben mit einem der vier vorhergehenden Weltzeitalter untergegangen sei. Weder Namen von Priestern oder Herrschern haben sich erhalten, noch weiß man etwas von ihrer Geschichte oder welcher Volksgruppe die Leute von Teotihuacan angehörten, welche Sprache die ihre war, noch wie sich die Bewohner und ihre Stadt nannten. Da Teotihuacan der „Vaterfigur" der Olmeken nicht so offensichtlich folgte und eigene Wege suchte und ging, finden sich auch keine Anzeichen für eine Hieroglyphenschrift, die uns vielleicht in Zukunft darüber Auskunft geben könnte, im Gegensatz zu den Schriftzeichen der Maya, auf die wir später zurückkommen. So bleibt für Teotihuacan nur Piktogramme (Abb.) und was die Spatenwissenschaft aus der Dunkelheit der Vergangenheit, mehr oder weniger gezielt, ermitteln kann oder das, was zufällig wieder ans Licht kam und vielleicht noch kommt.

Teotihuacan entstand nach einem einheitlichen Gesamtplan, der durch seine Regelmäßigkeit besticht. Sogar den Fluß kanalisierten seine Erbauer, um ihn der quadratischen Struktur anzupassen. Der sogenannte „Camino de los muertos" (Totenweg), 40 m breit und fast 3 km lang, bildet die Nord-Süd-Achse mit einer Abweichung von 15½ Grad. (Diese Ausrichtung ist typisch für die Topographie auch anderer von

Teotihuacan beeinflußten Städte.) Im Norden wird die Prachtstraße vom Komplex der etwa 50 m hohen Mondpyramide abgeschlossen. Zu beiden Seiten befanden sich kleinere und größere Bauwerke, Tempel und Paläste. Teilweise haben sich in ihren Innenräumen oder -höfen Fresken von stiller Schönheit erhalten (Farbtafel 9). Der britische Archäologe Cottie A. Burland hat diese Wandbilder ihrer emotionellen Ausstrahlung wegen „Poeme in Fresko" genannt. Der Vergleich ist nicht zuletzt auch deshalb zutreffend, weil bisher auf den Wandbildern etwa 60 kleine Symbole gezählt wurden, die mit Phantasie als Wörter oder Satzkomplexe gedeutet werden können. Es sind realistisch wiedergegebene bildliche Symbolträger, wie etwa Blumen, Schmetterlinge, Muscheln oder andere Zeichen, die vorwiegend der Fauna und Flora entnommen sind. Man könnte die Piktogramme als gemalte Gebete bezeichnen, Anflehungen und Bitten an die übernatürliche Welt, Botschaften der Lebenden an die Götter. Ein S-förmiger Schnörkel bei Priesterfiguren steht für Rede oder Gesang. Bei diesen Wandbildern handelt es sich um wirkliche Fresken. Die Malerei ist direkt - wie bei den klassischen Wandmalereien in Italien - auf den noch feuchten Stuckverputz al fresco aufgetragen. Das Religiöse in diesem gewaltigen Bilderbogen wird betont durch Priesterfürsten in kultischer Aufmachung und Götterfiguren mit menschlichen Attributen, aber auch Mischwesen, deren zoomorphe Charakteristiken Synonyme für ihre übernatürlichen Eigenschaften und Funktionen sein können.

Einer der schönsten Paläste gibt eine weniger verschlüsselte Botschaft wieder. Seine Fresken stellten das Paradies des Regengottes „Tlalocan" dar, gleichsam einem Schlaraffenland, in dem Bäume und Pflanzen grünen, Schmetterlinge durch die Luft fliegen, die Menschen baden, andere sich vergnügen oder mit dem Ball spielen, tanzen, trinken oder unter Bäumen ruhen und sich dem Gesang hingeben.

Der östlich des „Totenwegs" liegende Quetzalpapalotl-Palast (eine von Archäologen gegebene Bezeichnung in nahuatl aufgrund vorhandener Architekturdekore, die man etwa mit „Quetzalvogel-Schmetterling" bzw. „kostbarer Schmetterlingsvogel" übersetzen kann) ist vor allem durch seine reliefverzierten rechteckigen Pfeiler bemerkenswert, die eine Art Arkade im viereckigen Innenhof bilden. Während von der ursprünglichen Bemalung - vorwiegend ein Rot als Grund - nur noch minimale Spuren erkennbar sind, haben sich bei einigen Reliefs Einlagen aus Obsidian erhalten, die vor allem für die Augen jener mythischen Mischwesen verwendet wurden.

Im Süden des „Totenwegs“, wo die „Ost-West-Straße“ kreuzt, liegt der „Quetzalcoatl-Tempel“. Auf der anderen Seite war der große Marktplatz. Während dieser heute zu einem Parkplatz und Souvenirläden umfunktioniert wurde, blieb der Tempel, der durch seine vollplastischen Schlangenhäupter, die alternierend mit einem Tiefrelief von Göttergestalten, Seemuscheln und anderen Fruchtbarkeitssymbolen verziert ist, relativ gut erhalten. Dieses verdankt das Bauwerk, daß es in einer späteren Teotihuacan-Phase überbaut wurde.

Erst im Jahr 1988 machten Archäologen an seiner Südseite einen spektakulären Fund. Sie stießen auf drei Grabstätten; die größte, etwa 8 m lang, enthielt 18 Skelette, deren Arme hinter der Wirbelsäule verschränkt waren und die Fußgelenke überkreuz lagen, als seien sie gefesselt gewesen. Vermutlich handelt es sich um Menschenopfer. Fünf Jahre später stießen mexikanische und nordamerikanische Wissenschaftler zum Mittelpunkt des Quetzalcoatl-Tempels vor. Sie säuberten einen Schacht, der bereits Überreste von zwei geplünderten Grabkammern aufwies. Eine mehr im Inneren liegende Grabstätte hatten die Raubgräber nicht gefunden. Hier lagen insgesamt 20 Skelette, ebenfalls den Anzeichen nach Menschenopfer, die mit reichlichen Opfergaben versehen wurden. Aber es handelte sich keineswegs um die eines hohen Würdenträgers, so daß der Schluß, ob diese Opfer hier Begleiter eines hohen Fürsten oder nur Bauopfer waren noch offenbleiben muß.

Durch die schnelle Ausdehnung und die rasch ansteigende Bevölkerung konnte das einheitliche Bild des inneren Kerns in den äußeren Bezirken nicht mehr beibehalten werden. Wohnkomplexe in flüchtiger Bauweise erstellt, slumartig, standen im krassen Gegensatz zu den sorgfältig errichteten Bauwerken des Zentrums. Ähnlich wie bei den Olmeken ist man bei der Teotihuacan-Kultur ganz auf archäologische Zeugnisse angewiesen. Jedoch kann die Stadt selbst auf eine 100jährige Forschertätigkeit zurückblicken. Ein Ende ist noch lange nicht zu erwarten. Die jüngsten Ausgrabungen haben gezeigt, daß es sich nicht um ein nur von Priestern bewohntes Zeremonialzentrum gehandelt hat, sondern auch um eine Stadt, in der neben einer religiösen Elite mächtige Handelsherren und spezialisierte Handwerker lebten, die zum Reichtum dieser geldlosen Gesellschaft in der Stadt wesentlich beitrugen. Über 500 Keramik-, Steingerät- und Bildhauerwerkstätten hinterließen eindeutig ihre Spuren.

Wenn wir von der spezifischen Kunst Teotihuacans sprechen, gilt es, einerseits die ungeheuere große Ausdehnung der Kultur wie auch ihren Einfluß zu erfassen, aber auch das Faszinierende nachzuvollziehen, das von ihr ausging - seien es kleine Votivfiguren oder die großen Monumentalskulpturen, Reliefs oder Fresken. Die Kunstwerke bringen uns nicht nur das entwickelte Formgefühl der klassischen Periode nahe, sie geben vor allem auch Auskunft über die religiösen Vorstellungen ihrer Weiterentwicklung wie über die Götter selbst, die jener weit verbreiteten Kultur Zusammenhalt und Stabilität sicherten.

Der Übergang von der einfachen Agrargesellschaft zu einer theokratisch anmutenden erweiterte auch den Formenschatz in der Keramik. Neben Schalen mit eingeritztem Dekor kam das typische zylindrische Dreifußgefäß auf. Die Verzierung - meist handelt es sich um die Wiedergabe des Regengottes Tlaloc bzw. seiner Priester oder seiner Symbole - ist auf der Außenwandung entweder in Form von Malerei oder in Schabtechnik ausgeführt. Hinzu kam ein besonderer Typ, bei dem das Motiv in polychromer Malerei auf einer Ummantelung aus Stuck cloisonné-artig aufgetragen wurde, und dies mit so zarter Hand, daß der Dekor dieser Terrakotten den Eindruck vermittelt, es handle sich um fragile Schmetterlingsflügel.

Diesen Dreifußgefäßen stehen die, nicht zuletzt ihrer Größe wegen, mit Symbolen überladenen zweiteiligen Räuchergefäße gegenüber. Die Mitte wird hier stets durch ein sensibel modelliertes menschliches Antlitz gebildet. Der sie umgebende Dekor, wie etwa Vogelköpfe, Federgirlanden und andere Schmuckelemente, die mit Hilfe von Formen hergestellt sind, wirkt trotz seiner ausgewogenen Symmetrie und des architektonischen Aufbaus überladen. Die Dreifußgefäße fanden sich häufig in Tikal, im Kernland der Maya. Der letztere Typ, der in einer späteren Phase entstanden ist, in der guatemaltekischen Provinz Escuintla. Die stilistische Übereinstimmung ist so verblüffend, daß man geneigt ist, an Teotihuacan-Künstler zu glauben, die dort, weit entfernt von ihrer Metropole, diese sakralen Terrakotten herstellten. Ein wesentliches weiteres Spektrum als diese elitäre Kunst bieten die figürlichen Darstellungen meist aus kompaktem Ton. Sie sind, insbesondere was die Votivgaben des kleinen Mannes betrifft, vieltausendfach in Bruchstücken auf uns zugekommen. Selbst an den kleinsten Fragmenten werden die Entwicklungsstadien eines typischen Teotihuacan-Stils wie seine Ausbreitung ersichtlich. Daß es sich mehr um Votivgaben für Vegetationsgötter der Bauern handelt, als um Grabbeigaben, geht nicht nur aus den rituellen Brüchen hervor (nur ein geringer Teil dieser kleinen Figuren kam unzerbrochen ans Licht), sondern vor allem daraus, daß man sie weitab von den Ruinen auf den für die Landwirtschaft bestimmten Anbaufeldern fand und zum Teil heute noch findet. Fast so, als wurden damit die Äcker regelrecht „gedüngt“.

Manche Autoren vertreten die Ansicht, daß diese kleinen Tonstatuetten geistliche und weltliche Herrscher wiedergeben. Das scheint mir nur in geringem Maße zutreffend zu sein. Warum hätte man dann diese Figuren „getötet“, d. h. rituell zerbrochen? Ich glaube eher, daß der Mensch diese kleinen Terrakotten als Symbol seiner Opferbereitschaft in die Erde legte,

um an die Kräfte des Wachstums zu appellieren. Dafür gibt es mehrere Anhaltspunkte: zum einen die ungeheuere Menge dieser Figuren, die in keinem Verhältnis zu der sicher nicht so großen Oberschicht steht; zum anderen haben mit der Religion von Teotihuacan männliche Götter und deren Repräsentanten die weiblichen Fruchtbarkeitsfiguren der präklassischen Zeit weitgehend abgelöst. Das zeigt sich auch in den vorwiegend männlichen Miniaturfigurinen, wenngleich das Geschlecht nicht besonders betont ist. In späteren Phasen, sie wurden mit der Model hergestellt, finden wir innerhalb ihrer strengen Ikonographie vor allem neben den Regengottdarstellungen auch solche seiner Schwester-Frau Chalchiuhtlicue, die „Dame mit dem (grünen) Edelsteinrock".

Ausgangspunkt dieser kleinen Figurinen im Anfangsstadium von Teotihuacan I ist die konventionelle Herzform, aus der der flach gestaltete Kopf herausmodelliert ist. Diese formale Eigenart ist auch in vier folgenden Perioden, in die man diese bescheidenen Tonidole einordnen kann, noch spürbar. Ein künstlerischer Höhepunkt, trotz einer gewissen Massenanfertigung, verzeichnet Teotihuacan III. In dieser Periode sind selbst die Gesichter, die kleiner sind als eine Fingernagelgröße, von einer solchen Sensiblität geformt und so monumental gedacht, daß sie, wenn man sie fotografisch um das Hundertfache vergrößert, nichts von ihrer Wirkung einbüßen.

Es sind die kleinen Verwandten für die Armen, von jenen, meist lebensgroßen Steinmasken (Farbtafel 10 o.), von denen der schwedische Archäologe Sigvald Lineé faszinierend äußerte: *„Mit welcher Meisterschaft haben diese Menschen in den Gesichtsmasken trotz Vereinfachung und Stilisierung den Wesenszug der indianischen Rasse, den keine Kamera einfangen kann, wiedergegeben."*

Über die praktische Verwendung dieser Steinmasken wissen wir bis zum heutigen Tage nichts, da es bislang noch keinem Archäologen geglückt ist, auch nur eine einzige *in situ* auszugraben. Möglicherweise dienten sie dem Totenkult für hochgestellte Persönlichkeiten. Vielleicht handelte es sich aber auch um Pektorale von Würdenträgern, um Brustschmuck, der zu ihren Kultgewändern gehörte, wenn sie bei zeremoniellen Anlässen die steilen Treppen der Pyramiden emporstiegen.

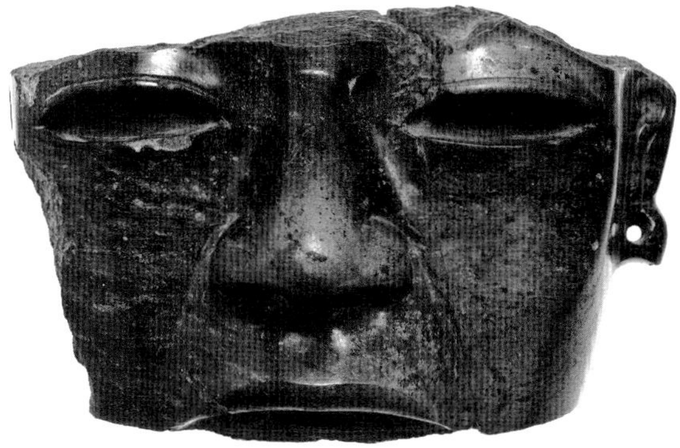

Mit Obsidian- und Knochenwerkzeugen hergestellt, von geduldigen Händen geglättet und poliert, wobei stets das Eigenleben des Steins, nämlich seine Maserung, in die Skulptur mit einbezogen ist, sind sie ein würdiges Zeugnis dieser Zeit, die die Archäologen die „klassische" nennen.

Die religiösen Vorstellungen einerseits, aber mehr noch der Kunststil andererseits erlaubt uns die Ausbreitung und den Einfluß auf andere Kulturen ungefähr zu rekonstruieren. Das wohl wichtigste Exportmittel waren Obsidiangeräte und in geringerem Maße verschiedene Keramikerzeugnisse, darunter die *thin orange*, die dünnwandigen, orangefarbenen Terrakotten. Der Einfluß reichte im Osten bis zum Atlantik und nach Süden bis in das Kerngebiet der klassischen Maya-Kultur im nördlichen Tiefland. Im Hochland von Guatemala wurde Kaminaljuyu, ein epi-olmekischer Stützpunkt am Rande der heutigen Hauptstadt gelegen, wiederbelebt und kam im 3. Jahrhundert ganz in die Einflußsphäre von Teotihuacan, das etwa 1400 km weiter nördlich liegt. Manche Kulturen, wie die der Mittleren Golfküste oder die der Zapoteken im Hochtal von Oaxaca, deren Eliten stark genug waren, nahmen Anregungen von Teotihuacan an, vermieden Epigonentum und entwickelten ihren eigenen Stil.

Neben vielen erstaunlichen Leistungen ist die Entwicklung in der Architektur die größte. Hierauf einen Blick zu werfen, ist auch für uns, die wir im 20. Jahrhundert leben, lehrreich. Abgesehen von den Ausmaßen der dominierenden Sonnenpyramide mit einer Höhe von ca. 63 m und einer Basis von 225 x 222 m sowie einem geschätzten Rauminhalt von etwa 1 100 000 cbm und der sonst unüblichen Art, sie in einem Arbeitsgang zu errichten, besticht die Sicherheit der technischen Ausführung wie die Ausgewogenheit der gesamten Komposition, vor allem die Anordnung der Treppen, wie sie sich teilen und wieder zusammenfließen. Streng und auflockernd zugleich fügen sie sich in den wuchtigen Bau und erfüllen die ruhende Masse der Stufenpyramiden mit Leben (Abb. S. 90).

Die mexikanischen Pyramiden, ganz allgemein gesprochen, sind nicht nur vollendete Bauskulptur, sie waren zugleich eine gigantische Bühne, auf der im kultischen Ritual stets der Mythos eine Erneuerung fand und nicht zuletzt Sinnbild des religiösen Weltbilds. Die einzelnen Pyramidenabsätze verkörperten die verschiedenen Oberwelten. Im gedanklichen Bereich fand die Baustruktur eine Fortsetzung für die Unterwelten, z. B. die „dreizehn Herren des Tages", die „neun Herren der Nacht" in der Weltanschauung der Maya, und rundete damit den zyklischen Gedankengang ab, indem die Sonne nach ihrer langen Reise des Tages in die Nacht die verschiedenen Bereiche des Totengottes nicht ohne Widerstand durchwandern muß, um am nächsten Tag wieder zu erscheinen.

Wie Ausgrabungen in den ersten Jahrzehnten unseres Jahrhunderts zeigten, wurde die Pyramide über einer Höhle errichtet. Artefakte, die sich damals fanden, zeigten, daß die Azteken noch ein Jahrtausend später diesem sakralen Platz mit Opfergaben huldigten, die sie dort deponierten.

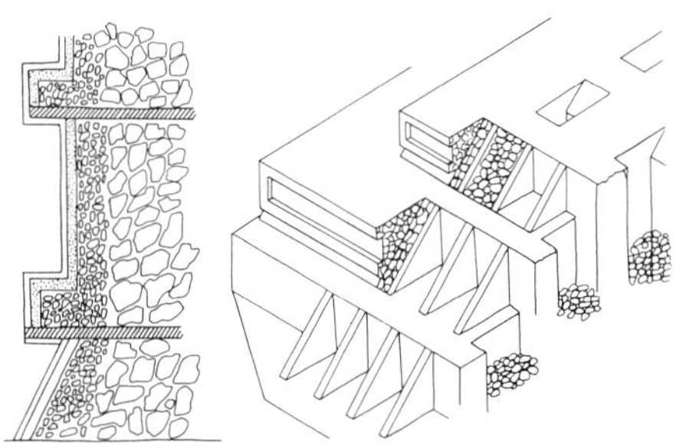

Die Wände der „Sonnenpyramide" wie die anderer Bauwerke waren mit bemaltem Stuck bedeckt und mit Mörtel verputzt, andere mit Steinplatten oder -reliefs verschalt. Ein anderes typisches Architekturelement, um einer eintönigen Bauweise zu entfliehen, ist die vielseitige Gliederung der Außenfront des Baukörpers. An einem schrägen Sockel (talud) schließt sich ein senkrechter, stark vorspringender Sims (tablero) an, auf die dann wieder ein schräger, zurückweichender Teil (talud) folgt. Mit diesem „Talud-tablero-System", häufig noch im Bas-Relief und mit Wandmalereien *al fresco* verziert, eröffneten die Architekten der Baukunst etwa zwischen 200 und 300 n. Chr. neue Wege.

Die aufwendige Bauweise, das ungeheuere schnelle Anwachsen der Bevölkerung, die sich innerhalb einer Generation mehr als verdoppelte, und die Zunahme spezialisierter Handwerksstätten führten zu einem hohen Holzverbrauch, der nicht ohne schwerwiegende Folgen blieb. Seit dem sich die Archäologie nicht mehr nur mit Scherben und Ruinen befaßt, werden auch die durch menschliches Handeln ausgelösten ökologischen Veränderungen als eine der Ursachen für den Niedergang einer Kultur sichtbar.

Vor dem Aufstieg der Stadt Teotihuacan war das Tal von seßhaften Ackerbauern bewohnt, die über mehr als ein Jahrtausend eine von Niederschlägen abhängige und auf Schwemmwirtschaft basierende Form des Ackerbaus betrieben. Für die Subsistenzgrundlage eines großen Zentrums und seiner Errichtung war neben der koordinierenden Arbeit auch eine drastische Erhöhung der Nahrungsmittelproduktion notwendig, die in erster Linie von einem funktionierenden Bewässerungssystem abhing. Durch die Luftarchäologie unter Zuhilfenahme von Infrarotaufnahmen kam dies deutlich zum Vorschein.

Neben der agrikulturellen Bedeutung ist die Kontrolle des Wassers - und das zeigte sich bereits in San Lorenzo und an späterer Stelle auch für die Küstenkulturen von Peru - ein wirksames Mittel, um die Machtposition einer Elitegruppe zu stärken.

Teotihuacan wuchs, wurde reich, schöpfte aus dem vollen. Der Kahlschlag der Baumbestände führte eine Klimaveränderung herbei. Die Stadt und ihre Bewohner, nicht zuletzt dadurch, daß sie ihre Bauwerke im sakralen Bezirk mit Stuck verputzten, sägten sich den Ast ab, auf dem sie saßen. Die übliche Niederschlagsmenge verringerte sich, und eine Versteppung der landwirtschaftlichen Felder war unaufhaltsam.

Vermutlich führten die Versorgungskrisen um das Jahr 650 zu einem Aufstand, bei dem Tempel im Innenbezirk geplündert und in Brand gesteckt wurden. Damit begann der Stern von Teotihuacan zu sinken. Noch für ein Jahrhundert blieb die Stadt bewohnt. Um 750 ist die Zerstörung total. Sie wird nomadischen Stämmen, die aus dem Norden kamen und in das Hochtal einbrachen, zugeschrieben. Eine dicke Brandschicht, verteilt über die ganze Stadt, zeugt von ihrem Untergang.

Die Kunst und Architektur der Teotihuacan-Kultur ist ein „Stil der religiösen Sachlichkeit", wie es Paul Westheim ausdrückte. Ein Streben nach Klarheit, eine Beschränkung auf das Wesentlichste. Ein Äußerstes an Zurückhaltung und das starke Tabu bei menschlichen oder göttlichen Figuren, geschlechtliche Attribute auch nur anzudeuten. Das sind die vier höchsten Gebote der Künstler. Genau das Gegenteilige ist charakteristisch für die Kunst der Maya der klassischen Zeit. Bevor wir uns dieser wohl intellektuellsten Kultur des alten Amerika zuwenden, die als einzige ein Schriftsystem entwickelte, das den Begriff ganz ausfüllt, werfen wir unseren Blick auf die anderen Kulturen dieser Zeit, die mehr oder weniger starken Bindungen zu Teotihuacan hatte.

Noch ist es der Archäologie nicht gelungen, genügend stichhaltige Beweise zu erbringen, ob jenes Volk im Land der Vanille an der mittleren Golfküste, das in der nachklassischen Periode (wie noch heute) von Totonaken bewohnt wird, identisch ist mit den Erbauern von El Tajin (etwa 300-800), einer der eindrucksvollsten kultischen Städte im Gebiet von Totonacapan. Eine Behelfsbezeichnung wie „Tajin-Totonaken" - um die Erbauer von El Tajin und dem historischen Volk der Totonaken abzugrenzen - erwies sich als zu lokal. Angebracht ist es, von der „Kultur der Mittleren Golfküste" zu sprechen, um Raum für Differenzierungen zu lassen, und Ethnien wie lokale Kunststile deutlicher voneinander zu unterscheiden. Nicht zuletzt auch um neue, überraschende Entdeckungen einordnen zu können. Zu solchen gehörten die bei unlängst erfolgten Ausgrabungen in El Zapotal gemachten Funde von lebensgroßen Tonskulpturen. Nach Information der Archäologen fand man sie in etwa 190, meist rechteckige, mit Erde aufgeschüttete, 0,70 bis 4,50 Meter hohen Plattformen. Während die Architektur in El Zapotal wenig Interessantes zu bieten hat, verdienen die zahlreichen Götterfiguren unsere Aufmerksamkeit, vor allem die, die in unterschiedlicher Aufmachung eine Mutter-Gottheit darstellen. Vermutlich handelt es sich hierbei bereits um eine lokale Variante der späteren aztekischen Erdgottheit Coatlicue, charakterisiert durch den Schlangengürtel mit den Trophäenköpfen, die zum Kult der „alles Gebärenden und alles Verschlingenden" gehören. Unter den Artefakten aus gebranntem Ton finden sich gleiche ikonographische Aspekte von Göttern, wie etwa in den späteren Skulpturen der Azteken, so etwa Xipe Totec („Unser Herr, der Geschundene"), dem Gott des Frühlings. In kultischen Zeremonien streifte der Priester bzw. die Priesterin die Haut des Opfers über, um die Wiedergeburt, die Erneuerung der Erde, zu symbolisieren, ein Ritual, bei dem Sterben und Wiederauferstehen aufs engste mit der kommenden Maisernte verbunden war.

Welche Ausmaße jene Rituale in Wirklichkeit hatten, werden wir nie erfahren. Was wir aber über die alten Mexikaner wissen, ist die Tatsache, daß, angefangen mit den „rituellen Tötungen" der kleinen Grabstatuetten, die symbolische Handlung häufig die wirkliche Opferung eines Menschen ersetzte. Damit sollen nicht die Menschenopfer entschuldigt werden, die es im alten Amerika gab. Der Beweggrund dafur ist in der Natur des Landes zu finden. Ich kenne es mit seinen zum Teil noch heute tätigen Vulkanen, mit seinem urplötzlich auftretenden Erd- und Seebeben, dem unerwarteten Hochwasser der friedlich anmutenden Urwaldflüsse. Diese Naturgewalten mußten bei den alten Mexikanern Furcht auslösen. Die Vorstellung ihrer zerstörerischen Gewalt durch große Opfer, darunter auch Menschenopfer, entgegenwirken zu können, war naheliegend.

In der Architektur von El Tajin (der Blitz), die von Teotihuacan das Talud-tablero-System übernahm, aber darüber hinaus einen eigenen, der

Umgebung wie dem Kult angepaßten Baustil entwickelte, ist selbst im Zustand des Verfalls noch von überwältigender Schönheit. Über einen großen Zeitraum hinweg war dieses kultische Zentrum, dessen Hauptbauwerk in das 5. oder 6. Jahrhundert fällt, ein Gegenstück zu Monte Alban und Teotihuacan. Das markanteste Bauwerk bildet eine siebenstufige Pyramide mit den 364 Nischen. Sie ist in einem ganz spezifischen Stil errichtet und hat sonst keine Entsprechung in der altmexikanischen Architektur. Die Nischen der Stufenpyramide erwecken den Eindruck von Fenstern; vielleicht wirkt deshalb diese Bauweise, das zwischen geometrischer Strenge und barocker Fülle schwebt, so fremdartig. Möglicherweise standen einst in den 364 Nischen - die 365. war der Tempel auf der mehrstufigen Pyramide - die jeweiligen Tagesgötter des Jahres oder ihre Symbole, und es brannten des Nachts die Feuer der Opfergaben.

Einzigartig in dem so „blutigen Olymp" sind Tonfiguren vom Typ „cara sonrientes", den „lachenden Gesichtern", der spätklassischen Zeit (Farbtafel 14). Mit ihrer Fröhlichkeit, ihren offenen und einladenden Gesten heben sie sich deutlich von der übrigen Kunst ab. „More human then divine" - mehr menschlich als göttlich - bezeichnete sie ein amerikanischer Schriftsteller. Möglicherweise handelte es sich dabei um kultische Tänzer und Tänzerinnen, die im Dienst einer Gottheit standen, vielleicht um ein Gefolge des Pulque-Gottes, jener Gottheit der berauschenden Getränke, die meist rund und wohlgenährt dargestellt wurde und ihre Heimat an der Golfküste haben soll. Von einigen Archäologen werden sie auch mit Drogen in Verbindung gebracht. Sie sind der Ansicht, daß diese Art von Figuren jene darstellt, die dem Opfertod während der Frühjahrsriten geweiht wurden. Beweise für diese Hypothese fehlen.

In der Beherrschung des Steins können die Träger der mittleren Golfküsten-Kultur das olmekische Erbe nicht verleugnen. Vor allem sind es drei spezielle Formen, die der realistisch-mythischen Kunst dieser Region ihr Gepräge gaben und - ebenfalls ein Erbe der Olmeken - im Zusammenhang mit dem rituellen Ballspiel standen: die „hacha", das „yugo" (Farbtafel 15) und die „palma". Diese Bezeichnungen resultieren

aus ihrer Ähnlichkeit mit der Form einer Axt, eines Jochs und eines Palmwedels. Eine Interpretation aus der damaligen Zeit erhalten diese Objekte durch die einzigartigen Reliefs an den beiden Ballspielplätzen von El Tajin. Besonders die Flachreliefs am großen Ballspielplatz führen uns in den Komplex des kultischen Spiels ein. Dem Spielgeschehen lagen kosmische Vorstellungen zugrunde. Der fliegende Ball verkörperte die Sonne. Der Platz selbst war Gleichnis für Himmel und Unterwelt. Das Tablero 4 an der südöstlichen Wand zeigt die Weihe eines liegenden Spielers durch einen Priester in der zeremoniellen Verkleidung eines Vogels, der von zwei Gehilfen oder weiteren Ballspielern flankiert ist. Das andere Reliefs im nordöstlichen Teil der Spielfeldbegrenzung gibt die rituelle Darstellung der Opferung des Spielers oder Kapitäns der Mannschaft wieder. Das Spiel wurde nicht unter dem Gesichtspunkt eines physischen Kampfes ausgetragen wie beim heutigen Fußball, oder um Wetten zu veranstalten, sondern es ging vielmehr darum - zumindest bei den Spielen, die mit den Vegetationsriten im Zusammenhang standen -, kosmische Vorgänge sinnbildlich zu veranschauen und durch das Opfer darauf Einfluß zu nehmen. Den ersten Nachweis für diese religiöse Zeremonie geben die Olmeken. Sie muß für alle Völkerschaften in Mesoamerika so beeindruckend gewesen sein, daß sie von allen Kulturen, einschließlich der Maya, übernommen wurde. Die einzige Ausnahme, möglicherweise weil man bislang noch keinen Ballspielplatz gefunden hat, ist Teotihuacan. (Vielleicht fiel er beim Untergang dieser imponierenden Metropole der Zerstörung anheim?)

Die Zapoteken bilden - im Gegensatz zu den Erbauern von La Venta und Teotihuacan, die in anderen Völkerschaften aufgingen -, wie auch ihre nördlichen Nachbarn, die Mixteken, noch heute geschlossene ethnische Einheiten, die an ihren alten Sprachen festhalten. Laut einer der letzten Volkszählungen sind es noch etwa 300000 Zapoteken und um 275000 Mixteken.

Geographisch liegt und lag die zapotektische Kultur zwischen den beiden großen Machtblöcken, dem von Teotihuacan im zentralen mexikanischen Hochland und dem der Maya. Nur wenige Kilometer von der heutigen Hauptstadt Oaxaca, des gleichnamigen Bundesstaates, liegt auf einem künstlich abgeplatteten Berg Monte Alban, von dem aus drei, etwa 300 m tieferliegende Täler zu überschauen sind. Dort errichtete dieses Volk seine ebenso mächtige wie architektonisch gewagte Tempelanlage, die für mehr als 2000 Jahre als ihr kultisches Zentrum galt.

Die erste und zweite Epoche von Monte Alban (Monte Alban I und II) ist geprägt von fast lebensgroßen Figuren, voll Rhythmus und Bewegung, die in abgeplattete Steine geritzt sind. Einige dieser „danzantes" (Tänzer) werden von Schriftzeichen begleitet, die zweifellos Datumsangaben enthalten; die ältesten auf dem amerikanischen Kontinent. Es ist anzunehmen, daß die Anregung von den Olmeken kam. Diese „Schrift" aber verselbständigte sich und erfuhr im Laufe der weiteren Geschichte mehrere Änderungen, die keinen direkten Anschluß an die mixtekischen Bilderschriften erkennen lassen. Hier wartet noch eine Aufgabe für die Archäologie.

Wie auf den Reliefs, so finden sich auch in der Keramik von Monte Alban I und II, die etwa bis 1000 v. Chr. zurückreicht, unverkennbare olmekische Züge, z. B. das menschliche Antlitz mit der aufgeworfenen Oberlippe eines Jaguarmauls, aus dem sich in späterer Zeit die Mundmaske des Regengottes Cosijo entwickelte - die zapotekische Entsprechung des Regengottes Tlaloc. (Vergl. Text Abb. S. 81)

Für Archäologen ist der Monte Alban und seine Umgebung ein großes Bilderbuch, an dem sich fünf Entwicklungsstadien ablesen lassen. Die Periode Monte Alban III ist zeitlich etwa gleichlaufend mit Teotihuacan II und der Chikanel-Phase der Maya-Kultur. Offensichtlich war in dieser Zeit die Region von diesen beiden gegensätzlichen Kulturen befruchtet, dennoch - und das spricht für die Träger der Kultur - ist kein wirkliches Plagiat sichtbar. Alles, was hier erarbeitet wurde, trägt eine persönlich Note, einen Stil, der für das ganze südliche zentrale Hochland typisch werden sollte.

Aufgrund der künstlerischen Qualität unterteilt der mexikanische Archäologe und Ausgräber von Monte Alban, Alfonso Caso, die Phase III in A und B. Monte Alban III A war das goldene Zeitalter, allerdings noch ohne Gold, denn die Kunst der Metallverarbeitung erreichte die mexikanischen Kulturen, von Peru über Panama kommend, erst in der nachklassischen Zeit. Dafür entschädigt die Kleinkunst wie auch die Architektur. Hier waren große künstlerische Kräfte am Werk. Der Stil ist äußerst vielseitig und nimmt die Anregungen von den weichen und geschmeidigen Mayavölkern - insbesondere was die Jadeverarbeitung betrifft - ebenso wahr wie die von den harten und verschlossenen Hochlandstämmen der „Mesa Central". Nie verleugnet sich aber der eigene zapotekische Charakter. Nur in den Fresken der Gräber dokumentiert sich der Einfluß von Teotihuacan vielleicht am deutlichsten. Doch die Zapoteken hatten nicht den sicheren Strich und die harmonische Farbabstufungen ihrer nördlichen Vorbilder.

Sie sind wilder und ungnädiger - stammten sie doch nach ihrer Überlieferung von Felsen und Klippen ab -, und was die Wandmalereien und Steinreliefs betrifft, unterscheiden sie sich durch die Schrift, Namenshieroglyphen, die die Personen umgeben (vergl. dazu Abformung im Knauf-Museum der Steinplatte aus Zaachila).

Mit ihren originellen „Bildurnen" - auf der Rückseite befindet sich stets ein zylindrischer Körper - haben uns die Zapoteken der klassischen Zeit eine Galerie ihrer Würdenträger und Gottheiten überlassen. Wozu dieser unverkennbare Keramiktyp, den man häufig in Vorräumen von Grabkammern fand, wirklich diente, entzieht sich unserer Kenntnis, denn er war stets ohne Inhalt. Aussagekräftiger ist die reiche Kleidung bzw. Verkleidung wie etwa die Makse des Regensgottes Cosijo oder der mit den

Zügen einer Fledermaus. Der üppige, Jugendstil-anmutende Kopfputz sowie zahlreiche Schmuckstücke waren es, die immer auf eine göttliche oder zumindest hohe priesterliche Funktion hindeuten. Nie stoßen die Künstler mit diesen sensibel gearbeiteten Figurengefäßen ganz zum Realismus vor. Das ornamentale Beiwerk, das zu formen durch den speziellen Ton von Oaxaca und einer verbesserten Technik des Brennens möglich war, ist einem ausgeprägten Kanon von Rhythmus und Symmetrie unterworfen und unterliegt noch im kleinsten Detail einer strengen Ikonographie. Von vielen Figuren geht eine durch Trauer überschattete, abwartende Ruhe aus, die selbst ein Fragment noch zu vermitteln mag. Kein offenes Lachen, weder den Ausdruck der Freude noch des Schmerzes kennt diese Kunst, die die Verstorbenen in die Unterwelt begleiteten. Sie hält Distanz, durch Würde, dem Betrachter gegenüber.

Wegen seines Reichtums, der sich auch in der Darstellung des Zierrats und der Gewänder der zapotekischen Fürsten, Priester und ihrer Götter widerspiegelt, sollte das Hochtal von Oaxaca in der späteren Phase der nachklassischen Zeit nicht zur Ruhe kommen. Mixteken eroberten die kultische Anlage des Monte Alban und bestatteten in zapotekischen Gräbern ihre Herrscher. Der Respekt vor den Toten blieb gewahrt. So finden sich in der Phase von Monte Alban V zapotekische Bildurnen neben mixtekischen Artefakten aus Bergkristall, geschnitzten Jaguarknochen mit Türkis inkrustierten Totenschädeln und nicht zuletzt reichliche Grabbeigaben aus Gold.

Die Mixteken, das „Wolkenvolk", das in seinen Bilderschriften ihr Herrschergeschlecht von Tilantongo bis zum Jahr 692 lückenlos zurückverfolgen können, waren die nördlichen Nachbarn der Zapoteken. Die Mixteca Alta, ein Gebirgsstock - etwa zwischen 2400 und 3200 Meter ü.d.M. - das „Land auf dem der Himmel ruht", lag an den uralten Handelswegen, die Nord und Süd, Ost und West verbanden. Als kriegerisch verschrieen, verdanken die mexikanischen Kulturen ihnen die Entwicklung einer eigenen Bilderschrift, Originaldokumente auf Hirschleder, die neben der Genealogie Anweisungen für kultische Übungen, Vorausberechnungen für glückliche und unglücklichen Tage und anderes mehr wiedergeben und eine vielseitige wie hochqualifizierte polychrome Keramik, die in der Archäologie als Mixteca-Puebla-Stil bekannt ist und nicht zuletzt die ältesten und sensibelsten Goldarbeiten im mesoamerikanischem Raum (Farbtafel 16). Nicht von ungefähr waren die Mixteken, die diese Errungenschaft als erste aufnahmen und zur Vollkommenheit brachten. Nicht zu ihrem Glück, wie sich im Verlauf der Geschichte herausstellte. Ihrer Fähigkeit wegen wurden sie, als die Azteken weite Gebiete Mesoamerikas unter ihre Tributherrschaft brachten, als „Fremdarbeiter" nach Tenochtitlan für den Hof der aztekischen Herrscher zwangsverpflichtet. Doch damit sind wir bereits in der späten nachklassischen Periode.

Archäologen sind ständig gefordert, eine „Zeitmaschine", wie sie der englische Schriftsteller H. G. Wells für die Literatur erfand, zu benutzen, um Zusammenhänge besser veranschaulichen zu können. Gerade im Bereich der mesoamerikanischen Kulturen ist einerseits eine Verzahnung, gleichsam den Rädern eines Zählwerks, sichtbar, andererseits ist es gerade der Charakterzug, - der sogar unter den benachbarten Völkern bestand, sich gegeneinander abzuheben, um ihre eigene Individualität hervorzuheben, ein Faktor, dem wir die besondere Vielfalt in der präkolumbischen Kunst verdanken.

Die Kultur der Maya als die intelligenteste des alten Amerika zu bezeichnen, ohne auf den Kalender und ihre Hieroglyphenschrift einzugehen, hätte wenig Aussagekraft und würde die Kultur und ihre Kunst noch unzugänglicher erscheinen lassen.

„... Diese Leute verwenden bestimmte Zeichen oder Buchstaben, mit denen sie in ihren Büchern die alte Geschichte und ihre Lehren niederschreiben. Durch diese Lettern sowie Zeichnungen und bestimmte Figuren verstehen sie die Geschichte und können sie auch anderen verständlich machen und lehren. Wir fanden eine große Anzahl dieser Bücher, und als sie nichts enthielten, was nicht der Aberglauben und die Lügen des Teufels zeigte, verbrannten wir alle, zum größten Bedauern und Leid dieser Leute."

Als Rechtfertigung seiner Ausschreitungen schrieb der aus Amerika nach Spanien zurückbeorderte Bischof Diego de Landa um 1566 diese Zeilen in seiner „Relación de las cosas de Yucatán".

Die Europäer, die unter Bedrohung einer fanatischen Inquisition heranwuchsen, konnten damals den ungeheuren Schaden, den diese Bücherverbrennungen und das übrige Zerstörungswerk ihrer gläubigen Missionare anrichteten, wohl kaum ermessen. Von der großen Anzahl der Handschriften der Maya-Indianer entgingen nur drei dem zersetzenden Klima der Tropen und den Flammen der Inquisition. Sie fanden ihren Weg nach Europa: Madrid, Paris und Dresden. (Eine vierte Maya-Handschrift in den USA, der Codex Grollier, ist von allen Mayaforschern, nicht zuletzt deshalb, weil er stilistisch von dem bislang Bekannten abweicht, noch nicht voll anerkannt. Auch steht eine Interpretation noch aus.) Fast scheint es, als hätten die Maya, die als einziges Volk im vorspanischen Amerika ein Schriftsystem entwickelten - in dem neben den reinen Wortzeichen (Logogramme) auch Silbenzeichen vorkommen -, die Zukunft vorausgeahnt. Mit einer Besessenheit ohnegleichen formten sie ihre Stelen aus härtesten Steinen und beschrifteten sie mit zahlreichen Hieroglyphen.

Vorder- und Rückseite der Stele B vom Zeremonialzentrum in Copan (Honduras) von 732 n. Chr. aus Trachyt.

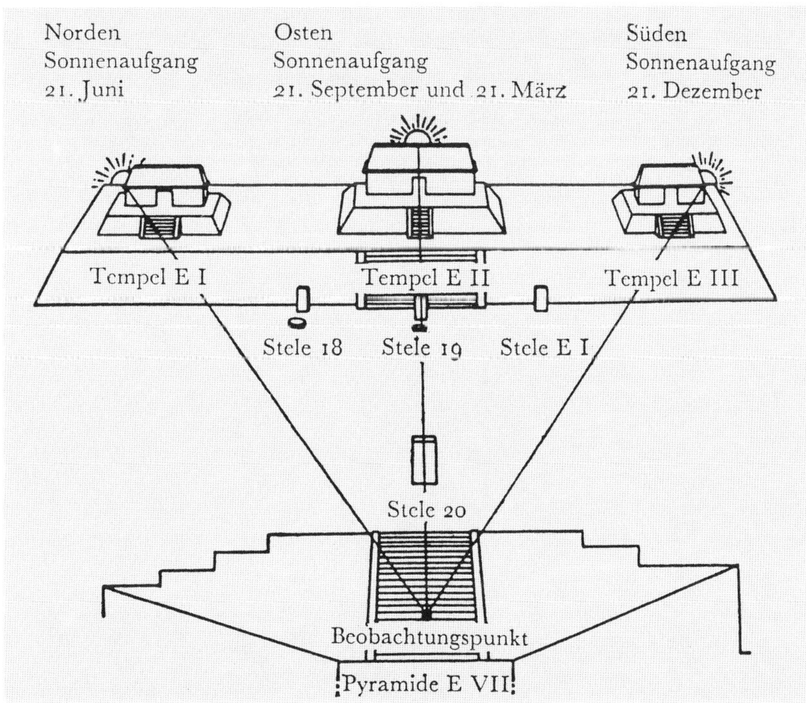

Diagramm einer astronomischen Tempelanlage (Gruppe E) in Uxactun, Peten, Guatemala

Sie schnitten ihre Schriftbilder in die Treppen ihrer Paläste und in die Wände ihrer Tempel, sie ritzten sie in die Pektorale aus Jade und verzierten die sakrale Keramik, die den Toten mitgegeben wurde, mit diesen geheimnisvollen Zeichen (Farbtafel 12). Überall umgibt die Schrift diese magischen Götterdarstellungen und sie rahmt die monumentalen Standbilder ihrer Herrscher. „Wer wird der Priester, der Prophet sein, der den Sinn dieser Zeichen richtig deutet?", fragte zu Beginn des 16. Jahrhunderts der Mayapriester Ah Kauil Ch'el und gab gleichzeitig die Antwort: *„Niemand von euch blieb übrig auf Erden, der es vermag."*

Nur zögernd vermochte der Mensch des 20. Jahrhunderts diese Aufgabe zu lösen, denn leider fehlt für Amerika ein Rosettestein. Unter den frühen Kulturen der Neuen Welt zeichneten sich nur die Hochkulturen Mesoamerikas als einzige durch Schriftsysteme aus. Die Hieroglyphen der Maya, die untereinandergesetzt und oft mit Zahlzeichen kombiniert wurden, standen gewöhnlich in Verbindung mit Kalenderdaten. Die Vermutung, daß diesen Glyphen eine gesprochene Sprache zugrunde liegt, war lange angezweifelt, denn sie unterscheiden sich von den anderen zwei Schriftsystemen; dem der Zapoteken in Oaxaca, von dem bereits die Rede war, und die Bilderschriften der Mixteken, deren System zum Teil von den Azteken übernommen wurde.

Während die frühen Aufzeichnungen an Bauwerken von Monte Alban (Monte Alban I und II) sich nur auf relativ wenige Zeichen beschränken und kaum erforscht sind, verhält es sich anders mit der Hieroglyphenschrift der Maya. Den ersten Schlüssel dazu gab bereits der erwähnte Bischof Diego de Landa mit seinem „Wörterbuch" in die Hand der Wissenschaftler. Damit war es möglich hinter die Geheimnisse des Kalenders und damit in die Mathematik und Astronomie Einblick zu erhalten. So kannte man bereits Anfang unseres Jahrhunderts die Daten der Errichtung von Stelen, wußte aber weder Namen noch anderes von jenen Persönlichkeiten, die sie darstellten.

Der Kalender der Maya besteht aus mehreren Systemen, die parallel benutzt werden und nur zusammen eine außergewöhnliche Präzision ermöglichen. Allen Anzeichen nach geht er auf die Olmeken zurück, wie aus zwei Inschriften auf Stelen, die von Tres Zapotes mit 31 v. Chr. und Chiapa de Corzo, dessen Datum vier Jahre früher liegt, zu vermuten ist.

Insbesonders die Stele von Tres Zapotes ist von Interesse, da sie auf der Rückseite ein stilisiertes Jaguarmonster im Relief ganz im olmekischen Stil zeigt, auf der anderen Seite aber das Datum im sogenannten „Long Count", (Langzeitrechnung) wiedergegeben ist. Der älteste und einfachste Kalender in Mesoamerika ist der 260tägige „Tzolkin" der für kultische Anlässe und Vorraussagungen üblich war (A). Er bestand aus 13 Zahlen und 20 Zeichen. Da diese keinen gemeinsamen Nenner haben, treffen die gleiche Zahl und das gleiche Zeichen erst nach 260 Tagen wieder zusammen. Um dieser unzureichenden Zeitzählung gerecht zu werden, kam ein Jahreskalender (Haab) hinzu, der sich auf den vagen Sonnenumlauf von 365 Tagen stützt, vage, weil er in 18 Monate zu 20 Tagen (360) gegliedert ist und nur mit einem zusätzlichen Monat von 5 Tagen, die sogenannte „tote" oder „unheilbringende Zeit", dem Sonnenumlauf annähernd gerecht wird (B). Beide Kalender laufen gleichsam den Rädern eines Uhrwerks parallel zueinander. Der kleinste gemeinsame Nenner ergibt 18980 Tage, bei dem der gleiche Tag des Ritualjahrs von 260 Tagen und der des Sonnenjahres mit 365 Tagen erst nach 52 Sonnenumläufen wieder zusammentreffen. Diese Einheit wird als „Kalenderrunde" bezeichnet und ist weitgehend über Mesoamerika verbreitet. Das Manko war, daß der Zeitraum nur über 52 Jahre berechnet werden konnte. Für die Astronomen der Maya war das, und wie wir neuerdings auch wissen, für ihre „Historiker" unbefriedigend. Durch die „Erfindung" der Ziffer 0 etwa im zweiten Jahrhundert v. Chr. - also noch vor den Indern - und die Stellung in der Niederschrift (Stellenwert) war es möglich von einem bestimmten Zeitpunkt an, in dem man jeden Tag zählte, jedes beliebige Datum von einem fiktiven Anfang zu zählen und auf kleinem Raum niederzuschreiben. Gezählt wurde nicht, wie in Südamerika verbreitet, nach dem Dezimalsystem, sondern dem Vigesimalsystem, dem sogenannten „full hand", d. h. 10 Finger und 10 Zehen.

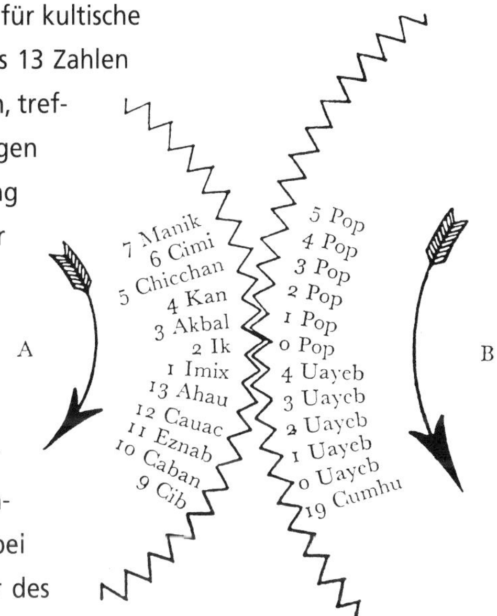

Die Zeitzählung beschäftigte nicht nur die Menschen Mesoamerikas, sondern auch die der Alten Welt. Um die Zeit fortlaufend aufzuzeichnen, setzte man einen Anfangspunkt: für die Christen die Geburt Jesu Christi, für den Islam das Jahr 622, als Mohammed aus Mekka floh. Die Griechen datierten von der ersten Olympiade an (776 v. Chr.) und die Römer zählten die Zeit seit der Gründung Roms (753 v. Chr.). Die Juden setzten an den Anfang, die angenommene Entstehung der Welt (3761 v. Chr.). Den gleichen Gedanken finden wir bei den Maya, nur mit dem Unterschied, daß diese die Möglichkeit vorhergegangener Welten noch offenließen. Ihr Kalender beginnt nicht mit den Anfangsziffern, sondern mit einem willkürlich angenommenen Tag, 13.0.0.0.0.4 ahau 8 cumhu. Mit ganz wenigen Ausnahmen zählten sie von diesem Datum an fortlaufend die Tage. Nach ihrer Vorstellung wurde damals der Himmel aufgerichtet, der zuvor im Urmeer lag. Dann wurden die Sternbilder von zwei alten Göttern an das Firmament gezeichnet, und der Himmel wurde in eine Drehbewegung versetzt. Schließlich zeugten sie noch andere Götter, denn sie kamen zusammen und „vermählten ihre Worte", wie es im Popol Vuh heißt. Darunter auch den Maisgott und die Mondgöttin, ihre drei Kinder: denen Himmel, Erde und Unterwelt zugeordnet wurde. Und dann, nach mehreren vergeblichen Versuchen, schufen die Götter ihren „Erhalter und Ernährer", den Menschen. Der Beginn des Mayakalenders, übertragen auf unsere Zeitrechnung nach der heute anerkannten Methode von Goodman-Martinez-Thomson, ist der 11. August 3314 v. Chr.

Um diese „Langrechnung" aufzustellen, teilten die Maya die Zeit nach dem bereits erwähnten 20er-System: 20 kins (Tage) = 1 unial (Monat), 18 unial (Monate) sind 1 tun (360 Tage), den Rest erledigt die Mathematik:

20 tun	= 1 katun oder 7200 Tage
20 katun	= 1 baktun oder 144000 Tage
20 baktun	= 1 pictun oder 2880000 Tage
20 pictun	= 1 kalabtun oder 57600000 Tage
20 kalabtun	= 1 kinchiltun oder 1152000000 Tage
20 kinchiltun	= 1 alautun oder 23040000000 Tage

Bei den Aufzeichnungen auf Stelen wird an der dritten Stelle (tun) durchbrochen, um eine Annäherung an das Sonnenjahr zu gewinnen. Das Grundprinzip aber bleibt, die Multiplikation und der Stellenwert, die es ermöglichen, auf kleinstem Raum die ungeheuere Zeit festzuhalten. Für die heutige Mathematik sicher kein großes Ereignis, für die damalige Zeit einmalig. Und die Faszination, die davon ausging, zog Altamerikanisten aus allen Ländern in ihren Bann. Der dänische Archäologe Frans Blom erzählte über seinen amerikanischen Kollegen Silvanus Morley, den man heute gewissermaßen als „Datenfreak" bezeichnen würde und dem zweifellos große Verdienste, insbesondere der Entschlüsselung der Kalenderschriften, zu verdanken sind, folgende Anekdote: Käme er in die Verlegenheit, daß Empire State Building auszugraben, er würde von Stockwerk zu Stockwerk laufen, er würde die Türen der Büros öffnen, ohne einen Tisch, einen Stuhl oder etwas anderes wahrzunehmen, zumindest solange, bis er auf einem Schreibtisch einen Kalender findet. Dann würde er sich ehrfurchtsvoll darüberbeugen und unsere ganze Kultur anhand dieses Kalenders rekonstruieren. Durch ihn und viele andere Forscher, darunter auch die Deutschen Förstemann, Schellhas, Zimmermann u. a., war die Zeitrechnung und ihre Aufzeichnung mit Tages- und Monatshieroglyphen und der sogenannte „Periodenträger" seit Beginn des 20. Jahrhunderts keines der Geheimnisse mehr. Mit der Entzifferung der anderen Hieroglyphen, eben was Namen und Ereignisse betraf, ging es lange Zeit wie mit dem Lauf eines Kaninchens, nie geradeaus. Der englische Maya-Forscher Eric Thompson stellte noch in den 50er Jahren lakonisch fest: *„Mit der Entzifferung der Maya-Hieroglyphen verhält es sich so wie im Krieg oder in der Liebe, kaum glaubt man, eine Eroberung gemacht zu haben, muß man die nächste Niederlage einstecken."*

Anfang der 60er Jahre wurde von der Mathematischen Universität Nowosibirsk folgender Bericht ausgestreut: Die Mayaschrift entschlüsselt. Man speiste den Computer mit Material, geschrieben auf Maschinenseiten, so lang, daß sie, aufeinandergelegt, einen Güterzug der die Länge des Äquators umfaßte, füllen würde. „Die Last des Krieges trägt die

Frau", hieß einer der Texte. Das klang schön, das klang auch „indianisch". Es hatte sogar eine gewisse Ähnlichkeit mit der Schöpfungsgeschichte des Popol Vuh, das ein Missionar im Hochland von Guatemala in der Kolonialzeit nach mündlichen Überlieferungen aufzeichnete. Aber leider, die wohlklingenden Sätze waren Bluff. Dennoch stellte sich bei neueren Entzifferungsversuchen, insbesondere wenn sie im religiös-mythischen Bereich angesiedelt sind, daß sich Grundstrukturen, die auch im „Buch des Rates", dem Popol Vuh zu finden sind, hilfreich waren, um Zugang zu erhalten, um die göttliche Abstammung mancher Dynastien, auf die sie sich berufen, zu verstehen und die damit verbundenen Riten, die ihnen ihr Herrschertum auferlegte, zu begreifen. Das trifft vor allem auf die Kulturheroen zu, den göttlichen Zwillingen „Hunahpu" und „Xbalanque", die ständig im Kampf mit den Göttern der Unterwelt, den „Xibalbas" lagen. In einer wahrhaftigen Odyssee waren sie gezwungen, mehrere Kämpfe auszutragen, darunter auch das rituelle Ballspiel, bei denen sie alle Tricks anwenden mußten, um nach anfänglichen Niederlagen letzten Endes doch noch zu siegen.

Diese halbmythische Abstammung hängt mit der weltlichen Machtentfaltung der Herrscher zusammen. Eine Berufung auf die göttlichen Ahnen festigte ihre Privilegien wie das Prestige. Der letzte Schritt zu einem Gott-Königtum, wie etwa bei den Inka, blieb den Monarchen der unterschiedlichen Stadtstaaten verwehrt, wohl deshalb, weil es durch die ständigen Rivalitäten zu keiner von allen anerkannten zentralen Macht kam, wie kurz vor der spanischen Eroberung im alten Peru.

Bislang kannte man die Herrscherpersönlichkeiten von den Bildnissen der Stelen, die in den Residenzen zunächst alle 20 und später in manchen Städten alle 10 und einigen sogar alle 5 Jahre errichtet wurden. Seit langem kannte man das Weihedatum, wußte aber weder um den Namen der dargestellten Persönlichkeiten noch von ihren Taten.

Das änderte sich, als Außenseiter wie Mayaforscher begannen, darunter Linda Schele, eine Kunsthistorikerin, und der Archäologe David Freidel,

die hieroglyphischen Zeichen zu analysieren. Sie gingen dabei einer Vermutung nach, die lange im Raum stand und der bereits viele Versuche vorausgingen, daß Mayahieroglyphen auch Silben, ja sogar Worte wiedergeben. Heute weiß man, obwohl die Transkription noch keineswegs abgeschlossen ist, daß sich die Mayaschrift direkt auf eine zugrundeliegende Sprache stützt und Texte zum Teil vollständige phonetische Elemente wiedergeben. Die Entzifferung steht erst am Anfang. Da ist noch einiges zu tun, und die Grammatik ist derzeit noch unzureichend bekannt. Eine weitere Schwierigkeit war und ist, aus ästhetischen Gründen oft Silben zusammenzuziehen. So ergaben sich einzelne Bildzeichen oder abstrakte Gebilde. Das war zunächst unlogisch. Die Mayasprache von Yucatan und die der Chol des südlichen Tieflandes von Chiapas haben nur 5 Vokale und 22 Konsonanten. Da Silben aus einer Kombination von beiden bestehen, konnte es nicht mehr als 110 Silbenzeichen geben. In der Schrift treten aber mehr als 650 Schriftzeichen auf.

Dem russischen Ägyptologen Knorosov, der mit Hilfe der Mathematischen Universität von Nowosibirsk bereits einen Fehlschlag hinnehmen mußte, gelang im zweiten Anlauf der Nachweis, daß die Schrift auch noch „Wortzeichen" enthielt. Nach dem augenblicklichen Stand sind die Inschriften, die sich in berühmten Städten wie etwa Palenque, Yaxchilan, Copan, Quirigua u. a. finden, untersucht worden. Man kennt nun die Namen der meisten Herrscher, ihre Abstammung, weiß über Geburt und andere Ereignisse wie Vermählung Bescheid. Beispielsweise, daß einer der Herrscher von Palenque eine Prinzessin aus dem weit entfernten Copan freite und wann das geschah.

Ferner berichten uns diese Inschriften, zu welchem Zeitpunkt und wie oft die „Könige" die kultischen Riten ausführten und mit wem und wie erfolgreich sie mit ihren Nachbarn kriegerische Auseinandersetzungen hatten.

Für die Mayaforscher der älteren Generation brach durch die Entschlüsselung dieser Texte eine Welt zusammen. Noch Mitte unseres

Jahrhunderts galt für den großen Kunsthistoriker Arnold J. Toynbee (1889-1975) und für viele andere die Kultur der Maya als die einzige friedliche Hochkultur der Menschheit. Die ersten Zweifel kamen bereits 1946 auf, als man im Regenwald von Chiapas ein Gebäude mit drei Kammern entdeckte, die vom Boden bis zur Decke voll mit zeremoniellen Darstellungen von Siegern und Besiegten bemalt waren. Bonampak, „bemalte Wände", nannten sie Archäologen. Man glaubte an eine Ausnahme. Heute sieht das Bild anders aus, insbesondere auch die Fragen, warum die Städte, die zu den eindrucksvollsten gehören, was die Menschheit je geschaffen hatte, gegen Ende der klassischen Zeit, also zwischen dem 8. und 9. Jahrhundert, plötzlich zu existieren aufhörten. Der Krieg und in dessen Zusammenhang die Beschaffung von Arbeits- wie Opfersklaven (Abb. S. 115) war einer der Faktoren und damit die zunehmende Auflehnung der unteren Schichten.

Die interdisziplinäre Zusammenarbeit mit Geologen, Botanikern und anderen Fakultäten widersprach der ursprünglichen Meinung, daß sich der Boden erschöpfte und die bäuerliche Bevölkerung, die die kultischen Zentren versorgte immer weiter ins Hinterland zog und dadurch eine Versteppung eintrat, so daß die Grundnahrung für die Stadtbewohner nicht mehr gewährleistet war. Auch wurde von Revolten geredet, da die Tempelstädte immer prächtiger, immer größer und die Pyramiden immer höher wurden. Diese Möglichkeit überforderter Untertanen, die sich gegen ihre Herrscher erhoben ist nicht ganz auszuschließen. Aber es ist nur ein Teil im Gesamtbild, das sich heute von ständig bekriegenden Stadtstaaten zu erkennen gibt.

Um die Entwicklung dieser Kultur, die uns in großer Fülle Kunstgegenstände von eminenter Schönheit hinterlassen hat, und ihren Niedergang zu verstehen, müssen wir die Zeit nochmals zurückdrehen. Das fruchtbare Tal von Copan im westlichen Honduras war schon 1500 v. Chr. besiedelt. In Belize finden sich mehrere Fundplätze, darunter Cuello an der Karibischen See und an den Ufern eines Süßwasserflusses, dessen Bauschichten bis ins Jahr 2200 v. Chr. zurückreichen. Damals war es ein kleines

Dorf von Bauern, die allmählich, wie an tausend anderen Plätzen Mesoamerikas, übergingen, von geflochtenen Körben gebrannte Tongefäße herzustellen.

In ihrem späteren Geleit gesellten sich kleine Votivfiguren, von denen einige, wie an so vielen Orten, olmekoide Züge tragen. Etwa 400 v. Chr., etwa zur Zeit als La Venta seine Bedeutung verlor, entstanden hier die ersten pyramidenförmigen Komplexe, verziert mit plastisch hervortretenden Masken von Göttern im epi-olmekischen Stil und vorgelagerten Innenhöfen. Beim Freilegen machten Archäologen den Fund vom 32 Menschen, die den Opfertod fanden, darunter befand sich der Schädel eines jungen Mannes, dessen Stirn mit einer Feuersteinklinge durchbohrt war. Unter den Artefakten befanden sich auch Rochenstachel, die auf Sakralopfer hindeuten. Aus späterer Zeit wissen wir, daß sich Männer die Ohrläppchen oder den Penis durchbohrten, während bei Frauen es die Zunge war, um den Göttern ihr Blut zu opfern. Auch Jadeperlen, jenes harte Gestein, das zu bearbeiten für die olmekischen Künstler eine Herausforderung war und dessen Grün die Fruchtbarkeit schlechthin symbolisierte, jenes Halbedelgestein, das höher als Gold geschätzt wurde, weisen auf Fernhandel hin, für den Cuello bereits eine Schlüsselstellung hatte.

Cuello an der karibischen Küste, im fruchtbaren Tal von Copan in West-Honduras, in Kaminaljuyu im Hochland von Guatemala und in Uaxactun im nördlichen Tiefland, in Izapa an der pazifischen Küste von Chiapas und zahlreichen anderen Fundplätzen fanden sich neben der bäuerlichen Keramik auch solche Artefakte, die den olmekischen Stil nicht verleugnen können und auch hierfür, daß sie an dem kulturellen Anstoß für die Hochkultur nicht unbeteiligt waren.

Um die olmekische Kultur mit ihren tonangebenden Zeremonialkomplexen in ihrem Kernland an der südlichen Goldküste San Lorenzo-Tenochtitlan, La Venta, Tres Zapotes u. a. von den Einflußsphären, die noch in der spätvorklassischen und der protoklassischen Periode (etwa 400 bis 250 v. Chr.) wirksam zu trennen, bedient sich die Archäologie des Begriffs Epi-Olmeken. In den Jahrhunderten um die Zeitwende versiegten, gleichsam einem immer leiser werdenden Echo, die olmekischen Einflüsse. Die verschiedenen Ethnien suchten nach einer eigenen Identität, nach einem persönlichen Ausdruck in ihrer Kunst und Kultur. Zu den erfolgreichsten zählt die Maya-Kultur der „Klassischen Zeit" (etwa 250-900), die in einer vom tropischen Regenwald geprägten Region, die alles andere als einladend war, zum Erblühen kam. Noch heute zählt dieses Gebiet zu dem am dünnsten besiedelten. Auf die Frage nach dem Warum, fanden deutsche Geologen und nordamerikanischen Archäologen Ende der 70er Jahre eine plausible Erklärung. Es gelang ihnen, eine gewaltige Naturkatastrophe zu rekonstruieren, die möglicherweise den Anstoß dafür gab. Etwa 250 n. Chr. zerstörte der Vulkan Ilopango im Osten Salvadors mit seinen Ausbrüchen weite Landstriche im heutigen Salvador und im guatemaltekischen Hochland. Auf 20 bis 40 Kubikkilometer wird der Ausstoß geschätzt, der das Land in weitem Umkreis tief unter Aschen- und Bimssteinregen begrub. Nicht nur die direkten Folgen auf die klimatischen Auswirkungen dürften die Ursache sein, daß die Bevölkerung, soweit sie überlebt hatte, sich neues Land suchte. Gewichtiger war, daß blühende Zentren der spätformativ- frühklassischen Zeit, vor allem Chalchuapa (in älteren Publikationen als Tazumal bezeichnet), das durch einen Altar im reinen olmekischen La-Venta-Stil bekannt ist, aber auch Kaminaljuyu, in Mitleidenschaft gezogen und bedeutungslos wurden. Diese Katastrophe - so sieht es der Wissenschaftler Payson D. Sheets - war vermutlich die Ursache, daß Tausende von Menschen in das nördliche Tiefland vordrangen und damit für die Maya-Kultur einen Raum erschlossen, der inmitten des tropischen Regenwaldes liegt. Die anfänglichen Nachteile sollten sich später als Vorteile erweisen. Der große Vorrat an Holz sowie an Kalkgestein, die regelmäßigen Regenzeiten ebenso wie ein Flußsystem, das in späterer Zeit zu Verbindungswegen kanalisiert wurde, förderten Kultur- und Warenaustausch neben einer gesicherten Versorgung der heranwachsenden Städte. Durch die Fernhändler der Teotihuacan-Kultur verlor Kaminaljuyu nie ganz seine Bedeutung, erschloß es doch die Verbindungswege zum Pazifik und, was noch viel wichtiger ist, zu Tikal im nördlichen Tiefland, jenem Zentrum, das in der klassischen Zeit zum mächtigsten und wichtigsten Königreich avancierte.

Den Beginn der „Klassischen Zeit" markiert die Stele 29 in Tikal mit einer Datierung, die nach unserer Zeitrechnung dem 8. Juli 292 entspricht. Sie ist dem König „Volute - Ahau - Jaguar" gewidmet. Er ist dargestellt mit komplizierten Accessoirs von Symbolen, die für seinen Rang und seine Macht stehen. Aus den weiteren Inschriften in Tikal ist zu erkennen, daß bis zu seinem Niedergang im 9. Jahrhundert der Thron dieses Staatswesens von einer einzigen Dynastie besetzt war. Wie Linda Schele und David Freidel herausfanden, gibt es vom Yax Xoc, der etwa zwischen 219 und 238 regierte, und seinen anderen Vorgängern noch kein Bildnis, wohl aber Hinweise, der wievielte Throninhaber seit der Gründung der königlichen Dynastie der Erwähnte ist.

Hier in diesem als Kernland der klassischen Mayakultur bezeichneten Gebiet zeigen die „Griechen Amerikas", wie sie ihrer großartigen Leistung wegen in Kalenderwissenschaft, Hieroglyphenschrift, Architektur und der hohen Qualität ihrer Kunstwerke auch genannt werden, sich von allen Seiten. Nicht nur auf Stelen und Reliefs, auf bemalten Vasen und Fresken, in Jade, Muscheln und Knochen (Farbtafel 10 u.) geschnitzt, führen sie uns einen Reigen ihrer Götter und Würdenträger vor.

Der persönliche Stil der einzelnen Stadtstaaten ist es, der die klassische Mayakultur so vielseitig erscheinen läßt. Mehrere tausend Stelen sind bekannt, nur ein Bruchteil davon ist im Museum, der Rest liegt in den auch heute noch schwer zugänglichen Wäldern. Mehr als 100 Städte, die sich verbündeten und bekriegten, verzeichnet die archäologische Landkarte. Nur ein kleiner Teil davon ist ausgegraben.

Allein Tikal, das etwa in der geographischen Mitte des 300000 qkm umfassenden Gebietes liegt, in dem die klassische Kultur sich entfaltete, kann auf ein 11jähriges archäologisches Forschungsprojekt zurückblicken. Es besticht vor allem durch seine Größe und die Wucht seiner Architektur. Auf 16 qkm konnten die Grundrisse von über 3000 Bauwerken festgestellt werden, was in der weiteren Umgebung oder unter den teilweise gewaltigen Bauwerken, die mehrmals überbaut und vergrößert wurden, wird vermutlich noch für längere Zeit verborgen bleiben.

Was die einzelnen Mayastädte unterscheidet, ist einerseits die Abgrenzung von den Nachbarmonarchien, andererseits der ungeheuere Ansporn, sie zu überbieten. Während in Tikal die Pyramiden gleichsam gotischen

Domen zum Himmel ragen und ihre schmalen Treppen unfunktionell und steil angeordnet sind - eines der Bauwerke ist höher als 70 Meter -, liegt Copan mit seinen Tempel, Stelen und dem Ballspielplatz (Abb.) in einem lieblichen Tal, in dem sich die vertikal angeordnete Bauweise harmonisch in die Landschaft einfügt. Etwas ähnliches läßt sich von einer der westlichsten Stadt sagen, von Palenque. Hier bevorzugte man weißen Stuck, Tikal war gemauert aus hellem Kalkgestein, Copan aus rötlichem. Vor allem in ihren Stelen und den meist vorgelagerten „Altären" unterscheiden sich die einzelnen Monarchien. In Palenque fehlen sie. Statt dessen finden sich vorwiegend Weihetafeln oder Reliefs an den Wänden, wie einige Abformungen im Knauf-Museum zeigen. Im Stelenkult von Tikal sind die Reliefs ihrer Monarchen in zeremonieller Aufmachung in schmal geschnittene Steinstelen verewigt; und in Copan ist es bei der Gestaltung der Stelen sowie anderen Architekturdetails nur noch ein kleiner Schritt bis zur Rundplastik. (Auch für diesen Fundplatz gibt das Knauf-Museum ein einprägsames Beispiel einer Abformung im Maya-Raum). Besonders in dieser am weitesten im Osten liegenden Residenzstadt bildet stets ein beruhigendes menschliches Antlitz die Mitte. Von dieser Mitte, dem ruhenden Punkt eines verklärten Gesichts aus, zwingt der Künstler den Betrachter, die Unruhe des floral anmutenden Ornaments, dessen Details und die vielseitigen Aspekte der „Schriftbilder", die ganze Fülle und ihre Anordnung der umgebenden Hieroglyphen zu studieren, die von Geburt und Abstammung, von Riten und seinen Taten berichten; und von denen jede einzelne ein kleines Kunstwerk ist (Abb. S. 109).

Unser Sehen ist nicht mehr das eines Ingres oder Delacroix. Hätten sie diese Bildwerke betrachten können, sie hätten sie vielleicht nicht als Kunst angesehen. Die Ästhetik des 19. Jahrhunderts reichte nicht aus, sich Rechenschaft über eine solche fremdartige Formensprache zu geben, denn die Mayakunst sucht nur selten die „Beziehung zum Schönen" im Naturvorbild, sie idealisiert ihre weltlichen wie göttlichen Figuren in einem anderen Sinn, unterliegt einer anderen Ästhetik.

Gerade in den Zeiten, in denen die Religion in den Händen der Herrscher oder Priester lag, wurden diese auch ihre Sklaven. Der Mensch, der in die Auseinandersetzung kosmischer Mächte geworfen wurde, hatte nur ein Ziel: die Erforschung des Seins und der Vorbestimmung. Sie wurden Sklaven ihrer kosmischen Vorstellungen, der vermeintlichen Ahnen und der auferlegten Riten, mit denen sie die Verbindung zu ihnen aufrechterhielten. So wurde auch der göttliche Kalender zum Symbol des Weltbilds im religiösen Bereich. Im Profanen verlieh er der Elite Macht, denn wer um die Zeit wußte, konnte den Befehl geben zum Roden der Wälder, zum Abbrennen des getrockneten Holzes, den Zeitpunkt der Aussaat kurz vor dem Eintreten der Regenzeit. Mit diesem Zyklus, die Einbindung in die ewige Wiederkehr, war aber auch die Furcht verbunden, es könnte anders werden, wenn die Götter es wollen. So machte die Zeit den Menschen zu Untertanen der „vergöttlichten Tage" mit ihren Aspekten von guten oder bösen Vorzeichen. Aus den drei erhaltenen Mayahandschriften ist ersichtlich, wie sehr die Gestirne den Menschen bestimmen, ihm kultische Handlungen aufzwingen, günstige und ungünstige Tage berechnen. (Aus der mixtekischen und aus der aztekischen Kultur sind mehr vorspanische Dokumente erhalten, darunter ebenfalls Wahrsagebücher, die auf ähnliche Vorstellungen hindeuten. Zum Teil sind sie mit Kommentaren spanischer Mönche aus der frühen Kolonialzeit versehen, was unser Wissen erleichtert.)

Unter den Originaldokumenten der Maya aus präkolumbischer Zeit ist mit Abstand der Dresdner Codex das herausragendste Kunstwerk. Selbst die kleinsten Details verdeutlichen eine zügige „Pinselführung" des Malers

bzw. Schreibers. Die Feinheit der Zeichnung, die zart abgestimmten Farben, die aus tierischen und mineralischen Substanzen bestehen, verlieren selbst bei der Vergrößerung nichts an ihrer Wirkung. Das gleiche läßt sich auch bei Details einer bestimmten keramischen Ware feststellen.

Ganz allgemein gesprochen, bevorzugt die präkolumbische Kunst das Dreidimensionale, - die Skulptur. Malschulen, wenn man von den Fresken absieht, sind äußerst selten. Es ist dies der graphisch anmutende Mimbres-Stil, im Südwesten der heutigen USA, der Mogollon-Kultur, die jedoch nicht die Schwelle zu einer Hochkultur überschritten hat. In Südamerika ist es die Kultur von Nazca, die mit polychromen Farben ihre Welt der Dämonen auf irdene Gefäße bannte. Die Keramikmalerei der Maya ist mit Abstand die am höchsten stehende „Malschule", die über Meister verfügte, die sich sonst nirgendwo in der präkolumbischen Kunst finden. Die Themen sind einerseits die Verherrlichung der Monarchen, andererseits gibt die Vasenmalerei auch mythische wie zeremonielle Szenen wieder. Aber auch Vorgaben aus der Fauna inspirierte die Künstler zu übernatürlichen Mischwesen. Aus der Flora sind es „personifizierte" Vegetationsdämonen (Farbtafel 13). Ähnlich wie auf den Fresken wird in den Vasenmalereien das Antlitz der Menschen immer im Profil gezeigt, während der Körper frontal dargestellt ist. Zuweilen wird die Malerei noch durch Ritzverzierungen unterstützt. Bei den kostbaren Gefäßen ist die Darstellung von Hieroglyphen begleitet, die Anhaltspunkte über die Personen und die kultischen Handlungen, die sie ausführen, geben können (Farbtafel 12). Sicher wird man eines Tages Meister benennen können und bestimmte „Werke" einer Malschule zuordnen. Chama, Nebaj, Altar de Sacrificio und sicher auch Tikal dürften aufgrund der gesicherten Funde solche Zentren gewesen sein, an denen diese qualifizierte „Hofkunst" entstanden ist.

Vor der Küste der Halbinsel Yucatan, auf dem wasserlosen Eiland Jaina im Golf von Campeche stehen zwei verfallene Pyramiden. In der Sprache von Yucatan bedeutete Jaina „Das Haus über dem Meer". Nicht den

Pyramiden, sondern den anmutigen Grabbeigaben, die auf dieser Insel zu Hunderten ausgegraben wurden und eine längst verschollene prunkvolle Vergangenheit wieder aufleben lassen, verdankt die kleine Insel ihren Ruhm.

Man könnte die Jaina-Terrakotten als das „Meißen der Neuen Welt" bezeichnen, denn diese Figuren sind von harmonischer Schönheit, klassisch in Form und Auffassung. Als Motive dieser kleinen Skulpturen finden wir hauptsächlich Fürsten, Priester oder Krieger und nicht zuletzt eine große Anzahl vornehmer Damen (Farbtafel 11). Die Ruhe im Gesichtsausdruck und die Würde in der Haltung zeugen von edler Gelassenheit. Die Gestaltung des Körpers beschränkt sich auf das Wesentliche, ist aber von starker Dynamik. Die Gewänder und Schmuckstücke, die den Rang der dargestellten Personen charakterisieren, sind detailgetreu herausgearbeitet, zuweilen sogar Gesichtstatauierungen. Möglicherweise ist hinter der impressionistischen Behandlung des Körpers eine Absicht verborgen. Vielleicht wollte der Künstler der Figur einen Hauch des Lebens mitgeben, das dem Toten genommen war, denn Jaina war nicht für die Lebenden bestimmt, es war eine Insel des „Jenseits" vom Festland. Fast alle Verstorbenen wurden dort in Hockstellung bestattet. In ihrem Mund befand sich häufig eine Jadeperle, jenes königliche Gestein, daß den Olmeken wie den Maya am wertvollsten erschien und dessen leuchtendes Grün Symbol für üppige Vegetation und klares Wasser war. In ihren Händen hielten viele jene kleinen Figuren.

Der Stil dieser kleinen Jaina-Terrakotten beschränkt sich nicht nur auf die Insel. Er war weit verbreitet. Selbst in Palenque fanden sich Figuren im sogenannten Jaina-Stil. Sicher dokumentieren sie im höchsten Maße Auftragskunst, reflektieren die hierarchische Gliederung jener Menschen ebenso wie Mode und Schönheitsideal der damaligen Zeit.

Dem anonymen Künstler wird fast niemals die Möglichkeit gegeben, eigene Gedanken in seinem Werk zu verarbeiten, er ist nur das ausführende und gestaltende Organ der Ideen der richtungweisenden Machthaber. Diego de Landa, im 16. Jahrhundert Bischof in Yucatan, berichtete, daß die Künstler sich in Häuser zurückzogen, dort fasteten, sich Enthaltsamkeit in jeder Beziehung und strengen Riten unterwerfen mußten, bis ihre Arbeit vollendet war. Brachen sie die Askese, so galt das Werk als unrein - für eine Gemeinschaft ein unheilvolles Vorzeichen. Ob das jedoch auf alle Jaina-Figurinen zutrifft, bleibt eine Frage, die wohl nicht mehr zu lösen ist, denn ein Teil ist mit Hilfe von Modeln gefertigt, und noch im lederharten Zustand mit der Hand überarbeitet. Andere sind als Okarinas oder Flöten gefertigt. Diesen gegenüber stehen die frei modellierten (Farbtafel 11 r. o. und u.). Sie wurden offensichtlich von Meistern geschaffen, die über große Fähigkeiten verfügten. Auch Farben, vor allem Blau, Rot und Ocker, dienten dazu, um Einzelheiten der Kleidung oder Schmuck hervorzuheben, die nach dem Brand aufgetragen, sind und sich nur noch wenige Reste, die sich in dem feuchten Klima erhalten haben überlebten. Im Gegensatz zu anderen Artefakten wurden diese Grabbeigaben nicht „rituell" getötet, d. h. zerbrochen oder durchstochen, wie es manchmal bei keramischen Gefäßen der Brauch war, sondern unversehrt den Verstorbenen als Begleiter mitgegeben.

Die hohe Stellung, die den Kriegern innerhalb der Jaina-Terrakotten eingeräumt wurde - wie in der übrigen Kunst auch -, läßt auf zahlreiche Konflikte untereinander schließen. Ein Grund für die Kriege zwischen den einzelnen Stadtstaaten dürfte auch das Einbringen von Opfersklaven gewesen sein. Wie auf Stelen und in der Wandmalerei von Bonampak zu sehen, wurden sie ihrer Kleidung und ihres Schmucks beraubt, der Macht und Würde im wahrsten Sinne des Wortes entblößt (Vergl. Abb. S. 115).

Ein anderer, nicht unwesentlicher Grund für Kriege war das ständig zunehmende Luxusbedürfnis der Herrscher zu Lebzeiten ebenso wie der aufwendige Kult nach ihrem Tod.

Das Kernland, in dem die klassische Mayakultur uns ihre hervorragendsten Zeugnisse hinterließ, war arm an Rohstoffen. Der Fernhandel war ein wesentlicher Faktor für das höfische Ambiente dieser rivalisierenden Monarchien. In der frühklassischen Zeit (etwa 250-600) sind in Tikal Exportwaren aus Teotihuacan und auch die Anlehnung im Stil dieser 1200 km entfernten Metropole im zentralmexikanischen Hochland deutlich sichtbar. Erst gegen deren Ende finden die Künstler der Maya ihre eigene Handschrift, formen ihre Gottheiten nach ihren Vorstellungen und verliehen ihnen ureigene Symbole. Das Bild, das sich im 8. Jahrhundert zeigt, reflektiert weniger Dekadenz, eher ein Aufbäumen gegen den nahenden Untergang. Es ist eine Zeit der großen Umwandlung in Mesoamerika, die mit dem Untergang von Teotihuacan ihren Anfang nahm. Vermutlich war es bereits noch lange vor den Azteken ein anderes Volk, „dessen Gesicht niemand kannte“, wilde Stämme, die aus dem Norden in das gelobte Land des Hochtals von Mexiko hereinbrachen und eine weitreichende Völkerwanderung auslösten. An der pazifischen Seite stoßen Pipiles, ein nahuasprechendes Volk der Tolteken vor, später die Nicarao, nach denen die Republik Nicaragua benannt wurde. Im Tiefland waren es die Putun, ein Händlervolk, das den Chontal-Maya zugerechnet wurde und von Tabasco aus, das Flußsystem des Usumacinta und Grijalva nutzend, ins Kernland vordrang. Diese ungewöhnlichen Küstenschiffahrer brachten etwa zwischen 850 und 950 auch das südliche Campeche und in der Karibik die Inseln Cozumel, Pakhalal und Chetumal unter ihre Kontrolle. Bereits früher, etwa zwischen 730 und 750 etablierten sie Handelsstationen in Yaxchilan und Altar de Sacrificio, aber wie es scheint, im Einvernehmen mit den Mayaherrschern. Erst um 850 taucht auf einer Stele in Seibal am Rio de la Passion, einem Nebenfluß des Usumacinta, bei dem diese Ruinenstätte liegt, ihr mayafremdes Antlitz auf (Abb.). Es liegt nahe, daß sie dort die Herrschaft übernahmen.

Dank der Gewohnheit am Ende eines katun (katun = Zeitabschnitt von 20 tun von je 360 Tagen) Stelen aufzustellen, läßt sich nicht nur der Beginn und Aufstieg der Königreiche feststellen, sondern auch der langsame Prozeß der Auflösung rekonstruieren. Der Beginn des 18. katun (790 u. Zeit) wurde in 19 Mayastädten des Tieflandes gefeiert und in Monumenten festgehalten. Der Zykluswechsel, 99 Jahre später, findet nur noch in vier Städten statt. Das letzte Datum der Maya-Langzeitrechnung (Long count) 10.4.0.0.0 (909 n.Chr.) und damit das Ende der klassischen Zeit ist nur noch auf einem kleinen Jadeschmuck erhalten.

Ein Exodus fand jedoch nicht statt. Mit dem Sturz der Monarchien - gleichgültig ob ihn „Barbaren", die von der Golfküste kamen oder eine Revolution der eigenen Untertanen verursacht hatte - wurde zumindest im zentralen Tiefland nichts gewonnen. Die meisten Siedlungen sind wieder zu dem geworden, was sie in vorklassischer Zeit waren, kleine Gemeinden, an deren Spitze statt Könige nur noch Häuptlinge und Schamanen standen. Der Sturz der Herrscher war zugleich eine Wende in der Kunst, die die Einschränkung der Priester-Könige auslöste und offensichtlich zu einer Säkularisierung der religiösen Kräfte führte.

Das Ende der klassischen Zeit gegen Ende des 10. Jahrhunderts bedeutete noch nicht das Ende der Hochkulturen Mesoamerikas. Der Sturz der Götter und ihrer Monarchen, die sich ihnen so verpflichtet fühlten, bedeutete weder das Erlöschen der Religion, noch war für die nachklassische Zeit eine Stagnation und Dekadenz im kulturellen Erscheinungsbild charakteristisch. Ein Nachhall findet sich in der Region weiter nördlich, für die der Übergang vom tropischen Regenwald in das Buschwaldgebiet der Halbinsel Yucatan charakteristisch ist. Die im Rio-Bec-Stil errichteten Pyramiden waren nicht weniger gigantische Kulissen, wie etwa die Bauwerke von Xpujil und das von Befestigungswällen umgebene Becan zeigen. Da die Region noch wenig archäologisch erforscht ist, läßt sich kaum etwas über die Bedeutung sagen. Weiter nördlich, auf der Halbinsel Yucatan, zeigt sich die Kultur in einem anderen Gewand. Städte wie Uxmal, Sayil, Labna, die im Puuc-Stil (Hügelland) errichtet sind, lassen einerseits eine Neuorientierung, insbesondere durch ihre Architektur, erkennen. Bis auf wenige Ausnahmen fehlen die hohen Pyramiden. An ihre Stelle treten lange Gebäude, die auf Plattformen stehen, wie etwa der „Palast des Gouverneurs" in Uxmal. Er ist aus mehr als 20000 bearbeiteten Steinen errichtet. Unzählige Masken des Regengottes Chac zieren die Fassaden, schmücken die Ecksteine und weisen diese Gottheit in dieser Region als die wichtigste aus.

In Yucatan tritt ein dichter Buschwald an die Stelle des tropischen Regenwaldes. Das Klima ist gemäßigter, doch für ein Paradies fehlt es an Wasser. Die Kalktafel der großen Halbinsel besitzt weder oberirdisch fließende Ströme noch ausreichende Seen, nur vereinzelte Lagunen. Coba, eine der wenigen Städte, wurde am Rand einer solchen bereits zu Beginn der klassischen Zeit, vielleicht auch früher errichtet. Für die anderen bildeten die einzige Lebensmöglichkeit Dolinen, *Cenotes*, wie sie in der Mayasprache heißen, natürliche Einsturzkessel, die das Wasser der unterirdisch fließenden Ströme zugänglich machen. In der Nähe der kleineren lagen die Dörfer, um die großen entstanden Wallfahrtsorte und Residenzstädte der führenden Dynastien. Mit wenig Ausnahmen - Dzibilchaltun aus früherer Zeit und Mayapan aus späterer - fehlt bei den meisten Städten der nachklassischen Zeit der urbane Charakter, wie etwa in Tikal. Auch ist das Fehlen der fanatischen Zeitaufzeichnung charakteristisch für diese Region. Nur wenige beschriftete Monumente sind bekannt, wie etwa aus dem alten Teil von Chichen Itza. Die Ursache dürfte einerseits am Mangel der Verherrlichungen der Führerschaft liegen, andererseits scheint es, daß die Schriftkultur nur die Aufgabe einzelner weniger war und mit dem Verschwinden der Herrscher Dynastien der klassischen Zeit an Bedeutung verlor.

Die Renaissance der nachklassischen Mayakultur entfesselte anfangs eine gewaltige Bautätigkeit. Man baute zwar Pyramiden, nicht mehr so hoch wie in Tikal, dafür aber größere, eindrucksvollere Paläste. Uxmal ist eine der ältesten und auffallendsten Städte. Auf einem ausgedehnten Plateau liegen die Bauwerke so wohlgeordnet, daß sie gleichsam unwirklich erscheinen. Der Höhenrhythmus ist es, was das Panorama belebt. Chichen Itza dagegen zeigt sich mit zwei Gesichtern. Die älteren Bauwerke sind noch im Stil des Hügellands errichtet (Punc-Stil), während der neuere Teil der kultischen Stadt einen maya-fremden Charakter trägt (Abb.).

Die Ausgrabungen von 1940 im 1200 km entfernten Tula im zentralmexikanischen Hochland bestätigten die alten Chroniken der Maya, die von der Ankunft der Tolteken um das Jahr 1000 berichteten, die als mexikanische Einwanderer kamen. Die Fremden konnten zwar ihre Sprache nicht durchsetzen - mit Ausnahme weniger Lehnwörter -, wohl aber einen Teil ihrer Götter und architektonischer Ideen. Sie erneuerten Chichen Itza und schmückten viele Fassaden ihrer Bauwerke im Stil von Tula, der alten Heimat, aus der ein Teil von ihnen vertrieben wurde – so die Sage. Als größte Bereicherung der Architektur brachten sie reliefierte Säulen und Pfeiler als neue Bauelemente nach Yucatan. Sie errichteten mit ihrer Hilfe weitläufige Kolonnaden und geräumige Säle, die bis dahin in dieser Region unbekannt waren. Das nicht sehr weit entfernte Uxmal und andere Städte kannten in der Architektur, ähnlich wie die des Tieflands, nur das Kraggewölbe. (Das Überkragen der Steine, die mit einer Deckplatte gefestigt ist, erlaubte nur schmale Räume.)

Die „toltekische" Hegemonie auf Yucatan währte von 887 bis etwa 1250. Von 1194 - andere Überlieferungen sprechen sprechen von 1204 -, dem Jahr, in dem die „Liga von Mayapan" auseinanderbrach, und 1450, dem Jahr der Zerstörung von Mayapan, ist nur wenig bekannt. Sicher ist, daß die dortige Cocom-Dynastie die Vorherrschaft über ganz Yucatan ausübte und mit Hilfe mexikanischer Söldnertruppen, so die Überlieferung, aufrechterhielt.

Architektur, Kunst und Kunsthandwerk, jetzt ohne die starken religiösen Bindungen von früher, verkümmerten. Die internen Machtkämpfe, wie das Inschachhalten der rivalisierenden Dynastien mit Bündnissen und Gegenbündnissen, war eine Zeit der Unruhe. Fast alle großen Städte der Halbinsel stellten ihre Bautätigkeit ein. Das befestigte Mayapan, möglicherweise auf dem Weg, die zentrale Führungsrolle zu übernehmen, wurde zerstört. Aber auch die Sieger gingen leer aus. Die Spanier fanden, als sie ins Land kamen, mehr als ein Dutzend uneiniger, sich gegenseitig bekämpfende Gruppen vor. Die intellektuellste Kultur des alten Amerika hat die Kriterien, die für die nachklassische Zeit typisch sind, trotz eines vielversprechenden Anfangs am wenigsten erfüllt: eine zentrale Exekutivgewalt zu errichten, die ihr politisches Einflußgebiet mit weltlicher, also vorwiegend militärischer Macht vergrößert und stabilisiert.

Im zentralmexikanischen Hochland war die Situation umgekehrt. Teotihuacan war eine Stadt auch im urbanen Sinn. Ihre Kultur war alles andere als regional. Die Verbreitung des Stils und der große Einfluß gingen einerseits auf den Fernhandel zurück, wurden andererseits getragen von religiösen Ideen und, allem Anschein nach, nicht mit militärischer Gewalt überregional durchgesetzt. Ihr Untergang hatte die größte und nachhaltigste Erschütterung auf ganz Mesoamerika ausgelöst.

Wie auslaufende Wellen, bereits gebrochen durch die Brandung, breitete sich der Zusammenbruch aller theokratischen Kulturen langsam aus. Die Zeit für das Ende der klassischen Periode schien in den zwei Jahrhunderten zwischen 650 und 860 überall reif gewesen zu sein. Ausgrabungen neueren Datums haben eine immense Bevölkerungszunahme nicht nur auf der „Mesa Central", dem zentralmexikanischen Hochland, sondern auch in Oaxaca und anderswo bestätigt. - „Der Mangel technischer Fortschritte in den Methoden der Landwirtschaft, auf der allein ihr Leben beruhte, kam vermutlich an den Punkt, wo der Boden nicht mehr genug hergab, und damit wurde die herrschende Schicht ihrer Grundlage beraubt. Das heißt natürlich nicht, daß die Völker selbst verschwinden mußten, nur die danach aufkommende unterschiedliche Herrschaftsform änderte sich und brachte andere Gruppen an die Macht. Im Süden verdrängten die Mixteken die Zapoteken vom Monte Alban. Im Hochtal von Mexiko scheint nach dem Veröden der größten Stadt vorerst eine Stagnation eingetreten zu sein. Kriegerische Nomadenstämme, vom Norden kommend, strömten ungehindert ein. Sie vermischten sich mit Alteingesessenen und übernahmen deren überlegene Kultur. Mit dem Sammelnamen Chichimeken, „die vom Hundegeschlecht", bedachten sie die kultivierten Völker. Die „Historia Tolteca-Chichimeca" berichtet von zwei Stämmen: den Tolteca-Chichimeca und den Nonohualca, den „Stummen" oder „Andersartigen", die nebeneinander in Tollan (Tula) gesiedelt haben sollen.

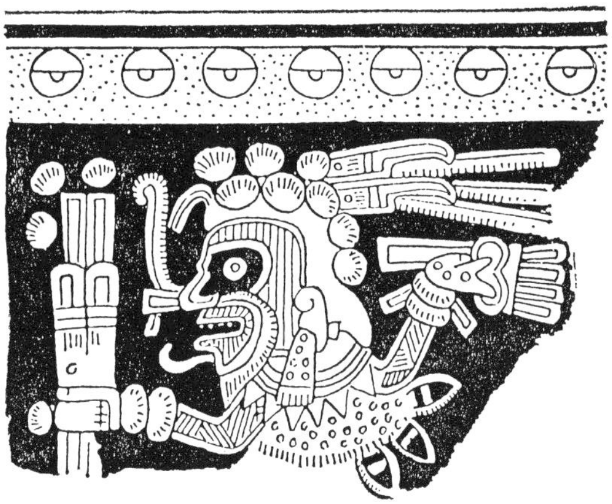

Die Anfänge der toltekischen Kultur liegen z. T. im ungewissen. Sie beginnt mit dem großen, noch halb mythischen Eroberer Mixcoatl - „Wolkenschlange" (Abb.) -, der mit seinen kriegerischen Horden in das fruchtbare Hochtal von Mexiko eindrang. Ihr zweiter Herrscher, Topiltzin-Quetzalcoatl, wurde, nach mündlicher Überlieferung, in früher Kolonialzeit aufgezeichnet, um 935? geboren und soll Tula (Tollan) zum kultischen Zentrum ausgebaut haben. In der Folge religiöser Konflikte wurde Tolpitzin-Quetzalcoatl um 987 aus Tula vertrieben und flüchtete mit seinen Anhängern an die Golfküste, und schließlich erreichte ein Teil dieser Gruppe Yucatan. Die Spuren anderer toltekischer Abwanderer finden sich an der pazifischen Abdachung von Guatemala bis Nicaragua. Quetzalcoatl, die „gefiederte Schlange", ist gleichsam ihr Leitmotiv.

Rivalitäten zwischen den militärischen Führern sind in der indianischen Geschichte keine Seltenheit. Hier allerdings wurden die Stammesfehden gegen Ende des 1. Jahrtausends zu einem Götterkonflikt, der ein nachhaltiges Echo in ihren Mythen, dem verschleierten Gedächtnis der Völker bis zur Zeit der spanischen Eroberung hinterließ. Danach stand auf der einen Seite als Sieger Tezcatlipoca, der „rauchende Spiegel", (Abb.) ein ungestümer Gott des Krieges und der Jagd, ein Befürworter der Menschenopfer. Auf der Seite der Geschlagenen und Abwanderer steht Quetzalcoatl, der Gott der Bildung und des Wissens, der der Mythologie zufolge den Menschen die ersten Maiskörner bescherte, die er dem Totengott und Herrn der Unterwelt, Mictlantecuhtli, entwendete. Er ist eine Vegetationsgottheit und ein Verächter des Menschenopfers. In diesen Gegensätzen ist die unterschiedliche Herkunft der toltekischen Kultur reflektiert, zu der offenbar ebenso die nördlichen Chichimeken wie auch die weiterentwickelten Völker der Hochtäler von Mexiko und Puebla beigetragen haben und in der Mythologie ihre weltlichen Herrscher zu Göttern wurden.

In den alten Quellen, die indianische Geschichtsschreiber in der frühen Kolonialzeit verfaßten, gibt es kaum einen Ort wie Tollan (Tula), der so häufig erwähnt wird und den jedes Volk, jede Dynastie, die etwas auf sich hielt und Anspruch auf Zivilisation anmeldete, als ihre Heimat angab. Wo es lag, wußte niemand. Zumindest bis 1942, als W. J. Moreno es etwa 65 km nordwestlich von Teotihuacan fand und mit Ausgrabungen begann. Trotz reichhaltiger Namenslisten von toltekischen Herrschern und einer annähernd mündlich überlieferten Geschichte repräsentiert sich der Geist der Kultur am deutlichsten in ihren Steinskulpturen. Die toltekische Kunst, die eine sehr deutliche Sprache anklingen läßt, zeigt einen der klassischen Periode konträren Geist (Abb.).

Religion steht von nun an im Dienst einer Kriegerkaste, steht im Zeichen der Verherrlichung des Krieges und des Todes. „Damals begann die Zeit des Menschenopfers", so berichtet eine alte Überlieferung. Die Reliefs der Mauern in Tula drücken diesen neuen Zeitgeist sehr deutlich aus. Überdimensionale Totenschädel, Schlangenleiber, gekreuzte Knochen, herzfressende Adler und Jaguare sind die Embleme der Kriegsverbände. Im Animalischen wie auch in der Gestaltung des Todes bleibt die toltekische Kunst rhythmisch, im Menschlichen ist sie statisch. Die erste Siedlungsperiode von Tula (800-900) läßt sich noch nicht als ein toltekisch identifizieren. Erst in der „Tollan-phase" (900-1200) bekommt die Stadt einen urbanen Charakter und der toltekische Stil seine Ausprägung. Die höchste Bevölkerungsziffer lag bei etwa 55000. Die Ausdehnung war geringer als die von Teotihuacan, und für eine städtebauliche Planung fehlt jede Spur.

Aufschlußreich für den Fernhandel sind neuerdings gefundene Kupferfragmente, vermutlich aus Michoacan, eine Region in der um diese Zeit die erste Metallverarbeitung in Mesoamerika anfängt, ein Goldglöckchen im Veraguas-Stil von Panama, Keramik aus Costa Rica und die sogenannte „Plumbate-Ware" (Bleiglanz-Keramik) aus dem Südwesten von Guatemala. Diese einzigen Tonerzeugnisse mit einer Semiglasur sind eine Art Leitfossil für den toltekischen Fernhandel, denn die Keramik mit dem bleiglänzenden Schimmer war sehr begehrt (Abb.). Die echte Glasur kam erst mit den Spaniern. In der Architektur erwiesen die Tolteken ihre Geschicklichkeit, indem sie es verstanden, Bestandteile der alten Kulturen zu übernehmen und mit eigenen schöpferischen Ideen zu bereichern. Dazu gehörten den Pyramiden vorgelagerte oder sie umgebende Säulenhallen mit quadratischen Pfeilern, Karyatiden aus mehreren Teilen in Rundplastik, meist in figürlicher Form von Kriegern oder Kriegssymbolen, die das horizontale Gebälk stützten. Durch diese unverkennbaren Elemente wie auch durch „Bannerträger" und den „Chac-Mool-Figuren" konnten ihre Anwesenheit und ihr Einfluß im Mayagebiet nachgewiesen werden.

Nach den Überlieferungen wurde Tula 1168 zerstört. Ein Teil der Bewohner wanderte südwärts über Guatemala bis Costa Rica. Der Weg war von ihren Händlern (pochteca) bereits vorgezeichnet. Ein anderer Teil verblieb im Hochtal und vermischte sich mit den alteingesessenen Stämmen.

Die Azteken, ihr ungewöhnlicher Aufstieg auf politischem und kulturellem Gebiet machten die „Mexica" (Azteken) - und noch dazu in kürzester Zeit zu dem bekanntesten Volk Mesoamerikas. Der deutsche Archäologe H. D. Disselhoff nannte sie „Parvenüs", ich möchte lieber von „einem jungen Wein in alten Schläuchen" sprechen. Sie sind aus einer der vielen Nahuagruppen hervorgegangen, die auf den Trümmern der toltekischen Macht ihre kleinen Staaten errichteten. Im Jahr 1267 lassen sie sich als unbedeutende Gruppe erstmals nachweisen, sie entzündeten, alten Chroniken zufolge, die in der frühen Kolonialzeit noch im Gedächtnis ihrer Nachkommen war, in Tecpayocan das „Neue Feuer" für das Jahresbündel (52 Jahre). Als sie auf der Bühne der „Mesa Central" erschienen, waren sie kaum mehr als Statisten, denen ein Durchwandern von den Mächtigeren gestattet oder verwehrt wurde. Auf der kleinen, unfruchtbaren Insel inmitten des heute ausgetrockneten Sees von Texcoco ließen sie sich zunächst nieder, erschöpft von der langen Wanderung, ermüdet von den Kämpfen mit anderen Stämmen. Der Sage nach sollten die Azteken an jenem Platz siedeln, wo sie auf einem Kaktus einen Adler mit einer Schlange im Schnabel erblicken würden. Ob sich ihnen dieses Bild (1370, was nach neueren Forschungsergebnissen wahrscheinlich ist) in dieser sumpfigen Gegend, die zum „Venedig der Neuen Welt" werden sollte, wirklich bot, entzieht sich unserer Kenntnis. Das alte Ideogramm jedenfalls ist zum Wappen der modernen Republik Mexiko geworden, und die heutige Hauptstadt erhebt sich auf den Trümmern der ehemaligen aztekischen Metropole Tenochtitlan. Über ihre Gründung ist fast nichts überliefert. Als junge Emporkömmlinge inmitten der geschichtlich viel älteren Stämme hatten die Azteken guten Grund, ihre nur so kurz zurückreichende Vergangenheit im Hochtal zu verschleiern. Damals waren die Tolteken bereits längst vergangene Geschichte, zum Teil schon Legende. Vollends zur Legende wurden sie durch den 4. aztekischen Herrscher Itzcoatl

(Wolkenschlange, 1427-1440), der die alten Bilderschriften verbrennen ließ, um den Stammbaum der Mexica (Azteken) zu schmücken und die Ahnenreihe auf die Tolteken zurückzuführen.

Der eigentlich Aufschwung dieses kleinen, für die vorspanische Geschichte Amerikas so wichtigen Volkes begann 1372 oder 1376 mit der Wahl einer militärischen Persönlichkeit, Acamapichtli. Er reorganisierte den Stamm und bildete regelrechte Heere aus, die sich als Söldner für den Stadtstaat Azcapotzalco mit den anderen rivalisierenden Stadtstaaten schlugen. Diese anfänglichen kriegerischen Hilfeleistungen hatten für die Azteken einerseits den Vorteil, von der mächtigsten Stadt am Texcoco-See gerne gesehen oder zumindest geduldet zu werden, andererseits war der Söldnerdienst eine willkommene Bereicherung, da die Insel für die Bedürfnisse des Stammes viel zu klein war. Noch unter den beiden folgenden aztekischen Herrschern kämpften die Azteken für Azcapotzalco wie der „Codex Boturini" (Abb.) zeigt. Erst als Tezozomoc, der König dieses Stadtstaates, starb, kam es zwischen seinen Söhnen zu einem Bruderkrieg.

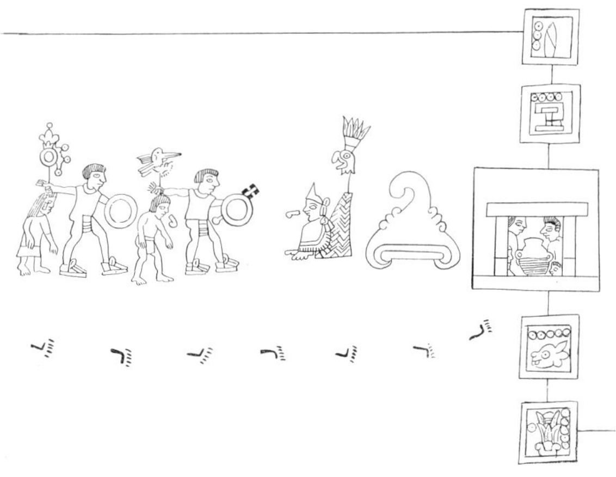

Diese politische Situation nutzten die Azteken aus. Es begann der Krieg zwischen den ehemaligen Söldnern und ihren alten Herren. Nach dem Sieg der Azteken kam es zu einem Dreistädtebund, der von nun an im Hochtal tonangebend werden sollte und bis zur spanischen Eroberung bestand. Mit der Allianz - Texcoco am Ostufer, Tenochtitlan in der Mitte des Sees und Tlacopan am westlichen Ufer - waren alle strategischen Punkte besetzt, von denen aus das gesamte fruchtbare Gebiet im Hochtal von Mexiko beherrscht werden konnte.

Der aztekische Herrscher, der aus der begrenzten Welt des Hochtals ausbrechen und das Eroberungswerk dieses Volkes beginnen sollte, war Moctezuma I. Er regierte von 1440-1468. Allerdings ist es ihm niemals gelungen, die Tarasken im Nordwesten, in Michoacan, zu unterwerfen.

Und selbst in ihrer unmittelbaren Nachbarschaft konnten sich unabhängige Territorien - Tlaxcala und Huexotzingo - halten. Die Tlaxkalteken waren die Erzfeinde der Azteken und konnten bis zum Eintreffen von Cortes und seinen Leuten, trotz zahlreicher Kriege nicht besiegt werden. Sie schlugen sich auf die Seite der Spanier; und es waren eigentlich die Hilfstruppen, ohne die die Niederwerfung der Azteken sicher einen für die Spanier ungünstigeren Verlauf genommen hätte.

Die großangelegten Beutezüge Moctezumas I - 95 verschiedene Orte wurden erobert und zu Tribut verpflichtet - hatten ihren Preis. Die Landwirtschaft wurde vernachlässigt, zwischen 1450-1454 brach eine verheerende Hungersnot aus. Erstmals wurden Menschenopfer dargebracht, Sklaven und Gefangene in größtem Umfang. Mehr aus ökonomischen als aus religiösen Gründen und zwar blieb es bei der großen Zahl von vorwiegend Kriegsgefangenen, für die die Ernährung fehlte. Mit dem Sieg 1473 über das unabhängige Tlatelolco vor den Toren Tenochtitlans unter der Führung Axacayatls (1468-1481) war die Vormachtstellung der Azteken im Hochtal endgültig. Unter Ahuítzotl (1486-1502) - der dazwischen regierende Monarch Tizoc wird gern verschwiegen - stoßen aztekische Krieger im Osten bis zum Atlantik und im Westen zum Pazifik vor. Im Süden erreichen sie die Grenzen des heutigen Guatemala. Es waren keine Eroberungskriege, um Raum für das eigene Volk zu gewinnen, auch nicht, um die besiegten Völker einem „Reich" einzugliedern. Das einzige Ziel dieser militärischen Aktionen war, die Bewohner der eroberten Provinzen tributpflichtig zu machen.

Die neue herrschende Klasse war der Kriegsadel. Aus den fellbekleideten Jägern sind hochkultivierte Städtebewohner geworden, deren Bedürfnis nach Luxus nur durch Beutezüge befriedigt werden konnte. Die Heere des Dreierbundes zogen nicht aus, um Land zu gewinnen, sondern wegen der Güter anderer Völker. Die unterworfenen Stämme überließ man sich selbst, so lange sie hohe Abgaben verrichteten. Es ging den Azteken nicht darum, sie in ein Reich einzugliedern, wie etwa bei den Inka.

Wie die Azteken selbst, so waren auch ihre Götter anspruchsvoll und ohne Milde. Sie erwarteten nicht nur sittliche Strenge, sondern forderten von den Menschen Nahrung durch Weihrauch, Selbstkasteiung und schließlich Menschenopfer. Man fürchtete den Tod nicht sehr. Der von den Priestern als Teil eines religiösen Rituals vollstreckte Tod galt sogar als Ehre, er sicherte den Freiwilligen wie den Kriegsgefangenen ein ruhmreiches Leben nach dem Tode. Nach einigen Berichten indianischer Gewährsleute aus der Zeit der spanischen Eroberung wollten manche Gefangene lieber den Opfertod sterben als weiterleben. Das Los der Gefangenen wie der Gefallenen im Jenseits war es, den Sonnengott vom Tagesanfang bis zum Mittag über den Himmel zu geleiten, nachdem sie ihn durch ihre Herzen und ihr Blut „stark gemacht" hatten. Vom Zenit bis zum Abend bildeten die im Kindbett verstorbenen Frauen, die den Kriegern gleichgestellt waren, die Eskorte. „*Damit die Sonne die Erde erleuchten kann, muß sie sich von Menschenopfern nähren und Blut trinken. Deshalb mußte der Krieg geschaffen werden, da durch den Krieg allein Blut und Herzen gewonnen werden konnten. Da alle Götter es so wollten, schufen sie den Krieg*", so heißt es in einer aztekischen Schöpfungsgeschichte.

Man schätzt die Anzahl der in Tenochtitlan verehrten Götter auf mehr als vierzig. Hinzu kommen noch einige Dutzend weniger wichtige Gottheiten. Fast alle wurden in Tempeln verehrt, und vielen wurde geopfert. Der Sonnen- und Kriegsgott Huitzilopochtli war der Stammesgott der Azteken. Die wörtliche Übersetzung hat die harmlose Bedeutung „linkshändiger Kolibri". (Diese astrale Gottheit war mit Sicherheit eine Abwandlung der alten toltekischen: Tezcatlipoca.) Huitzilopochtli und dem Regengott Tlaloc zu Ehren wurde von König Ahuitzotl, dem „stachligen Wassertier", die alte Pyramide überbaut und eine über 30 Meter hohe Doppelpyramide errichtet. Nach spanischen Quellen hatten Ahuitzotl und seine Oberpriester eigenhändig dem „linkshändigen Kolibri" 20000 Gefangene geopfert.

In der Götterwelt spielten neben diesen beiden für die Azteken wichtigsten Gestalten der Sonnengott Tonantiuh, der Frühlingsgott Xipe Totec, die Maisgöttin Chicomecoatl, die Göttin des fließenden Wasser

Chalchiuhtlicue, die Göttin der Blumen Xochiquetzal, und der „Blumenprinz" Xochipilli, der Gott des Tanzes und der Musik, die Göttin der Liebe und der Sünde, Coatlicue und Tlazolteotl, die Göttin der Erde und der Geburt, sowie der Todesgott Mictlantecuhtli, der Windgott Quetzalcoatl-Ehecatl (Abb.), ein Helfer Tlalocs, und zahlreiche andere eine wichtige Rolle in ihren Bereichen. Alle hatten ihre mehr oder weniger großen Tempel und Götterbilder in der Hauptstadt.

Die aztekische Kunst ist ein Sammelsurium von vielen, oft sehr gegensätzlichen Ideen und Formen vorausgegangener Kulturen und benachbarter Völker. So kann schwerlich von einer rein aztekischen Kunst gesprochen werden. Unter Moctezuma II. waren dreißig Provinzen Tenochtitlan zu Tribut verpflichtet. Mit den Gefangenen, Händlern und nicht zuletzt den Künstlern anderer Regionen traten nicht nur neue Ideen und fremde Götter auf den Plan, sondern es kamen auch Menschen in die Hauptstadt, die die Fähigkeit hatten, ihre metaphysischen Erlebnisse in Bilder umzusetzen. (Die Schätzungen der Einwohnerzahl von Tenochtitlan kurz vor der Eroberung bewegen sich um 200000).

Wenn von der aztekischen Kunst gesprochen wird, so darf nicht vergessen werden, daß sich hier weniger erhalten hat als von den vorausgegangenen Kulturen in ihren unberührten Gräbern und ihren verlassenen und vergessenen Städten. Das aztekische Gold wanderte ausnahmslos in die Schmelztiegel der Spanier, die Bilderschriften zerstörte bis auf wenige das Feuer der Inquisition, die kostbaren Federarbeiten und Gewebe vernichteten die Zeit und das Klima, Bauwerke, Wandmalereien und unzählige Skulpturen erlagen der Zerstörungswut der Eroberer, und die Keramik, so forderte es der religiöse Brauch der Azteken selbst, wurde am Ende eines jeden 52-Jahr-Zyklus zertrümmert. Der Ton langweilte sie, war ohnehin von sekundärer Bedeutung und meist für den alltäglichen Gebrauch

bestimmt: Teller, Schüsseln, Dreifußschalen mit dürftigem, meist geometrischem Dekor. Die zahlreichen Terrakotten standen zwar in kultischen Diensten, wurden aber serienmäßig mit dem Töpfermodel hergestellt. Eine Ausnahme bildete die bereits erwähnte Mixteca-Puebla-Ware.

Der überwältigende Eindruck, den die reichste, prächtigste und lebendigste Stadt des alten Mexiko auf die Spanier machte, die am 8. November 1519 in Tenochtitlan einzogen, läßt sich in zahlreichen zeitgenössischen Schilderungen nachlesen. Weder von den beschriebenen Tempelanlagen, Pyramiden, Palästen, vom zoologischen Garten noch von den Märkten blieb Sehenswertes übrig.

Dennoch haben zahlreiche aztekische Götterskulpturen den Bildersturz der Europäer in den Kanälen der Lagunenstadt Mexiko überlebt und sind bei Sanierungsarbeiten wieder ans Licht gekommen. Dieses Pantheon der Götter, gemeißelt in Stein, steht in Beziehung zur mündlich überlieferten und in früher Kolonialzeit aufgezeichneten altindianischen Poesie. Künstlerisch waren die Azteken Epigonen ihrer Vorgänger und Nachbarn. Nur ihren Steinskulpturen ist Schöpferwille anzusehen. Die aztekischen Skulpturen haben echte Qualität und sind auch von den Steinplastiken der klassischen Zeit unübertroffen. Die Vorliebe für das harte Material mögen sie von den Tolteken ererbt haben, in der Ausführung und in der Materialgerechtigkeit übertreffen sie diese bei weitem. Die bei den Tolteken vermißte Sensibilität ist in der aztekischen Skulptur zu hohen Graden entwickelt, die Härte, die Festigkeit des Steins, löst sich in den Händen ihrer Künstler zu der Weichheit gläubiger Antlitze. Auch die Fähigkeit, den menschlichen Körper in all seinen Spannungen zu zeigen, wie vordem nur die olmekischen Meister, ist von

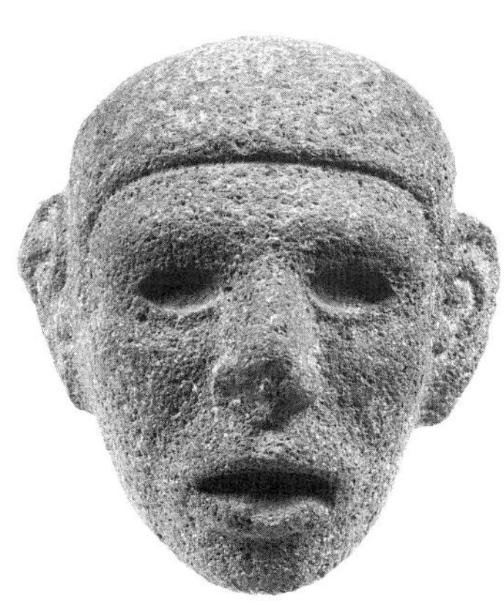

den aztekischen Künstlern erarbeitet worden. Schwer und düster, undurchdringlich, vital und manchmal intellektualisiert, stets aber voll Kraft, so zeigen uns die aztekischen Steinmetze ihre Götter und göttlichen Herrscher. Nur hartes Material: Basalt, Jade, Obsidian und Bergkristall, beflügelten ihre Einbildungskraft.

Von aztekischen Gewährsleuten des Paters Sahagún überlieferte Zeilen zeigen den Ethos, dem der Künstler unterlag, und wir erkennen, daß zwischen Bildhauer und Baumeister kaum ein Unterschied bestand. (Da es in der aztekischen wie in den meisten anderen Sprachen kein Wort für Kunst bzw. Künstler gab - Sahagún übersetzte das Wort mit „mechanico" -, verwendeten die Azteken toltecatl, das wir hier zum Teil mit Künstler übersetzen.)

"Der toltecatl: diszipliniert, unabhängig, vielseitig, rastlos. Der wahre Künstler: fähig, ausübend, handfertig, führt den Dialog mit dem Herzen, aber ordnet die Dinge mit dem Verstand. Der ehrliche Künstler: schöpft alles aus seinem Herzen, arbeitet mit Freude, schafft mit Ruhe, mit Scharfsinn, arbeitet wie ein wahrer Tolteke, meistert den Aufbau seines Objekts, arbeitet geschickt, erfinderisch, ordnet seine Materie, füllt sie, bringt sie zur Einheit. Der schlechte Künstler arbeitet ziellos, verhöhnt die Menschen, macht die Sachen unklar, berührt nur die Oberfläche der Dinge, arbeitet sorglos, betrügt die Menschen, ist ein Dieb."

Von der Architektur der Azteken sind nur die Überreste ihrer Pyramiden in jüngster Zeit wieder ans Licht gekommen. Sie wurden zufällig gefunden, als in der 21-Millionen-Stadt kurzfristig der Strom ausfiel. Elektroarbeiter stießen bei der Kabelsuche auf die Mondgöttin, die vor den Fundamenten des Doppeltempels lag. Genau an der Seite, die Huitzilopochtli, dem aztekischen Kriegs- und Stammesgott, geweiht war. Die andere Hälfte des Doppeltempels war zu Ehren des Gottes Tlaloc errichtet worden.

Nicht Erde, nicht Sand, auch nicht der Regenwald bedeckten das „Venedig der Neuen Welt", Menschen anderer Hautfarbe und anderen Glaubens haben es dem Erdboden gleichgemacht. Nicht das militärische Tenochtitlan war es, das sich vor etwa 500 Spaniern und ihren indianischen Hilfstruppen, rekrutiert aus den Gegnern der Azteken, beugte. Es war das im Religiösen begründete Element der Untergangsphilosophie - zwischen der Erkenntnis des bevorstehenden Untergangs und dem Untergang selbst -, das den Azteken angesichts der fremden Eroberer und ihrer Andersartigkeit verwirrte und die Arme lähmte.

Vielleicht ahnte der König Nezahualcoyotl von Texcoco (1418-1472), der „fastende Koyote", wie sein Name besagt, bei der Weihe des Königspalastes den kommenden Untergang. Als er in einem Gesang das flüchtige Gepräge der Welt mit einem grünen Baum verglich:

> *„...der emporwächst wie für die Ewigkeit,*
> *doch verschlungen wird vom Feuer,*
> *gefällt vom Schlage der Axt,*
> *emporgewirbelt vom Sturmwind*
> *oder zerklüftet und geschwärzt von der Zeit."*

Kleines Steinidol mit roten Farbeinreibungen in Form einer stark stilisierten menschlichen Figur mit zoomorphen Gesichtszügen. Möglicherweise die Darstellung eines Schamanen. Valdivia-Kultur, etwa 3200 bis 2000 v. Chr. Südl. Küste v. Ecuador.

Links: Bauwerk EL CASTILLO in Chavin de Huantar. Die Steinskulptur des „alten Gottes" mit den Zügen einer Raubkatze ist mit Hilfe eines Zapfens in das Mauerwerk eingefügt. Nördl. Hochland v. Peru. oben: Bügelhenkelgefäß mit Chili-Schoten und kreisförmigem, steinpoliertem Dekor auf gesticheltem matten Grund. Ton. Nördl. Küste v. Peru, Chavin-Kultur etwa 1200 bis 400 v. Chr.

Hohlfigur eines stehenden Menschen. Ton. Chorrera-Kultur, etwa 1200 bis 500 v. Chr. Südl. Ecuador

Pfeifgefäß (silvador) in Form einer geringelten Schlange. Ton. Chorrera-Kultur, etwa 1200 bis 500 v. Chr. Südl. Ecuador

Doppelköpfiger Alligator mit menschlichen Attributen (Beine und Füße). Als Gefäß gearbeitet. Ton. Chavin-Kultur, Chavin-Marañon, etwa 1200 bis 600 v. Chr. Nördl. Peru, atlantische Abdachung.

Mythisches Mischwesen; Schlange mit Raubkatzenkopf und dem San Pedro-Kaktus, eine haluzinogene Droge. Als Bügelhenkelgefäß gearbeitet. Ton. Chavin-Kultur, etwa 1200 bis 400 v. Chr., Nördl. Küste v. Peru.

Schamane oder Priester in Trance. Seine U-förmigen Augen sind identisch mit der Feliden-Gottheit von Chavin de Huantar. Er trägt einen großen Nasenschmuck und ein Collier. Die Darstellung läßt auf eine sakrale Handlung schließen. Auf seinen Schultern ruht eine Schlange, die rückwärts (für Opfergaben?) in einer Art Tableau ausläuft. Chavin-Kultur, Chavin-Marañon, etwa 1200 bis 600 v. Chr. Nördl. Peru, atlantische Abdachung.

Vorder- und Rückseite eines Paares (seltene Darstellung aus dem Alltag). Ton mit feinstgeschlemmter Engobe. Chavin-Kultur, Chavin-Marañon (Chorrera Einfluß), etwa 1200 bis 600 v. Chr. Nördl. Peru, atlantische Abdachung.

Pektoral in Form einer feliden Gottheit mit Trophäenköpfen. Bein mit Türkis-, Perlmut und anders farbigen Muschelteilen eingelegt. Chavin-Kultur, etwa 1200 bis 400 v. Chr. Nördl. Küste von Peru.

Tongefäß stilisiertes Felidenantlitz mit anthropomorphen Zügen. Ton. Früh-Paracas-Kultur, Juan Pablo-Stil. etwa 600 bis 300 v. Chr. Südl.Küste v. Peru.

Tongefäß mit Doppelausguß. Der dickflüßige Farbauftrag zeigt eine gefleckte Raubkatze. Früh-Paracas, Ocucaje-Stil. etwa 700 bis 400 v. Chr. Südl. Küste v. Peru.

Vorder- und Seitenansicht eines Tonidols: Mutter und Kind. Dieser Typ findet sich sowohl an der nördlichen Küste (Jequetepeque) als auch in der Region von Paracas. Paracas-Kultur, Paracas-Chavinoid, etwa 1200 bis 700 v. Chr. Südl. Küste von Peru

Zierborte: Reichbekleideter Krieger mit Waffen und Trophäenkopf in seinen Händen. Saum- und Brustteil des Gewandes sind mit einem Muster stark stilisierter Kopftrophäen verziert. Deckende Wollstrickerei. Spät-Paracas-/Proto-Nazca-Kultur, etwa 300 bis 100 v. Chr. Südl. Küste v. Peru.

Polichromes Tongefäß in Form eines hockenden Affens. Der Kopf ist durch einen Bandhenkel mit dem konische Ausguß auf der Rückseite verbunden. Mittel-Paracas-Kultur, etwa 500 bis 300 v. Chr. Südl. Küste v. Peru.

Tongefäß mit Fruchtbarkeitsdämon, der mit zahlreichen Trophäenköpfen umgeben ist. Früh-Nazca-Kultur, etwa 100 v. Chr. bis 300 n. Chr. Südl. Küste v. Peru.

Großer Nasenschmuck eines Würdenträgers. Die Schnurrhaare des „Raubkatzendämons" sind hier in Form von stilisiertem Kolibri. Der Rand des unteren Teils ist mit gepunzten Trophäenköpfen gemustert. Gold. Nazca-Kultur, etwa 100 v. Chr. bis 600 n. Chr. Südl. Küste v. Peru.

Zwei polichrome Tongefäße; oben mit der Darstellung eines Menschen mit auffälliger Gesichtsbemalung; unten mit Kolibri und geometrischem Dekor. Früh-Nazca-Kultur, etwa 100 v. Chr. bis 300 n. Chr. Südl. Küste v. Peru.

Gefäß mit „Killer-Wal"-Motiv. Ton. Früh-Nazca-Kultur, etwa 100 v. Chr. bis 300 n. Chr. Südl. Küste v. Peru.

Beispiel für den Stil von Spät-Nazca. Das Motiv bildet der „Zackenstab-Dämon". Ton. Südl. Küste v. Peru. etwa 400 bis 600 n. Chr.

Schleiergewebe mit vier Dämonen; rechts in aufsteigender, links in herabstürzender Haltung. Der stilisierte Mundschmuck symbolisiert die Schnurrhaare einer Raubkatze. Schleiergewebe in Netzkettentechnik hergestellt, bei der jedes Bild eine Spezialkette und -Schuß hat. Wolle. Mittel-/Spät-Nazca-Kultur, etwa 200 bis 500 n. Chr. Südl. Küste v. Peru. (M.f.V.M.)

Lange Tunica (Cushma) mit geometrischem Muster. Das Kleidungsstück ist in zwei Bahnen gefertigt und vernäht. Der Halsausschnitt ist offen gelassen. Leinenbindiges Gewebe aus feingesponnenen Wollen. Mittel-/Spät-Nazca-Kultur etwa 200 bis 600 n. Chr. (Galerie Sailer, Salzburg.)

Figurengefäß in Form eines liegenden Lamas. Ton. Nazca-Kultur, Nazca-Huari-Phase, etwa 600 bis 800. Südl. Küste v. Peru (M.f.V.M.)

Bügelhenkelgefäß: Raubkatze mit Beute. Ton. Übergang Spät-Chavin zu Salinar, etwa 400 v. Chr. bis 100 n. Chr. Nördl. Küste v. Peru. (M.f.V.M.)

Pfeifgefäß (silvador) mit zwei Gefäßkörpern. Der vordere ist mit einem Wasservogel in plastischer Ausführung und der Pfeifvorrichtung versehen. Der hintere mit einem konischen Ausguß. Ton. Viru-Stil, etwa 300 v. Chr. bis 200 n. Chr. Nördl. Küste v. Peru. (Knauf-Museum)

Fast lebensgroße Goldmaske mit geringfügigem Kupferanteil. Möglicherweise war dieser Grabschmuck mit Federn exotischer Vögel verziert. Kultur von Moche, etwa 100 v. Chr. bis 600 n. Chr. Nördl. Küste v. Peru.

Maske aus hochkarätigem Gold mit angehängtem, scheibenförmigen Nasenschmuck. Idealisierte Darstellung eines Würdenträgers. Calima-Kultur, etwa 1000 bis 300 v. Chr. Mittleres Cauca-Tal, Kolumbien.

Helm aus hochkarätigem, getriebenem Gold mit Gesichtern eines Mischwesens, mit feliden Zügen. Esmeraldas (La Tolita)-Kultur, etwa 500 v. Chr. bis 500 n. Chr. Nördl. Küste v. Ecuador.

Pektoral aus getriebenem Goldblech: Darstellung einer Alligator-Gottheit mit anthropomorphen Attributen. Cocle-Kultur, etwa 500 bis 1000 n. Chr. Panama.

Charakteristisches Beispiel für ein „Portrait-Gefäß“ eines Würdenträgers. Ton. Kultur von Moche (Moche IV), etwa 300 bis 500 n. Chr. Nördl. Küste v. Peru.

Sechs Figuren-Gefäße aus Ton mit erotischen Darstellungen von Mensch und Tier. Das Bügelhenkel-Gefäß u. M. ist das einzige, das eine mythische Szene zum Inhalt hat: Der Zeugungsakt einer Jaguar-Gottheit. Kultur von Moche, etwa 100 v. Chr. bis 600 n. Chr. Nördl. Küste v. Peru. Mit Ausnahme von u. M. alle L.M.S..

Fragment eines großen Tongefäßes. An der Darstellung des Würdenträgers zeigt sich der Zierrat: große Ohrspulen, Nasenschmuck etc., die auf Rang, Ansehen und Stellung hinweisen. Kultur von Moche (Moche III - IV), etwa 300 bis 500 n. Chr. Nördl. Küste v. Peru.

Schmuckbelag von zwei Ohrpflöcken mit Perlmut, andersfarbigen Muschelteilen und polierten Steineinlagen. Nazca-Kultur, etwa 100 v. Chr bis 600 n. Chr. Südl. Küste v. Peru

Belag von zwei Ohrspulen aus massivem Goldblech mit charakteristischen Chavin-Motiven, die mit Hilfe von Matrizen gefertigt sind.. Chavin-Kultur, etwa 1200 bis 400 v. Chr. Nördl. Küste v. Peru.

Nasenschmuck: Spinnen als Ketten- und Spiralmuster. Goldblech mit angelötetem Golddraht. Kultur von Moche, etwa 100 v. Chr. bis 600 n. Chr. Nördl. Küste v. Peru.

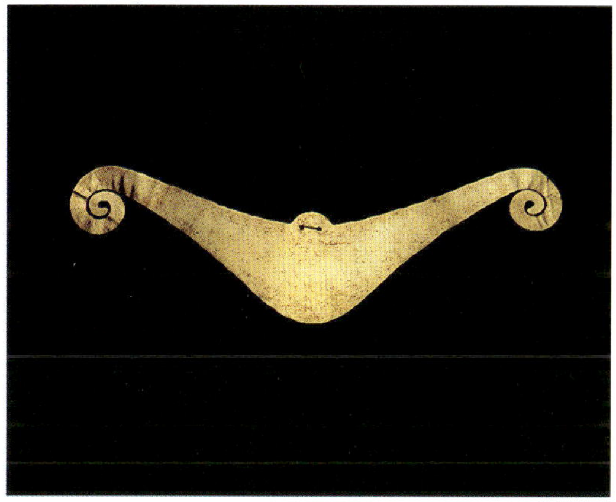

Großer Nasenschmuck - möglicherweise stilisierte Fledermaus - aus Goldblech. Sinu-Kultur, etwa 500 bis 1500. Nördl. Kolumbien.

Applikation für Nasen- und Ohrschmuck. Die mit einem Steg gehaltenen Plättchen aus Gold und Türkis nahmen durch Bewegung und Reflexe des Lichts, die Starrheit. Kultur von Moche, etwa 100 v. Chr. bis 600 n. Chr. Nördl. Küste v. Peru.

Spiralförmiger Anhänger oder Nasenschmuck aus massivem Gold, vermutlich im „Guß der verlorenen Form" Sinu-Kultur, etwa 500 bis 1500. Nördl. Kolumbien.

Menschliches Haupt mit Goldblech für Haarteil, Silber für Gesicht, Muschelteile für Zähne und Augen sowie Türkiseinlagen für Pupillen. Kultur von Moche (Moche III), etwa 200 bis 300. Nördl. Küste v. Peru.

Oben links: Vermutlicher Gewandbesatz aus getriebenem Goldblech in der Darstellung eines Kondors mit menschlichem Trophäenkopf Im Schnabel. Das Vogelauge ist mit einem grünlichen Halbedelstein hervorgehoben. Kultur von Moche, etwa 100 v. Chr. bis 500 n. Chr. Nördl. Küste v. Peru.

Oben Rechts: Pektoral in Form eines Mischwesens aus Geier und Alligator. Gold im „Guß der verlorenen Form" (à cire perdue) hergestellt. Cocle oder Veraguas, etwa 800 bis 1500 n. Chr., Panama.

Unten links: Schmuckanhänger in Form einer Raubkatze mit menschlichem Unterschenkel und Fuß im Maul. Gold. Im „Guß der verlorenen Form" hergestellt. Cocle oder Veraguas, etwa 800 bis 1500., Panama.

Unten rechts: Ende eines Zeremonialstabs oder Wurfholzes (atlatl). Vermutlich handelt es sich bei der Darstellung um ein Rotwild. Gold im „Guß der verlorenen Form" hergestellt. Sinu, etwa 500 bis 1000. Nördl. Kolumbien.

Schamanen-Priester oder hoher Würdenträger mit Tiermaske (Felide oder Alligator) sowie drei Frösche bzw. Kröten als Symbolträger für Fruchtbarkeit aus Smaragd. Diese Objekte aus dem Edelstein mit Härtegrad 8,5 zeugen von Geduld und handwerklichem Können dieser „Steinzeit-Kultur" und sind erstmals in der Öffentlichkeit zu sehen. Tairona-Kultur, etwa 700 bis 1500.. Nordöstliches Kolumbien.

Vom Motiv her identisch wie die Figur aus Smaragd, jedoch aus Gold ist der Schmuckanhänger, der im„Guß der verlorenen Form" hergestellt wurde und ebenfalls ein Werk der Tairona-Kultur ist; die einzige mit städtischen Anlagen gepflasterten Wegen und strengers hierarchischer Gliederung der Gesellschaft. Tairona-Kultur, ca. 800-1500. Nordöstliches Kolumbien

Pektoral, ebenfalls aus Gold und in gleicher Technik hergestellt, in Form einer Gottheit, bzw. eines Priesters, in kultischer Aufmachung, der sie verkörpert. Tairona-Kultur, ca. 800-1500. Nordöstliches Kolumbien

Kalkbehälter eines Kaziken (Häuptling), der zwei haluzinogene Pilze in seinen Händen hält. Gold im „Guß der verlorenen Form" hergestellt – auch Wachs-Ausschmelzverfahren genannt. – Quimbaya-Kultur, etwa 200 bis 1000. Mittleres Cauca-Tal, Kolumbien

Polichromer Tonbecher in Form eines Coca-Blätter kauenden Mannes. Die leicht haluzinogene Wirkung wird erst durch den Zusatz von Kalk bewirkt. In seinen Händen hält er ein Lama, das möglicherweise für ein Tieropfer bestimmt ist. Herkunft: Huari, Südl. Hochland von Peru. Tiahuanaco-Huari-Kultur, etwa 600 bis 1000 n. Chr.

Figur eines Kriegers. In alternierenden Schichten wechselt sich eine Silber/Zinn-Legierung mit einer aus Kupfer/Bronze ab. Der Bronzeguß tritt in Peru erst im „Mittleren Horizont" (Tiahuanaco-Huari-Kultur) auf und wurde von den „Inka" perfektioniert. Herkunft: Südl. Hochland v. Peru. Inka-Kultur, Cuzco-Stil, etwa 1400 bis 1533.

Schale aus rötlich und grau gemasertem Gestein. Zwei menschliche Figuren dienten als Griff. Ihre Kopfbedeckung sowie der Schalenrand hat eine silbergraue Färbung, die vermutlich beim Polieren durch Einreiben von Silber/Zinnstaub entstand. Herkunft: Südl. Hochland v. Peru. Inka-Kultur, Cuzco-Stil, etwa 1400 bis 1533 n. Chr.

Der zentrale Andenraum

Kulturen im Reich der Inka

Die Hochkulturen von Mesoamerika im Norden finden in Südamerika,im Gebiet des „Zentralen Andenraums" (südliches Ecuador, Peru und dem Hochland von Bolivien) ihre Entsprechung. Der Anfang: eine kleine Elite - dort die Olmeken, hier die Leute von Chavin -, der es gelingt, ihr imponierendes Weltbild auch auf andere Stämme zu übertragen und sie zu höheren kulturellen Leistungen anzuspornen; das Ende: eine Minderheit, die durch ihre organisatorische Begabung und militärischen Erfolge mit Waffengewalt andere Völker zur Tributpflicht zwingt, im Norden die Azteken, im Süden die Inka, denen es gelang, das einzige Imperium auf dem Doppelkontinent in präkolumbischer Zeit zu errichten. Es reichte im Süden bis in die Mitte von Chile und im Norden in die südlichen Provinzen des heutigen Kolumbiens. Übertragen auf europäische Maßstäbe: von Spitzbergen bis Tanger in Nordafrika.

Die Archäologie spürt in erster Linie dem Menschen nach, um sich ein Bild von ihm und seiner Gesellschaft zu machen; erst in zweiter Linie den Dingen. Wie der Historiker, so kommt auch der Archäologe nicht darum herum, zuweilen seine Phantasie walten zu lassen, einerseits um den Leser nicht zu ermüden und andererseits komplizierte Zusammenhänge einfach zu vermitteln. Aus der Kultur der Inka verfügen wir über einige Aufzeichnungen, die in der frühen Kolonialzeit niedergeschrieben wurden; sie stammen von Leuten indianischen Blutes, die das Lesen und Schreiben in Klosterschulen erlernten.

Wie Garcilaso de la Vega oder Pomo de Ayala lag ihnen daran, die Vergangenheit ihrer Vorfahren nicht in dem abfälligen Licht, wie sie die Spanier meist sahen, zu schildern. Lassen wir also unserer Phantasie freien Lauf und erfinden wir, aufgrund der historischen Überlieferungen, einen einfachen kleinen Mann aus dem Reich der Inka, verhelfen wir ihm zu einem Gesicht, rekonstruieren wir seinen Lebenslauf und heben ihn, der ja nichts anderes war als ein winziger Knoten in einem Quipu, aus der Dunkelheit des Vergessens.

Betrachten wir am Beispiel eines einzelnen Menschen, den wir mit dem Quechua-Namen Cunturhina puric nennen, was in der Sprache der Inka „ein Mensch, schnell wie der Kondor" bedeutet, diesen organisierten Agrarstaat, seine „Bürokratie" und das Wesen seiner Gesellschaft.

Cunturhina ist einer von vielen Millionen Menschen (puric), die dem Stamm der Quechua angehören. Sein Schicksal unter der Herrschaft der Inka-Dynastie teilt er mit fast allen anderen, die wie er als Kind einfacher Eltern geboren sind. Ihm steht das gleiche farblose und eintönige Leben bevor, das vor ihm seine Eltern führten und nach ihm seine Kinder erwartet: ein Leben voll Arbeit und Götterfurcht.

Cunturhina ist wie jeder seiner Klasse nur ein kleines Knötchen in den alles aufzeichnenden und registrierenden Knotenschnüren, die der mächtige Inka von seinen Beamten anfertigen läßt, um über das Geschehen in seinem Reich informiert zu sein. Von seiner Geburt an ist Cunturhina schon ein Teil des Ayllu (eine ursprünglich durch familiäre Verbindung entstandene Gemeinschaft), dem seine Eltern angehören und dessen Mitglieder seit urdenklichen Zeiten in dieser Gegend das Land bewirtschaften. Wenn er eines Tages älter ist, so wird ihm ein Teil dieses Landes, das allen im Ayullu gehört, zur Bewirtschaftung zugeteilt werden. Allein könnte Cunturhina in dieser unwirtlichen Gegend des fast 4000 Meter hoch liegenden Berglandes nur schwer existieren, genausowenig wie seine Vorfahren es vermochten, die sich aus diesem Grunde zu einer Art Dorfgemeinschaft zusammengeschlossen hatten. Der Kollektivsinn wurzelt tief in Cunturhinas Denken. Wenn er als Kind seine Eltern verlieren würde, so sorgten die Mitglieder des Ayllu´s für ihn und zögen ihn auf, wie sie auch den Alten und Arbeitsunfähigen beizustehen haben, denn alles im Ayllu ist auf der Gemeinschaft aufgebaut, und es ist Gesetz, daß, wenn einer durch Krankheit oder einen anderen anerkannten Grund sein Feld nicht selbst bestellen kann, dies von seinem Nachbarn ausgeführt wird. Faulheit allerdings ist nicht geduldet und wird stets hart bestraft.

Cunturhina purics Eltern haben die Pflicht, gleich nach seiner Geburt den Beamten des Inka die Ankunft des Kindes zu melden. Sie registrieren den Säugling in ihren Schnüren als „der Neuangekommende" (Mosoc caparic). Bei der nächsten Landverteilung, die einmal im Jahr stattfindet, wird der Familienzuwachs berücksichtigt, und die Eltern von Cunturhina haben Glück, denn für einen Knaben gibt ihnen der Staat ein doppelt großes Feld. Als „allein stehen Könnender" (Saya huamrac) wird er schon in einer anderen Rubrik geführt, und wenn der Beamte ihn zu den „gehen Könnenden" (Macta puric) zählt, dann feiern die Eltern ein großes Fest, bei dem sie dem Kleinen seinen Namen, „Cunturhina" puric, also einen „Menschen", in ihre Gesellschaft aufnehmen. Sie betrinken sich mit Chicha, einem Maisbier, um ihrer lange aufgespeicherten Traurigkeit an diesem Festtag zu entfliehen. Das Leben in der harten Landschaft und der eintönige Tageslauf haben diese Rasse zu Melancholikern gemacht. Nur wenig Anlässe gibt es, dem Alltag zu entfliehen. Zusammen mit den eingeladenen Verwandten benützen sie den Tag der Namensgebung, um im sinnlosen Rausch, der mit wilder Ausgelassenheit beginnt und mit völliger Erschöpfung endet, zu feiern.

Für den Staat ist Cunturhina puric auch noch im nächsten Lebensabschnitt, dem des „Brotempfängers" (Ttanta raquisic), uninteressant. Er ahnt noch nicht, welch geringe Chance er in diesem großen und gut organisierten Staat hat. Cunturhina, wie auch alle anderen seiner Klasse, bleibt nur die Möglichkeit, den Beruf des Vaters zu erlernen und ihn bis an sein Lebensende auszuführen. Gewiß gibt es in der Hauptstadt viele Schulen und noch mehr Lehrer, die „Amautus", aber sie sind nicht für Cunturhina da. Ihnen wird in diesem Klassenstaat nur die Ausbildung der adligen Söhne anvertraut. Cunturhinas Inka Tupac Yupanqui tat jenen bedeutungsvollen, von spanischen Chronisten überlieferten Ausspruch: „Das

Wissen ist nicht für das Volk bestimmt, sondern für die aus edlem Blute Entsprossenen. Personen niederen Standes werden durch dieses eitel, aufgeblasen und anmaßend gemacht. Auch müssen sie sich nicht in Regierungsgeschäfte mischen, denn das würde die hohen Ämter um ihr Ansehen und dem Staat Schande bringen ..." In dieser modern anmutenden Diktion zeigt sich nur allzu deutlich die Situation, in die Cunturhina und seine Klasse hineingeboren wurden.

Im Alter zwischen acht und fünfzehn Jahren gehört Cunturhina zur „noch zum Spiel geneigten Jugend" (Puclac huarma), wird aber schon zu leichteren Arbeiten unter der Aufsicht von Erwachsenen herangezogen. Die nächste Altersstufe, die von dem Beamten der Inka registriert wird, geht bis zum 20. Lebensjahr und trägt den symbolisch gemeinten Namen „Pflücker der Kokablätter" (Coca pallac).

Als „der noch fast Jugendliche" (Yma huayna) muß Cunturhina puric bereits alle Arbeiten ausführen, die ihm aufgetragen werden, und erst mit 25 Jahren wird er „Vollmann" (Hatum runa) und erhält Anspruch auf eine Frau, ein Heim und einen Anteil des Gemeindelandes. Für den Staat ist diese Altersklasse, die mit dem 50. Lebensjahr endet, am wertvollsten.

Als 25jähriger muß er seine Frau nehmen, und er soll möglichst viele Kinder mit ihr zeugen. Freiwilliges Junggesellentum wird im „Reich der Inka" nicht geduldet. Cunturhina puric weiß, wie die Verheiratung vor sich geht, die der Tuciricuc, der „Allesseher", ein hoher Beamter der Inka, jährlich vollzieht, und er versteht es so einzurichten, daß die Erwählte, die er mehr nach wirtschaftlichen Gesichtspunkten und weniger nach dem Gefühl aussuchte, ihm bei der Zeremonie gegenübersteht. Denn der Beamte verheiratet, ohne viel zu fragen, die auf der einen Seite aufgereihten Männer mit den auf der anderen Seite stehenden Mädchen. Er achtet nur darauf, daß die Eheleute nicht blutsverwandt sind und der gleichen Gesellschaftsklasse angehören. Nach einem Händedruck und dem Austausch der Sandalen ist der Bund fürs Leben geschlossen und wird durch ein strenges Gesetz weitgehend geschützt. Auf Ehebruch von seiten der Frau steht sogar die Todesstrafe, während vor der Verheiratung beide Teile es mit der Keuschheit nicht so genau nahmen.

Dem Ehepaar wird auf Kosten des Ayllu eine Behausung eingerichtet sowie ein Stück Land zugeteilt, das es zu bewirtschaften hat. Ein Teil davon gehört der Sonne (Priesterschaft) und ein anderer dem Inka (Staat). Nur das letzte Drittel ist für Cunturhina und seine Familie bestimmt. Von den keineswegs geringen Abgaben an den Staat werden die vielen Beamten und das große Heer versorgt. Außerdem legt die Regierung umfangreiche Vorratslager an, über die der Quipucamayoc, der „Bewahrer der Knotenschnüre", genau Buch führt, um im Falle einer Krise das Volk ernähren zu können.

Ein nicht geringer Anteil fließt der Priesterschaft mit den zahlreichen Sonnenjungfrauen zu. Jedoch fordern die Inka nicht nur von ihren Untertanen, sie tragen auch die Verantwortung für sie. Kein Indio ist zu niedrig, um der Wachsamkeit des Staates zu entgehen, und keiner, sei er noch so alt oder behindert, hat zu befürchten, daß er Hungers sterben muß.

Mit den Tributabgaben ist Cunturhina purics Pflicht dem Staat gegenüber jedoch noch keineswegs erschöpft. Um fremde Länder zu erobern, braucht der Inka Soldaten, und er benötigt Arbeiter, die Straßen, Brücken und Tempel bauen. Ein auf dem Dezimalsystem aufgebautes Schema zur genauen Übersicht über die menschlichen Reserven faßt immer eine Anzahl „Vollmänner" im Reich zu einer Einheit mit eigenem Führer zusammen, der mit dem der nächsthöheren Einteilung ständig in Kontakt steht. Cunturhina bildet mit acht anderen puric (männliche Arbeiter und kleinste gebuchte Einheit) und einem

Vormann eine „Zehnerschaft", von der zehn eine „Hundertschaft" ergeben. Pyramidenartig setzt sich diese Einteilung fort. Hundert Hundertschaften ergeben einen Stamm, der je nach der Lage seiner Heimat einer der vier Provinzen des Reiches Tahuantinsuyu (die vier Weltteile) zugeteilt ist. Die Stammeshäuptlinge unterstehen direkt einem der vier, von den Spaniern „Gouverneure" oder „Vizekönige" genannten, hohen Beamten, die das letzte Glied in dieser langen Kette zum Sapa Inka, dem obersten Inka, und alleinige Herrscher des Staates bilden. Seine Befehle werden über die Führer der jeweiligen Einheiten nach unten weitergegeben, und deren Berichte gehen den umgekehrten Weg und laufen vom Vormann einer „Zehnerschaft" durch alle Instanzen nach oben zum dem Sapa Inka. Die einzelnen Führer haben nur Verbindung mit dem unmittelbaren Vorgesetzten der Einheit, dem die Gruppe untersteht. Nur dem organisatorischen Talent der Führerschaft und der eisernen Disziplin eines jeden einzelnen war es zu verdanken, daß dieser Apparat stets funktionierte.

Wenn Cunturhina puric zu seinem Vormann gerufen wird, so geht er nicht freudigen Herzens, denn er ahnt bereits, was dieser ihm mitzuteilen hat: *„Pack dein Bündel und melde dich ..."* Vielleicht muß er als Soldat in eine Gegend ziehen, von der er noch nie gehört hat und die weit außerhalb seiner Vorstellungswelt liegt. Die anderen im Ayllu werden dann seine Felder bestellen. Oder er muß irgendwo beim Bau einer Straße oder Hängebrücke, einer Festung oder eines Tempels mithelfen.

Cunturhina puric betet wie die anderen in seinem Land zur Sonne und verehrt ihre Kinder, die seine Herrscher sind. Er weiß nicht sehr viel vom Inka und dessen Schwester und Frau, die seine Gemahlin ist, um das „göttliche Blut" der leibhaftigen Abkömmlinge des Sonnengottes nicht zu verunreinigen. Er weiß nur was ihm die Beamten und gelehrten Männer erzählen, und das hat wahr zu sein. Auch gibt es im übernächsten Ayllu einen Puric, der den Sapa Inka, den „Sohn der

Sonne", persönlich gesehen hat, als er eines Tages, prächtig gekleidet auf einer Sänfte, umgeben von seinen vielen Soldaten, vorbeireiste. Diese Erzählung beeindruckt Cunturhina sehr, und er kann sich vorstellen, wenn ein so mächtiger Herrscher zu seinem Vater, dem Sonnengott, sagt: *„Gib keine Wärme mehr für diesen ungezogenen Ayllu"*, dann geschieht das auch. Eines der schwersten Verbrechen gegen den Inka ist der Müßiggang. Vielleicht könnte Cunturhina einmal einen Beamten der Inka belügen oder täuschen, aber das würde sich als sinnlos erweisen, denn der Tuciricuc, der „Allesseher", der von Zeit zu Zeit auch in sein Land kommt, würde die Unwahrheit doch an den Tag bringen und ihn hart bestrafen.

Cunturhina verehrte auch noch andere Götter und Geister, die zwar nicht so groß und mächtig wie die Sonne sind, und seine Kinder die Inka in der großen Stadt Cuzco, doch er darf sie um Fruchtbarkeit für seine Felder und um Meerschweinchen bitten, und er fleht sie an, Krankheit von seinem Hause fernzuhalten. Er fürchtet diese kleinen Götter, aber er schätzt sie auch. Hin und wieder muß er ihnen selbst ein Meerschweinchen oder ein paar Maisstauden von seinen Feldern opfern, denn Cunturhina puric weiß genau, wenn er seinen Göttern nichts gibt, kann er auch nichts von ihnen verlangen. Mit dem 50. Lebensjahr tritt eine Erleichterung für ihn ein. Er gehört jetzt zu den Chaupi rucu, den „halb Alten". Jetzt braucht er nur noch leichtere Arbeiten auszuführen. Noch ist er tributpflichtig, aber nicht mehr in so hohem Maße wie in seiner besten Zeit. Er findet sich damit ab, daß bis zum 60. Lebensjahr jeder Bürger abgabepflichtig ist und, wenn er keine Felder bebaut, länger Kriegsdienst leisten oder seine Arbeitskraft dem Staat auf einem anderen Gebiet zur Verfügung stellen muß. Doch die Beamten waren so genau, so erzählte man, daß sie selbst von den Gebrechlichen einen Teil ihrer Läuse als Abgabe einsammelten.

Wenn Cunturhina das 60. Lebensjahr überschritten hat, so beginnt für ihn die Punuc rucu, „die schläfrige und gebrechliche Zeit", in der er von allen

Arbeiten befreit ist. Sein Ayllu, in dem er geboren und aufgewachsen ist, in dem er seine Frau genommen und seine Kinder zeugte, wird ihn bis zum Tode versorgen. Das Begräbnis wird nicht mehr so wichtig genommen wie von den Menschen der früheren Zeit, es gibt auch nicht so viel Prunk wie bei den Herrschern, und keine Frauen und Diener folgen ihm ins Grab. Nur ein kleines Schälchen mit Mais wird ihm von seinen Kindern für die weite Reise mitgegeben.

Am Leben dieses „kleinen Mannes" sehen wir, wie der Staat an Stelle der alten Dämonenfurcht und -verehrung tief in das Familien- und Privatleben eingegriffen hat und alles bis ins kleinste ordnete und vorschrieb. Die Einteilung des Individuums in verschiedene Altersstufen und in die Zehnereinheiten - auch Mädchen unterstanden einer ähnlichen Gruppierung wie die Männer - ermöglichte den Beamten, über die menschlichen Reserven genau informiert zu sein und sie in kürzester Frist zu mobilisieren.

Fälschlicherweise wurden die Knotenschnüre (Quipu) als „Schrift der Inka" bezeichnet. Die Tradition dieser Gedankenstützen - also bestenfalls Schriftersatz - geht auf frühere Kulturen zurück. Sie dienten dazu, bestimmte Gegenstände oder Einheiten rechnerisch festzuhalten. So wissen wir von den Chronisten, die über das Imperium der Inka berichteten, daß die Schnüre nach dem Dezimalsystem vorgingen. Die unteren Knoten bedeuteten Einer, die darüber Zehner und wiederum die darüberliegenden Hunderter. So war es möglich, jeden Menschen auch in ihren Lebensabschnitten zu erfassen, ebenso wie Tiere oder Lagerbestände; jedoch ohne den Code, den nur die Quipucamayoc kannten, waren diese Quipu, die zur Registrierung dienten und durch Boten übermittelt werden konnten, wertlos. Sie beruhten auf Übereinkunft für Eingeweihte, sozusagen ein Vorläufer unseres heutigen Computersystems.

Der uralte Sinn der indianischen Rasse für die Gemeinschaft und die mythische Veranlagung dieser Menschen kamen der Staatsidee der Inka sehr entgegen, beziehungsweise das System stützte sich bewußt auf diese Eigenschaften.

Das Staatsgebilde der Inka ist das größte, das je von der indianischen Rasse geschaffen wurde und das in seiner Organisation Bewunderung abverlangt. Es war ursprünglich nur eine Zusammenfassung von verschiedenen, manchmal sogar feindlichen Stämmen, die kulturell jedoch meist eine ähnliche oder gleiche Entwicklung wie der Stamm, aus dem die Inka-Dynastie hervorgegangen war, durchlaufen hatten. In relativ wenig Jahren gelang es den Inka - sowohl mit Hilfe ihres psychologischen und organisatorischen Talents als auch durch Zwang -, dieses einheitliche Reich mit seinen sozialen Strukturen aufzubauen.

Der Ayllu bestand bereits in einer vereinfachten Form und wurde durch die Inka aus Verwaltungsgründen in allen Teilen des Landes eingeführt und vereinheitlicht. Wirtschaftlich waren diese Landgemeinschaften zum größten Teil unabhängig, nur einzelne Güter, wie etwa Wolle, Metallwerkzeuge und andere in ihrer Gegend nicht erzeugte Produkte, sind ihnen auf dem Wege der Verteilung durch staatliche Lager zugeflossen. Der Ayllu bildet die Kernzelle und den soliden Unterbau; auf den Schultern von Millionen Gläubigen und unterwürfigen Kleinbauern türmte sich dann die Pyramide über eine aristokratische Oberschicht, für die eigene Gesetze gegolten haben, bis zu dem Sapa Inka als Alleinherrscher an der Spitze; und ähnlich wie die Aztekenherrscher konnten auch die Inka sie auf die Errungenschaften einer langen Kette von Vorläufern aufbauen.

„Der einzig bleibende Faktor der Geschichte ist die Geographie", sagte Bismarck. Um die Vielseitigkeit der Kunst und Verschiedenheit der Kulturen zu verstehen, die den Inka vorausgingen, teils neben-, teils nacheinander zur Blüte kamen und wieder von der Bildfläche verschwanden, ist es notwendig, sich zu allererst die Geographie dieses Landes zu vergegenwärtigen.

Übersichtskarte von Fundstätten im Zentralen Andenraum

Nach F. Anton: *Ancient Art of Peru*. London, New York, 1972.

Alexander von Humboldt hat sich auf seiner langen Reise intensiv mit Südamerika beschäftigt und auch später in seinen Schriften Gedanken und Eindrücke festgehalten: *„Überall habe ich auf die Stimmung hingewiesen, welchen Einfluß die Natur auf die psychische Stimmung der Menschen Einfluß nimmt."*

In Peru befinden sich Landschaften, die aussehen wie die Jugend der Erde, und die schmeckt nach ergrauter Zeit. Große Teile sind auch heute noch fast unberührt. Abweisend, menschenfeindlich, düster die einen, heiter und einladend die anderen, alles aber extrem und unberechenbar. Ein

vulkanischer maßloser Kontinent, in dem die Naturkatastrophen fast zum Alltag gehören. In allem eine Herausforderung für den Menschen.

Der Küstenstreifen mit einer durchschnittlichen Breite zwischen 30 und 80 Kilometern ist mit Ausnahme der etwa 30 Flußtäler Wüste. Sie würden für viele Menschen kaum Lebensmöglichkeit bieten, hätten nicht die Bewohner schon in frühester Zeit mit Hilfe zahlreicher großartiger Bewässerungsanlagen, deren Länge bis zu 700 km reichten und zum Teil heute noch benutzt werden, die Flußoasen fruchtbar gemacht. Im Hochland, trotz des rauhen Klimas, fand sich fruchtbarer Boden in den Hochplateaus. Selbst die steilen Hänge der Zentral-Anden, die hinter der Küste ansteigen und deren höchste Gipfel sich bis über 6000 m hoch erheben, wurde bis zu einer Höhe von ca. 4800 m terrassiert und der Boden als Anbaufläche für Kartoffel, Quinoa und andere Nutzpflanzen etc. oder als Weideland für Lama und Alpaka genutzt. Nach Osten hin fallen die Anden steil zu den tropischen Urwäldern des Amazonas-Quellgebietes ab. An den Flüssen Huallaga, Marañon und dem weiter östlich fließenden Ucayali, insbesondere am Mittellauf des letzteren im tropischen Regenwaldgebiet, fand sich die nach unserem heutigen Wissen älteste Keramik (Early Tutishcainyo, ca. 2000 v. Chr.) innerhalb der heutigen Grenzen von Peru. Sie ist möglicherweise von Ecuador importiert oder zumindest von der Valdivia-Kultur, die sich im Süden dieses Landes entwickelte, beeinflußt, die etwa 1000 Jahre früher entstand und bereits den gebrannten Ton als Ausdrucksmittel beherrschte.

Die Fundstellen der Valdivia-Kultur (etwa 3000-1800 v. Chr.) befinden sich auf oder um kleine Hügel, unmittelbar in der Nähe des Strandes am Pazifik. Die unterschiedliche Vegetation reicht von Trockensteppen bis zu dicht bewaldeten Tälern mit tropischem Charakter. Aus Schichten zwischen zwei und vier Metern Tiefe traten neben Muschelablagerungen, Fischknochen und anderen Resten von Mahlzeiten Keramikscherben mit Abdruckspuren von Kultur-Mais zutage. Wie in Mesoamerika, so umgibt sich auch hier der zweitgrößte Ernährer der Welt mit dem Geheimnis seiner Herkunft. Außerdem fanden sich zahlreiche kleine Tonfiguren, die fast

ausschließlich als Fragmente ans Licht kamen. Die amerikanische Archäologin Betty Meggers gibt folgende hypothetische Erklärung: Sie glaubt, daß sie von Schamanen zur Krankenheilung benutzt wurden und, nachdem sie ihre magische Kraft verloren hatten, achtlos beiseite geworfen worden sind. Ihre Hypothese stützt sich auf Beobachtungen bei heutigen Indianern in Kolumbien, bei denen die Medizinmänner zur Krankenheilung Holzpuppen immer nur ein einziges Mal verwenden. Neben den freimodellierten Tonstatuetten finden sich auch solche aus Stein (Farbtafel 17), die mehr an Schamanen erinnern als an eine „Venus" mit den besonderen Kennzeichen: ein weiches Gesicht, sensibel, mit geringfügigen plastischen Hervorhebungen und Eindrücke für Augen und Mund, üppig wallendes Haar, das wie toupiert wirkt, meist kleiner, zierlicher, fast knabenhafter Körper mit eng anliegenden, herabhängenden Armen und zarten Andeutungen von Brüsten und Geschlechtsmerkmalen. Manche Figuren sind mit rötlicher Engobe versehen. Von der Architektur aus vergänglichem Material fand sich ein Komplex, der „Real Alto" genannt - königlich vermutlich -, weil er ein Gebäude auf der Höhe einer Hügelkuppe aufwies, das als kultischer Versammlungsraum oder als Wohnstätte solcher Personen diente, die sich von den unteren Schichten bereits abgehoben hatten. Um diese gruppierten sich etwa 120 kleine Behausungen, in denen etwa 3000 Fischer und frühe Ackerbauern wohnten. Nach Untersuchungen mit der Radio-Carbon-Methode wurde ein Alter von etwa 3550 v. Chr. für die frühe Großsiedlung ermittelt. Nach Meinung des deutschen Archäologen Henning Bischof, der mit seinen Ausgrabungen wesentlich zur Erkenntnis der Valdivia-Kultur beitrug, scheint das, zumindest für das Auftauchen der Keramik, um etwa ein halbes Jahrtausend zu früh.

Die Valdivia-Kultur an der südlichen Küste von Ecuador liegt mit ihrer ältesten Keramik in Amerika im Kopf-an-Kopf-Rennen mit den sogenannten Muschelhaufenbewohnern von Puerto Hormigo an der atlantischen Seite im Nordosten von Kolumbien (etwa 3100 v. Chr.). Was Qualität betrifft so fällt die Entscheidung zugunsten von Ecuador leicht. Rätselhaft bleibt, wenn der Mais den Weg von Ecuador nach Peru so viel früher gefunden hat - was aus Funden im peruanischen Hochland hervorgeht -, warum nicht auch die Töpferei in seinem Gefolge?

Viel bedeutender für den Anstoß einer primären Hochkultur in Peru - für Ideen wie Güteraustausch - dürfte die von Chorrera gewesen sein (etwa 1200-300 v. Chr.), also fast zeitgleich mit Chavin, dem „Frühen Horizont". Die Chorrera-Kultur entwickelte sich abseits der Küste, südöstlich im Guayas-Becken. Ihre archäologische Hinterlassenschaft zeigt keine Anklänge an die vorausgegangene Tradition der Valdivia-Phasen sowie der dazwischenliegenden von Machalilla. Vor allem ihre Skulpturen wie Figurengefäße überraschen ebenso durch ihren außergewöhnlich hohen technischen Stand als auch einen völlig unerwarteten künstlerischen Höhepunkt. Anstelle der kompakten kleinen „Venus von Valdivia" treten bis zu 40 cm große hohle Tonfiguren in Form aufrecht stehender, meist unbekleideter Menschen mit geschmückter Haut. Vermutlich handelt es sich dabei um Tatauierungen. Unverkennbar ist dabei auch die Frisur oder Kopfbedeckung, die an die „Helme" der Olmeken an der südlichen Golfküste von Mexiko erinnern (Farbtafel 20). Neben diesen humanen Darstellungen, die aus feingeschlämmtem Ton hergestellt, hart gebrannt und mit einer leicht glänzenden Engobe überzogen sind, finden sich auch eine Reihe von Tierdarstellungen: Affen, Fische, Schlangen etc. (Farbtafel 21 o.). Eine Neuerung, die von dieser Kultur auf die peruanische übergreift, scheint das Pfeifgefäß zu sein, das beim Ein- bzw. Ausgießen leise Töne von sich gibt und das vor allem in späterer Zeit an der peruanischen Nordküste besonders verbreitet war (vergl. Skizze S. 204). Ein weiterer Hinweis auf frühe Handelsbeziehungen dürfte die Verarbeitung von Gold sein, das allen Anzeichen nach den umgekehrten Weg nahm, nämlich von Peru aus nordwärts.

Im weiteren Verlauf der Geschichte verliert Ecuador nach unseren derzeitigen Kenntnissen seine Bedeutung, nimmt am Entwicklungsprozeß der altperuanischen Hochkulturen nicht mehr oder nur geringfügig teil.

Das Hauptaugenmerk der Archäologie in Peru richtet sich vor allem auf die Küste und einige Plätze im nördlichen wie südlichen Hochland, wo steinerne Zeugen der Architektur, vergesellschaftet mit Keramik, überlebten und vor allem mit den Namen Chavin, Tiahuanaco, Huari oder Cuzco, der ehemaligen Inka-Metropole, verbunden sind.

Eine wahre Schatzkammer für Archäologen ist die Küstenregion. Dem Zusammentreffen zweier Umstände verdanken wir, daß dort von den Arbeiten der altperuanischen Kunst so viel erhalten geblieben ist: dem strengen Totenkult und der mit ihm verbundenen Sorgfalt, mit der die Verstorbenen, wie im alten Ägypten, mit reichlichen Grabbeigaben bestattet wurden, und dem trockenen Klima. Die Küste von Peru, insbesondere die mittlere und südliche, ist fast niederschlagsfrei. Hinzu kommt der hohe Salz- und Salpetergehalt des Bodens. Dieser bildet, einer Eisschicht vergleichbar, eine Kruste, die die Gräber nahezu luftdicht abschließt, so daß sich selbst so empfindliche Materialien wie Federarbeiten, aus Rohr geflochtene Nähkörbchen und vor allem Gewebe über die vielen Jahrhunderte hinweg in ihren ursprünglichen Farben und ihrem Originalzustand erhalten haben.

Um die Höhepunkte zu sehen, sollen die Tiefen nicht mißachtet, sie müssen ausgelotet werden. Nur so läßt sich der lange zivilisatorische Prozeß, der zu den kreativen Leistungen führte, rekonstruieren. Er ging Hand in Hand mit dem Übergang von Jägern und Sammlern zu seßhaften Ackerbauern. Wie erfolgreich die Ureinwohner Amerikas auf diesem Gebiet waren, wurde bereits erwähnt.

Etwa zwischen 4000-2500 v. Chr. finden sich in sogenannten Muschelhaufen an der Südküste Relikte einer Bevölkerung, die weitgehend ihre Nahrung aus dem Meer bezog, und von 2500-2000 v. Chr. sind bereits die zaghaften Anfänge einer beginnenden Hochkultur spürbar. In Peru verlief so manches spiegelverkehrt im Vergleich zur

Entwicklungsgeschichte der meisten Kulturen in Amerika und in der übrigen Welt. Ton, jenes Stück Natur, das der Mensch seit Urzeiten in Kultur verwandelt, um seine Ideen preiszugeben, war im Kerngebiet der peruanischen Hochkulturen bis etwa 1800 v. Chr. unbekannt. An seine Stelle traten in diesen archäologisch als „Präkeramische Periode" bezeichnete Zeitraum einfache Baumwollgewebe mit bereits komplizierten mythologischen Mustern, vor allem bekannt durch die wissenschaftlich geborgenen und gut dokumentierten Funde von Huaca Prieta, dem „Platz der geschwärzten Steine" an der nördlichen Küste, durch den nordamerikanischen Archäologen Junius Bird. Verzierte Kürbisse mit ähnlichen Motiven ersetzten den gebrannten Ton. Baumwolle, als frühe Kulturpflanze, wurde bereits seit dem dritten vorchristlichen Jahrtausend kultiviert. Netze waren notwendig, um mit der Beute des Meeres den Speisezettel zu bereichern. (Etwa zur gleichen Zeit kultivierte man im alten Ägypten ebenfalls Baumwolle, nur diese hat zwei Chromosomen weniger als die peruanische - ein Beweis für eine unabhängige Züchtung). Im Hochland hatten die Bewohner Erfolge zu verzeichnen bei der Domestizierung wilder Kameliden (Lama, Alpaka, Vicuña), die nur auf dem südamerikanischen Kontinent beheimatet waren. Die bereits vor mehr als 5000 Jahren nachweisbare Herdenhaltung erleichterte das Los, waren sie doch Fleischlieferanten. Das erstere wurde auch als Tragtier eingesetzt, selbst der Kot diente als Brennmaterial. Am wichtigsten neben der Haut aber war die Wolle. Sie hatte gegenüber der Baumwolle den Vorteil, daß sie leichter zu färben und vielseitiger war.

Diese „Präkeramische Periode" an der Küste wie auch im Hochland überrascht durch eine monumentale steinerne oder aus Lehmziegeln errichtete Architektur, die uns Staunen abverlangt. Solche Administrationszentren mit vertieften U-förmigen, quadratischen oder runden Versammlungshöfen für kultische Zeremonien zeugen von einer Bevölkerungskonzentration und einer Elite, in deren Händen die Umverteilung von Überschüssen an zu speichernden Nahrungsmitteln lag. Andere Bauwerke haben bereits den Charakter von Zufluchtsstätten, in denen sich Herrscher wie Untertanen im Falle einer Bedrohung durch feindliche Nachbarn zurückziehen konnten. Es ist anzunehmen, daß sich die Elite, deren Machtbefugnisse des öfteren gefährdet waren auf göttliche Ahnen und zu deren Kontakt, oder wie Jahrtausende später, bei den Inka sogar auf die direkte Abstammung berufen konnten.

Einer der wesentlichsten Strukturunterschiede zwischen den mesoamerikanischen Kulturen und ihren Gesellschaften und denen Alt-Perus hängt mit dem Militarismus bzw. bereits mit dessen frühzeitiger Erscheinung zusammen. Vermutlich sind zwei Faktoren dafür ausschlaggebend: die anders geartete Mentalität der Menschen und die erbarmungslose Natur, die ihn umgibt. In der Kunst, in der Architektur Mesoamerikas sind die ersten Anzeichen dafür frühestens in der spätklassischen Zeit (nach 600) vorhanden; in Peru finden sich Fortifikationsvorrichtungen wie Verteidigungsanlagen bereits in der präkeramischen Periode (vor etwa 1800 v. Chr.). Die Anlage von Cerro Sechin, das nach G. Willey in das Ende der Anfangsperiode (etwa 2000 bis ca. 1200 v. Chr.) fällt, haben sich Krieger mit ihren Opfern in mehr als 300 Flachreliefs verewigt (siehe dazu die Abformungen im Knauf-Museum). In den folgenden Perioden sind große Befestigungsanlagen, sogenannte Castillos, besonders für die Architekturkomplexe der Nordküste bezeichnend. Dem Militarismus ging in Peru eine mehr als 3000jährige Tradition voraus. Die Inka-Kultur im 15. Jahrhundert mit ihren großräumigen Eroberungskriegen war zugleich Höhepunkt dieser Entwicklung.

Diese Zeit, mehr als drei Jahrtausende vor den Inka, war nicht nur die Geburtsstunde einer imponierenden Architektur der Architekten, sondern auch die von Bewässerungsingenieuren sowie anderer Spezialisten, darunter etwas später auch die der Künstler, die aufgrund ihrer besonderen Fähigkeiten vom täglichen Prozeß der Nahrungsgewinnung freigestellt werden konnten. Auf der anderen Seite war es auch die der Fernhändler, denn das Luxusbedürfnis der Elite nach exotischen Gütern wuchs. Federn aus dem Quellgebiet des Amazonas, Spondylusmuschelschalen aus den warmen Gewässern Ecuadors, Türkise aus dem südlichen Hochland, Lapislazuli aus dem Norden Chiles und vieles mehr. Diese Allianz zwischen Handel und künstlerischen Fähigkeiten hatte Positives wie Negatives. Auf der negativen Seite ist das Besitzergreifende zu verzeichnen, die unzähligen Auseinandersetzungen mit militärischen Mitteln, die ja nicht kulturspezifisch, sondern leider menschlich sind. Wenden wir uns dem Positiven zu. Zu dem zählen vor allem die in dieser Ausstellung vertretenen textilen Kunstwerke, die wir dem Güteraustausch zwischen Küste, Hochland und der Region der Ceja, dem Ostabhang der Anden, verdanken, in der exotische Vogelarten beheimatet sind.

Dieser lange Zeitraum der „Präkeramischen Periode" (siehe Zeittafel) schuf den Unterbau. Das Fundament für die künstlerische Entfaltung bildet die „Anfangsperiode" mit dem Auftreten der Keramik um etwa 1800 v. Chr. Damit war dem Menschen auch im alten Peru ein Material in die Hand gegeben, mit dem er seine Umwelt, seine Vorstellungen von seinen Göttern und Dämonen und nicht zuletzt auch sich und seine Gesellschaft in Bildern ausdrücken konnte.

Die Kultur von Chavin könnte man, falls es so etwas für Hochkulturen gibt, als eine Glücksstunde bezeichnen. Sie ist benannt nach dem kleinen Örtchen Chavin de Huantar im nördlichen Hochland, in dessen Nähe sich eine gewaltige Tempelanlage befindet. Es war vor allem eine Sternstunde der Kunst, denn Chavin verstand es, alle vagen Strömungen, die sich vorher entwickelten, gleichsam einem Brennspiegel zu konzentrieren, die Gedanken zu bündeln und mit Hilfe eines einprägsamen Kunststils Göttern zu kraftvollen Bildern zu verhelfen, die offensichtlich emotional von der Mehrheit der damaligen Bewohner akzeptiert wurden, so daß das Weltbild von Chavin mit seinem furchterregenden Pantheon über weite Teile des Landes im „Frühen Horizont" (etwa 1000-300 v. Chr.) Verbreitung fand. Im Erwachen dieser Hochkultur enthüllt sich die vitale Existenz des Anfangs in seiner Formensprache, entstehen die stärksten Bilder, um den kosmischen Vorstellungen und ihrer Triebkräfte Ausdruck zu verleihen.

Alle diese frühen Götterfiguren finden sich konzentriert als Steinrelief oder reliefierte Säulen in der Ruinenstätte von Chavin de Huantar.

Die Tempelanlage liegt 3177 Meter ü. d. M. östlich der Wasserscheide in einem engen Tal am Zusammenfluß zweier Nebenflüsse, die in den Rio Marañon münden. Sie ist nicht übermäßig groß. Auf einer Fläche von kaum mehr als 200 qm verteilen sich um eine rechteckige Plaza und einen kreisförmigen Hof die auf Plattformen errichteten Bauwerke. Das Mauerwerk aus sorgfältig gehauenen Granitblöcken in unterschiedlicher Größe und ohne Mörtelbildung steht im Gegensatz zur Lehmziegelarchitektur der Küstenregion. Vollplastische Steinskulpturen in Form von Köpfen mit menschlichem, runzeligem Gesicht, Häuptern von mythologischen Tieren oder solchen, bei denen sich die Züge beider zu einem überrealen Mischwesen verbinden, waren mit Hilfe von Zapfen an der Außenfront angebracht (Farbtafel 18). Von weitaus höherer künstlerischer Qualität sind die Reliefs der Säulen wie von zahlreichen Steinplatten mit unzähligen Variationen der „feliden Gottheit".

Die Wirklichkeit der Chavin-Kunst ist vor allem ein geistiges Element, genauer eine Synthese aus Sinnlichem und Geistigem, sie ist Ausdruck einer starken Religion, in der das Pendel zwischen Furchterregen und Hoffnungerwecken hin- und herschwingt.

Hier zeigt sich, was für die präkolumbische Kunst im allgemeinen gilt und für Peru insbesonder. Es sind drei Tendenzen wirksam, die sich bereits in Chavin, aber auch in den Strömungen der Kunst unseres Jahrhunderts wiederfinden: eine expressiv-realistisch anmutende, bei der die Natur das Vorbild gibt, eine surreale, bei der durch das Zusammenziehen verschiedener Attribute von natürlichen Vorbildern eine eigene sur-reale, also übernatürliche Schöpfung entsteht, und eine abstrakte, bei der durch Weglassen, durch Abstraktion also, das Vorbild als „Zeichen" eine magische Ausstrahlung erhält. (Vergl. Abb. S. 195)

Für die expressiv-realistische Variante, die erst mit den Erben von Chavin in der Kultur von Moche ihren Höhepunkt erhält, zeugt das Bügelhenkel- bzw. Steigbügelgefäß, so genannt wegen des Ausgusses, der an einen Steigbügel erinnert. Die Darstellung der Chilifrüchte sind realistisch. Indem der Künstler den höchsten Vitamin-C-Träger, ein Grundnahrungsmittel im indianischen Dreigestirn: Mais, Bohnen, Chilipfeffer [Farbtafel 19] in die gestichelte belebte Fläche des Gefäßkörpers setzt, die Tau- oder Regentropfen symbolisieren, bringt er „expressiv" das für seine realistisch dargestellte Nutzpflanze lebenswichtige Element des Wachstums in die Gestaltung mit ein. Um die beiden Ausdrucksvarianten zu veranschaulichen, genügt ein Blick auf die Raimondi-Stele (s. Umzeichnung nächste Seite). Sie zeigt die zentrale Gottheit, den „Feliden", die „göttliche Raubkatze" auch „Stabträger-Gottheit" genannt, in der sich das Weltbild der Chavin-Kultur reflektiert. Der Mensch bringt sich zwar durch den Körper ein, verleugnet sich aber zugleich, indem er seinen Mischwesen anstelle von anthropomorphen Händen und Füßen, Klauen der Raubkatze (Jaguar oder Puma) und Krallen eines Greifvogels (Adler oder Kondor) verleiht. Seine Zahnreihen werden geprägt von Reißzähnen, der überdimensionale Kopfputz besteht aus getürmten Alligatorenhäuptern die in volutenartigen Gebilden und Schlangen auslaufen. Die Gefährlichkeit, die vor allem durch die Augen zum Ausdruck kommt, zeigt sich erst in der Umkehrung des Bildes. Alles verfremdete Vorbilder der Natur, furchterweckende Geschöpfe als Symbolträger für ihre Unergründlichkeit und den nicht mit wissenschaftlichen Erkenntnissen erklärbaren Naturgewalten, wie etwa die häufigen Erdbeben, Überschwemmungen und andere Naturkatastrophen. Von einer Anfangsperiode oder frühen Entwicklungsstufe dieses sowohl ästhetisch wie technisch ausgereiften Kunststils fand sich

Die schematische Darstellung der Raimondi-Stele von Chavin de Huantar verdeutlicht die Raubkatzengottheit als Symbol übernatürlicher Kräfte und als Schlüsselfigur des bildlichen Denkens der alten Peruaner. Im Mischwesen dieser feliden Gottheit - auch „Stabträger-Gott" genannt - vereinigen sich die Merkmale von Jaguar, Kondor, Alligator und Schlange. Mehrfach wiederholen sich im hohen Kopfputz die Augenpartien, Raubtierzähne, gerade und gewundene Schlangenkörper. Selbst die kleinsten Details haben symbolische Bedeutung in

der durchdachten künstlerischen Konzeption, das in vielfältigen Abwandlungen über Jahrhunderte in der Ikonographie dominierte.
Von welcher Seite man die Zeichnung auch betrachten mag - insbesondere auf den Kopf gestellt (links) - es ergeben sich immer neue Ebenen. Das Prinzip, daß in einem Kunstwerk alle Motive in ihrer Vielschichtigkeit enthalten sein müssen und erst aus unterschiedlicher Sicht zu entdecken sind, ist ein wesentliches Gestaltungselement, der Kunst des „Frühen Horizont", etwa 1200-400 v. Chr.
Nach F. Anton: „Altindianische Textilkunst aus Peru", Leipzig/München 1984

nichts. Die Ursprünge des ersten Horizont-Stils sind woanders zu suchen, darüber war man sich einig, weniger allerdings in welcher Richtung. Der peruanische Archäologe Julio Tello war der erste (1943), der den Ursprung der Kultur auf der Ostseite der Anden in den tropischen Waldgebieten vermutete. Er wies auf die vielen Elemente hin, die für eine tropische Waldgegend typischer sind als für Hochgebirgs- oder Wüstengebiete, so die Verehrung des Jaguars und die mit mannigfaltigen Nebenfiguren verbundene Zentralgestalt des Kaimans oder Alligators, auf dem nach ihm benannten „Tello-Obelisk" und der „Raimondi-Stele" (vergl. dazu die Abformungen im Knauf-Museum).
Die Suche nach den Vorläufern, an der sich auch japanische Archäologen intensiv beteiligten (z.B. Kotosh), erweiterte zwar die Kenntnis über die Anfangszeit, blieb aber im wesentlichen Punkt, wann und wo sich die charakteristischen Merkmale der Chavin-Kultur herausgebildet haben, ohne nennbaren Erfolg. In neuerer Zeit, insbesondere durch Keramiken im

Chavin-Stil vom mittleren Marañon, in der wir auch Gefäße in Form eines doppelköpfigen, vermenschlichten Kaimans finden (Farbtafel 21 u.), wird die fast vergessene Fragestellung von Tello wieder höchst aktuell. Gerade in dieser Gegend, an der atlantischen Abdachung, bieten die Quellflüsse des Amazonas ideale Möglichkeiten für frühe Fernhändler und damit auch zur Förderung von neuen Ideen wie dem Austausch technischer Errungenschaften. Was allerdings Chavin über alle diese anderen Kulturen stellt, ist nicht nur die Kreation einer Gottheit, es ist auch die Schöpfung eines Bildes, das alle Extreme enthält, gedrängt und konzentriert, in einen Stil, in dem Zufälliges keinen Platz hat. Durchdacht und komponiert bis ins Detail. Nur in einem Relief zeigt sich der Mensch als Priester oder Schamane deutlich, wenngleich auch hier sein Gesicht und Gliedmaßen die Züge einer Raubkatze (als Maske?) aufweisen. In seinen Händen hält er den San Pedro-Kaktus, eine halluzinogene Droge, die auch heute noch von Schamanen bei der Ausübung ihrer Zeremonien verwendet wird. Sollte diese Droge und die damit verbundenen Visionen einer der auslösenden Faktoren gewesen sein? Dafür sprechen auch zwei Figurengefäße. Bei dem einen sind Raubkatze mit Schlangenkörper in Verbindung mit dem San Pedro-Kaktus gezeigt (Farbtafel 22 o.). Das andere, aus der Region des mittleren Marañon, stellt einen Schamanenpriester in Trance mit der Augenpartie eines Feliden dar, der sich für ein Blutopfer kasteit. Eine ihn umwindende Schlange symbolisiert vermutlich die Erde und damit die Fruchtbarkeit (Farbtafel 22 u.). Seltener dagegen in der Chavin-Kunst sind Szenen aus dem Alltag, und eine Rarität ist es, wenn ein Töpfer ein so anmutiges Thema wie ein Liebespaar für sein Motiv nimmt (Farbtafel 23).

Das surreale Mischwesen des „Göttlichen Feliden" (Farbtafel 24), das Hauptmotiv der Chavineros, ist auch der Ausgangspunkt für unzählige Abstraktionsmöglichkeiten. *„Es gibt keine abstrakte Kunst"*, sagte Pablo

Picasso zweieinhalb Jahrtausende später, *„man muß immer mit etwas beginnen, nachher kann man alle Spuren des Wirklichen entfernen. Dann besteht ohnehin keine Gefahr mehr, weil die Idee des Dinges inzwischen ein unauslöschliches Zeichen hinterlassen hat."*

Der Künstler des 20. Jahrhunderts bezog sich auf seine „Stierfolge", in der er naturalistisch begann und über zahlreiche Variationen sein Vorbild durch Weglassen auf eine Linie für Leib, winzigen Tierkopf und überproportionierte Hörner reduzierte.

Ein ähnlicher Abstraktionsprozeß findet sich in der Kultur von Chavin im Reliefdekor der Keramik wie auf bemalten Baumwollgeweben, die als Medium für die Verbreitung ihres Weltbilds dienten. Im nördlichen Hochland hat sich nichts von der textilen Kunst erhalten. Sie fand sich etwa 1200 km von Chavin entfernt an der südlichen Küste von Peru auf der Halbinsel Paracas.

PARACAS bedeutet „Sand fällt wie Regen"; „Paracas" nennen die Einheimischen den typischen Wind, der jeden Nachmittag, wenn die kalte Luft des Meeres, die der Humboldt-Strom aus der Antarktis herbeiführt, sich mit der erwärmten Luft über dem Festland vermischt und den Sand aufwirbelt. Geographisch ist Paracas der Name der Halbinsel an der südlichen Küste. In der Archäologie wird damit eine Kultur bezeichnet, die sich zwischen den fruchtbaren Tälern der Flüsse Pisco im Norden und Ica im Südosten befindet und vor allem mit ihren Textilien drei Superlativen erfüllt: Es sind die ältesten, in ihren Farben die besterhaltensten und von der Technik her die vielseitigsten.

Am Anfang dieser textilien Kunst stehen die leinenbindigen bemalten Baumwollgewebe, die mit der Knappheit eines schriftlichen Ausdrucks die wesentlichsten Elemente, die in den tonnenschweren Reliefs in Chavin de Huantar manifestiert sind, verbreiteten: sowohl das Götterbild als auch den charakteristischen Kunststil. Einige Baumwollgewebe zeigen eine Anzahl von feliden Köpfen, gemischt mit anderen zoomorphen Attributen, bei anderen ist der „Felide" auf das Wesentlichste zum

„Zeichen" reduziert, bei dem nur das U-förmige Auge mit der lauernden Pupille, Krallenpaare, die sich zu einer Schlangenform verbinden, für das sakrale Motiv der „göttlichen Raubkatze", stehen. Vermutlich handelt es sich bei dem Fragment um die Überreste eines größeren Wandbehangs für ein kultisches Gebäude, das die Stürme der Zeit nicht überlebt hat.

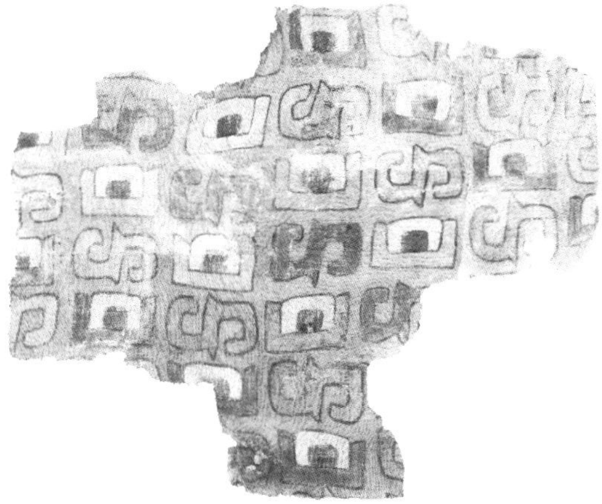

Besonders die Spät- Paracas- und Proto-Nazca-Phase beschert uns auf überschwenglichste Weise eine vielseitige Textilkunst und Keramik. Die Frühphase der Keramik an der südlichen Küste (Paracas-Chavinoid, etwa 1200-700 v. Chr.) steht offensichtlich noch ganz unter dem Chavin-Einfluß aus dem nördlichen Hochland. Das ändert sich in den folgenden Perioden vom Früh-, Mittel- und Spät-Paracas, etwa 700-200 v. Chr.). In dieser Zeit wird vor allem experimentiert, nach anderen Formen gesucht, die von der nördlichen Küste abweichen. Ein Standardtyp ist das kugelförmige Gefäß mit zwei seitlichen Ausgüssen, die durch einen Bandhenkel verbunden sind. Wie im Norden der Bügelhenkelausguß, so wird diese Form für den Süden das Vorbild bleiben, auch für die darauf folgenden Kulturen. Bei manchen Gefäßen wird ein Ausguß als Tier- oder Menschenkopf mit geringfügigen plastischen Andeutungen umfunktioniert (Farbtafel 25 o.). Ganz allgemein gesprochen ist die Kunst den Kulturen der Südküste, der Fläche und einer polychromen Farbgebung verpflichtet und nicht, wie in denen der nördlichen Küste, der Skulptur.

In Paracas-Ocucaje, etwa 700-400 v. Chr., besticht die nach einer Hacienda bezeichnete Ware durch dickflüssige, leuchtende Farbgebung (Farbtafel 25 u.). Im sogenannten Juan-Pablo-Stil ist die polychrome Malerei nahezu porös und erst nach dem Brand aufgetragen. In beiden Fällen wird die Wirkung des Motivs durch Einritzungen verstärkt, die praktisch die Funktion hatten das Ineinanderfließen der Farben beim Ocucaje-Typ zu verhindern, aber beibehalten wird, um das Motiv und seine Aussagekraft zu intensivieren. Charakteristisch für den Süden ist, daß die Künstler gleichsam die Rundung des Gefäßkörpers als „Leinwand" benutzten und plastische Darstellungen äußerst selten sind. Kleine Tonidole von Menschendarstellungen in starker Stilisierung sind mit der Keramik der nördlichen Küste sowohl in formaler wie technischer Ausführung so wesensgleich, daß es schwer zu unterscheiden ist, ob es sich um Exportware oder um eine lokale Manufaktur handelt (Farbtafel 26).

Der „Felide" ist aus dem Reigen der Götter nicht verschwunden. Er hat nur vieles von seiner furchteinflößenden Gefährlichkeit eingebüßt (Farbtafel 25). Jedoch finden sich im Repertoire der Künstler auch andere Tierdarstellungen, wie etwa Vögel oder Affen (Farbtafel 28). Geradezu meisterhaft verzierten die Paracas-Leute ihre leinenbindigen Gewebe wie ihre Keramik auch ganz mit menschenartigen Dämonen (Priester oder Schamanen), bei denen die „Mundmaske" die Schnurrhaare der Raubkatze symbolisiert. Nasenschmuck aus getriebenem Goldblech in dieser Form fand man vor allem in Gräbern der Nazca-Kultur. Sie wurden zu Lebzeiten von Schamanen oder anderen Würdenträgern bei kultischen Handlungen getragen (Farbtafel 29 u.). Auch bei diesen Objekten laufen die charakteristischen Merkmale einer Raubkatze - wohl noch in der Tradition von Chavin verhaftet - in Schlangenköpfen aus. Der Mensch als waffentragender Krieger findet sich weniger in der Vasenmalerei, mehr in Zierborten der Spät-Paracas und Proto-Nazca-Phase (etwa 300-100 v. Chr.). In beiden Materialien ist die Farbe das belebende Element, die diese beschwingte jenseitige Welt der Dämonen selbst als Textilfragment noch zu exquisiten Bildern macht - Bilder, die eine Wesensverwandtschaft mit Werken von Paul Klee aufweisen (Farbtafel 27).

Die alten Peruaner hatten kein Schriftsystem entwickelt. Das mag das Bedürfnis verstärkt haben, sich in so vielschichtig auslegbaren Bildern auszudrücken. Dabei hat sich eine eigene „Sprache" herausgebildet. Die auf Ton geritzten und gemalten Motive sowie in Stoffe eingewebten Bilder und Zeichen waren für die Menschen von damals Hymnen und Gebete,

Danksagungen wie Klagegeschrei, Ausdruck der Ideen, die Priester und Herrscher im Volk wecken und wachzuhalten verstanden. So offenbart sich uns die Kunst der südlichen Küste - bei aller Vorsicht, die wir bei der Ausdeutung der Motive walten lassen müssen - stets als Spiegel ihres Glaubens und ihrer Vorstellungskraft. Gerade in der Phase zwischen Mittel-Paracas und Proto-Nazca zeigt sich, daß die Gedanken zuerst als Textilmuster Gestalt annahmen und erst dann als Motive auf die Keramikmalerei überspringen. Beispiele in Ton wie aus Garn zeigen, mit welcher Phantasie die Künstler ihre Götter und Dämonen in prächtige Kostüme gesteckt haben und für sie phantasievolle Masken ausdachten. Die Beschwingtheit, die jene Gestalten auszustrahlen erscheinen, trügt allerdings. Ihre Verkleidung und die oft tänzerische wie schwebende Bewegung können schwerlich von einem zentralen Thema der Darstellung ablenken: das abgeschlagene Haupt eines Gegners (Farbtafel 29 o.) als Nahrung der Götter.

Meist halten sie in ihrer Hand eine Kopftrophäe, in der anderen Waffen - Tumi (das halbkreisförmige Zeremonialmesser), Pfeile und Wurfhölzer, Lanzen und Bola (Steinschleuder). Das begleitende Ornament und die vielen, oft im winzigen Detail verborgenen Bilder und Symbole für keimende Pflanzen und sprießende Früchte in Verbindung mit Kopftrophäen lassen kaum Zweifel daran, daß die Menschen jener Kultur im abgeschlagenen Haupt des Gegners jene magische Kraft sahen, die zur Besänftigung und Stärkung der vom Menschen stets Opfer fordernden Vegetationsgötter notwendig war. So findet auch hier die Ökologie dieser fast niederschlagsfreien Gegend, die vom Wasser der aus den Bergen kommenden Flüsse abhängig war, in ihrer Mythologie seinen Niederschlag und Ausdruck in einer phantasievollen, gemalten Bilderflut.

Betrachten wir diese Bilder, drängt sich unwillkürlich die Frage auf, woher die vielen abgeschlagenen Köpfe stammen mußten, die im Kult jener Menschen unentbehrlich schienen. Dabei kommen wir auf die schon angeschnittene Frage zurück, daß es sich um Bevölkerungsgruppen handelte, für deren Überleben und Gedeihen der Kampf um das kostbare Naß im Vordergrund stand. Das steht ganz im Gegensatz zum kosmischen Weltbild von Chavin, für die, in dieser ständig vom Regen heimgesuchten Region, diese Frage nicht von so gravierender Bedeutung war. Hier an der südlichen Küste wurden offenbar sehr häufig und erbarmungslos zwischen den einzelnen Großfamilien und vor allem zwischen den von Häuptlingen angeführten Stammesgruppen blutige Kämpfe ausgetragen. Die Sieger sicherten sich das Wasser für ihre Felder und mit den abgeschlagenen Köpfen der Feinde die Gunst der Götter und Dämonen.

Zahlreiche Funde von sorgfältig präparierten und kostbar verzierten Kopftrophäen, die man aus den Gräbern der späten Paracas-Periode und der darauffolgenden Nazca-Kultur barg, bestätigen, ebenso wie die Trophäenköpfe in ihren Krallen haltender Katzen-Dämonen, daß mit diesem Brauch der Glaube an eine im Überirdischen begründete Wirksamkeit verbunden war (Farbtafel 29 o.). Ein weiteres übernatürliches Wesen war der Killerwal, vermutlich eine Art Schutzgottheit der Küstenbewohner (Farbtafel 31 o.). Diesem Dämon des Meeres wird für den Bereich der Lüfte ein Vogeldämon gegenübergestellt. Im weltlichen Bereich finden sich als Motive Kolibris (Farbtafel 30 u.), Delphine, Wale, Füchse und andere Wesen, die die Künstler beflügelten und vermutlich Symbolträger für bestimmte Eigenschaften oder Leistungen waren.

Krieger zu allen Zeiten brauchen Strategen. Auf die Macht einzelner Personen und auf ihr Prestige in der Gemeinschaft weist die unterschiedliche Behandlung der Verstorbenen hin. Am Besitz der Toten, an Quantität und Qualität der Grabbeigaben lassen sich ihr einstiger Status und ihre Stellung in der Gesellschaft ablesen. Die verstärkte Ausprägung sozialer Schichten mit einer Elite an der Spitze steht in der Tradition von Chavin. In ihren Händen lag die Ausübung der religiösen wie weltlichen Macht. Daraus lassen sich auch Kleidung und Schmuck, durch die die Bedeutung der einzelnen hervorgehoben wurde, rekonstruieren. Trotz des heißen Klimas in dieser Region war die Bekleidung reicher und vollständiger als beispielsweise in den mexikanisch-mittelamerikanischen Tropen, weil Sonnenglut und Schattenlosigkeit an der peruanischen Küste stärkeren Körperschutz erforderten. Hergestellt wurde die Kleidung mit Hilfe des Rückenbandwebstuhls.

Bis in unsere Tage ist das Hauptkleidungsstück des Indianers der Poncho oder Unku, ein ärmelloser, selten auch mit kurzen Ärmeln versehener Umhang. Dazu kam früher ein langes Gewand, das bis zu den Knien reichte, oft mit Dämonen als Ornament in leuchtenden Farben bestickt oder mit rein geometrischen Formen verziert ist (Farbtafel 32 u. 33). All diese Kleidungsstücke bestanden aus Bahnen, die meist an den Seiten vernäht wurden. Ein Zuschneiden, wie wir es bei europäischer Kleidung kennen, war in der indianischen Welt nicht üblich. Die Männertracht bestand außerdem aus einem Durchziehschurz, Umhangtuch, Ledersandalen und einer Vielfalt an Kopfbedeckung; manche von ihnen um das Haupt geschlungene, oft meterlange Bänder von unterschiedlicher Breite als Turban und häufig mit Nackenschutz versehen, andere, wie die kegelförmigen „Zylinderhüte", aus Geflecht mit einem Überzug aus Federn, wieder andere quadratisch aus plüschähnlichem Stoff mit vier Zipfeln, die allerdings erst in der Tiahuanaco-Huari-Kultur in Mode kamen. Prunkvolle Federumhänge lassen sich dagegen früher feststellen. Ohrpflöcke aus getriebenem Gold (Farbtafel 41 r. o.) oft mit Muschel Inkrustationen (Farbtafel 41 l.o.), Nasengehänge (Farbtafel 29 u.), Fingerringe, Arm- und Wadenstulpen aus Silber oder Gold, Colliers mit Gold- oder Muschelplättchen und Türkisperlen verziert (Farbtafel 41 l.u.), gehörten ebenfalls zum äußeren Erscheinungsbild, signalisierten Sippen- oder Clanzugehörigkeit und nicht zuletzt den Rang des Trägers, in allen präinkaischen Kulturen. Auch Schädeldeformationen waren im allgemeinen verbreitet und nahmen in einigen Regionen extreme Formen an, vor allem an der südlichen Küste. Das Haar wurde von beiden Geschlechtern oft meterlang getragen. Krieger benutzten kugelförmige Helme aus Geflecht mit Baumwollüberzug, verziert mit metallenem Schläfenschutz. Quadratische, rechteckige oder Rundschilde dienten gegen die Hiebe geschäfteter Kupfer- oder Steinkeulen wie auch gegen die Stein- oder Metallkugeln der Schleudern.

Auf die textile Kunst hier einzugehen, erweist sich als notwendig, denn die altperuanischen Gewebe erfüllen mindestens drei Superlativen: Sie sind die ältesten, von der Technik her die vielseitigsten und aufgrund der klimatischen Verhältnisse, die wir vor allem an der südlichen Küste vorfinden, auch in ihrer Farbenpracht die am besten erhaltensten. Über hundert unterschiedliche Farben und Farbabstufungen können sie aufweisen. Zudem bereichern noch Federgewebe, wobei jede einzelne Feder exotischer Vögel durch doppelte Knüpfung am geknickten Federkiel auf einem Baumwollgrundtuch gefestigt ist, das Inventar der textilen Techniken (s. Abbildung rückseitiger Vorsatz).

Die NAZCA-KULTUR (etwa 100 v. Chr. bis 600 n. Chr.) liegt mit ihrem Zentrum etwas südlich und mehr im Landesinnern, im großen Becken des Rio Grande de Nazca, nach dem auch die Kultur benannt ist. Die Grenzen zwischen Spät-Paracas- und Proto-Nazca, vor allem was die Ikonographie und die formale Ausführung der Gewebe betrifft, sind fließend. Unterschiedlich dagegen ist die polychrome Keramik. Sie vermeidet, wie ihre Vorgänger, das Dreidimensionale. Für die Verzierung griff sie zu leuchtenderen Farben. Vom Motiv her, vorwiegend Fruchtbarkeitsdämonen, folgt sie der Tradition, bereichert die Skala und findet eine andere Bildsprache.

In der Hierachie ganz oben steht eine katzenartige Fruchtbarkeitsgottheit mit den Schnurrhaaren des Feliden, und oft heraushängender Zunge und die Hände, meist anthropomorph, zur Faust geballt. Im aufwendigen Kopfputz nach Art eines Stirnbands wiederholt sich das Antlitz der Gottheit. Diese „Krone" läuft nach oben hin in drei Aufsteckfedern mit stilisierten zoomorphen Gebilden aus. (Ähnlich dem bereits erwähnten Nasenschmuck fanden sich als Grabbeigaben bei hohen Würdenträgern solche Aufsteckfedern aus Gold neben sorgfältig verpackten Kopftrophäen ihrer Feinde).

In der Mittel-Nazca-Phase (etwa 200-300 n. Chr.) bevölkern die Flächen der Gewebe wie der Terrakotten nach wie vor in leuchtenden Farben Dämonenfiguren. Im Gegensatz zur Früh-Nazca (Farbtafel 29 o.) macht sich in diesem Stil eine Art „horror vacui" breit, eine Angst vor dem leeren Raum, die sich durch Wucherung und Verschnörkelung des vorhergehenden Dekorstils wesentlich unterscheidet (Farbtafel 31 u.).

Mit dem Namen „Nazca" sind vor allem auch die riesigen „Scharrbilder" verbunden, die in einer unbewohnten Wüste liegen und heute noch zu sehen sind. Sie dienten zur Ortung der Gestirne und damit zur Fixierung der Zeit. Die viele Kilometer langen Linien auf einer karstigen Ebene in der Gegend von Nazca korrespondieren mit den Höhen und Tiefen der Berge, auf die sie zulaufen.

Dadurch war eine Zeitbestimmung möglich, wenn Linie und Taleinschnitt oder Bergspitze mit einem auf- oder untergehenden Gestirn in Übereinstimmung standen. Ähnlich wie bereits bei den alten Griechen, aber auch wie zahlreiche südamerikanische Mythen belegen, haben die Menschen sich die Sternbilder als Tiere vorgestellt, sie nach ihnen benannt und markiert. Die Scharrbilder, die durch das Beseitigen der dunklen verkrusteten

Oberfläche oft nur 10 cm tief zum Vorschein kamen, sind deshalb häufig mit Tierbildern versehen, wie etwa Wal, Spinne, Affe oder verschiedene Vogelarten; Motive, die sich auch in der Ikonographie des Kunststils auf anderen Materialien - wie Ton und Garn - finden.

Gerade durch die Trockenheit dieser Region war ein Kalender für die Landwirtschaft von enormer Bedeutung. Das Wissen über den Ablauf der Zeit, z. B. wann der Regen in den Bergen einsetzt oder die Zeit der Dürre beginnt, dieses Wissen verlieh den Wissenden Macht über die bäuerliche Bevölkerung.

Gegen Ende der Mittel-Nazca-Phase und vor allem in der Keramik von Spät-Nazca (etwa 300-600 n. Chr.) zeichnet sich eine Hinwendung zum Weltlichen ab. Das zeigt sich am Auftreten von zahlreichen stark stilisierten Frauendarstellungen. Andererseits belebte noch die bunte Welt der Fruchtbarkeitsdämonen die Oberfläche der Keramiken, jedoch die Klarheit der vorhergegangenen Perioden sind Vergangenheit. An ihre Stelle tritt ein dicht gedrängter, unübersichtlicher und überladener Ornamentstil, meist mit dem sogenannten Zackenstab-Dämon als Motiv (Farbtafel 31 u.). Nach dieser dekadent anmutenden Phase kommt eine kulturelle wie künstlerische Renaissance für kurze Zeit. Einflüsse aus dem südlichen Hochland von der Huari-Kultur wirken sich sehr positiv aus. Sie verdrängen zwar die Fruchtbarkeitsdämonen als Hauptmotiv in den Terrakotten. An ihre Stelle tritt eine mit leuchtenden Farben bemalte realistische Kunstgestaltung. Nicht von ungefähr wird das Lama, ein Tier, das in den höheren Regionen zu Hause ist, ein Lieblingsthema in der sogenannten Nazca-Huari-Phase, etwa 600-700 n. Chr. (Farbtafel 34). Doch damit sind wir unserer Zeit vorausgeeilt und befinden uns bereits im archäologisch bezeichneten „Mittleren Horizont". Lange Zeit suchten Archäologen nach dem Zentrum der Nazca-Kultur, die uns keine so spektakulären Bauwerke hinterlassen hat wie andernorts. Die Ruinen von Cahuachi im Nazca-Tal mit ihren terrassierten Hügeln, kleinen pyramidenartigen Unterbauten für Tempel aus vergänglichem Material, Mauern und Gräbern, könnten einst das Zentrum einer größeren politischen Macht gewesen sein. Sie stehen aber in keinem Vergleich zu der Kultur von Moche, die etwa gleichzeitig an der nördlichen Küste das Erbe von Chavin antrat und dort die Bühne der „Frühen Zwischenperiode" (etwa 100 v. Chr. bis 600 u. Z.) zuerst in kleinen Nebenrollen und später als Protagonist beherrschte.

Wenn früher das Wort „Experimentierer" für die ganze Periode zwischen 300 v. Chr. und 300 u. Z. angewandt wurde, so trifft das vielleicht am besten auf die Töpfer der Vicus-Kultur an der nördlichen Küste zu. Von den religiösen Ideen des Chavin-Horizonts ist kaum noch etwas spürbar. Die Kunst wird weltlicher, die religiösen Motive verlieren an Kraft, die strengen Formen lösen sich. Ganz abweichend von der vorausgehenden Formensprache suchten und erfanden die Vicus-Leute eine neue und verbesserten die Technik der Verzierung wie etwa durch Negativ-Malerei. (Bei dieser Ornamentation werden ähnlich dem Batik-Verfahren Teile durch Wachs abgedeckt, so daß sie beim Tauchen in Farbe unberührt bleiben, also ein negatives Muster bilden.) Vor allem erobert die Vicus-Keramik die räumliche Tiefe. Sie zeigt eine größere Tendenz zum figürlichen Gestalten, zur Skulptur. So treten häufig zoomorphe und sehr zahlreich anthropomorphe Darstellungen auf. Arme und Beine von Menschen sowie Glieder von Tieren, auch Flügel von Vögeln sind nicht detailgetreu wiedergegeben, sondern an den Gefäßkörper anmodelliert. Dadurch beschränkte sich der Keramiker auf das Wesentliche, und während die Häupter rustikal, kraftvoll und von liebenswerter Naivität sind, bleibt das übrige nur angedeutet. Bei einigen Figurgefäßen künden die monströsen Mäuler mit überzeichneten Reißzähnen von einem nachhallenden Echo des kosmischen

Schreckens der vorhergehenden Zeit und zeigen, wie der Mensch seine Mischwesen konkretisiert. In der Kultur von Vicus geschieht das aber ohne metaphysische Angst, alles ist harmlos, ja verniedlicht, und die weltlichen Aspekte haben Vorrang. Viele Keramiken zeigen mit Keule und Schild bewaffnete Krieger oder stellen phallische Vasen vor. Überhaupt sind Wiedergaben von Geschlechtsmerkmalen bereits Vorboten eines später in Erscheinung tretenden erotischen Szenariums in der Kultur Moche.

Eine größere Anzahl von ornamentierten Nasenringen und Ohrgehängen, die nicht nur von Lebenden getragen wurden, sondern in Miniaturanfertigung auch keramische Skulpturen schmückten, weisen auf eine Parallele zu Kolumbien. Neben den Artefakten aus vergoldetem Kupfer bargen die oft über 10 Meter tief liegenden Gräber auch Gesichts- oder Mumienmasken aus reinem Kupfer, nicht selten mit Türkis- und Muscheleinlagen versehen.

In den weiter südlich liegenden Tälern der nördlichen Küste fand sich die Keramik von Salinar, die gleichsam wie eine Seitenlinie in die Frühphase von Moche einmündete. In den Anfängen dieses Lokalstils ist die Chavin-Kultur der Küste noch spürbar und kennzeichnet gleichsam das Ende wie den Anfang eines Neubeginns (Farbtafel 35 o.).

Eine Sonderstellung im Formalen nimmt die Kultur von Viru ein. Sie hebt sich vor allem dadurch ab, daß sie den charakteristischen Bügel-

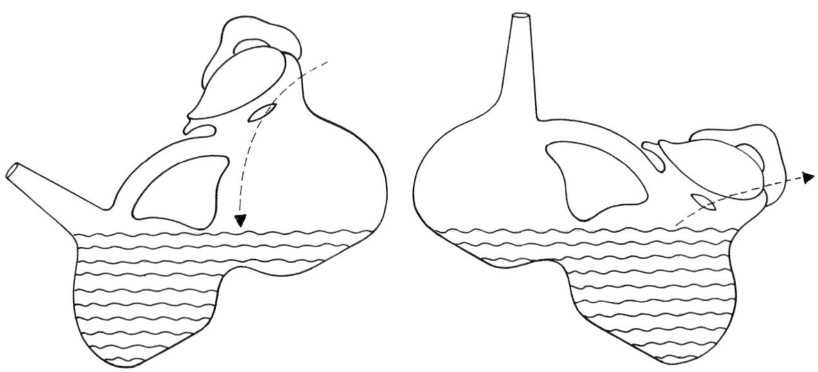

henkelausguß meidet und durch einen konischen ersetzt, insbesondere wenn es sich um Doppelgefäße mit einer Pfeifvorrichtung, dem „silvador", handelt (Farbtafel 35 u. Zeichnung auf S. 204).

Die weltlich gewordenen Themen zeigen sich auch im nördlichen Hochland, im sogenannten Recuay-Stil (etwa 100-600 n. Chr.). Die Grundlage vieler Keramiken bildet ein kaolinhaltiger weißer Ton, der mit Negativ- und Positiv-Bemalung verziert ist. Die plastischen Darstellungen - oft auf den Gefäßkörper modelliert - zeigen häufig umfriedete Gehöfte mit einem Reigen von fröhlichen Menschen. Stammesoberhäupter mit mehreren Frauen sind dabei keine Seltenheit und eines ihrer Lieblingsthemen waren die beiden wichtigsten Haustiere: Hund und Lama. Das letztere versorgte sie mit Fleisch, gab ihnen Wolle und Heizmaterial, dem getrockneten Kot. Außerdem befreite dieses Nutztier sie vom Tragen der Lasten in dem unwegsamen gebirgigen Gelände.

Die Moche-Kultur an der nördlichen Küste, wohl die bekannteste der „Frühen Zwischenperiode" (etwa 200 v. Chr. bis 600 u. Z.), trennt mit der zeitlich gleichen Kultur von Nazca viele hundert Kilometer Wüstengebiet, das unterbrochen ist von mehr als einem Dutzend Flußtälern. Benannt wird sie nach den im Moche-Tal liegenden großen Bauwerken aus Lehmziegeln, den sogenannten „Mond- und Sonnenpyramiden", dem vermutlich geistigen und politischen Zentrum während der Blütezeit der Kultur. 130 Millionen luftgetrocknete Lehmziegel sind nach Schätzungen von Fachleuten allein beim Bau der „Sonnenpyramide" verwendet worden. Die Basis mißt 280 x 136 m. Über einer etwa 18 m hohen Terrasse erhob sich ein siebenstufiger Pyramidenstumpf von etwa 27 m, auf dem wahrscheinlich der Haupttempel stand. Er war längst zerstört, als die Spanier in Peru einfielen. Korrespondierend und von geringerem Ausmaß (80 x 60 m) ist die knapp 20 m hohe „Mondpyramide". Diese beiden Bauwerke am Rio Moche waren nicht die einzigen Monumentalbauten in dieser kulturellen und vermutlich auch wirtschaftlichen Föderation. Nach Aussagen des spanischen Chronisten Calancha sind in der Zeit gleich nach der Eroberung allein aus der „Sonnenpyramide" für etwa 80000 Pesos Goldgegenstände ausgegraben und eingeschmolzen worden.

Wie in der „Alten Welt" so war auch in der „Neuen Welt" Gold, neben Kupfer, das von Menschen zuerst bearbeitete und benutzte Metall, obgleich es zu den seltenen Elementen, die die Erdkruste aufbaute, gehört und erst an 75. Stelle steht.

Gold war einer der Gründe, warum Peru früher als andere Regionen ins Blickfeld der Altertumsforscher gelangte. Peru ist nach unserem Wissen, das Ursprungsland der Goldverarbeitung in Amerika. In Huayhuayca im südlichen Hochland in der Nähe von Andahuaylas fanden sich Werkzeuge für Goldverarbeitung und kleine Goldbleche in Verbindung mit einem menschlichen Skelett, offensichtlich als Grabbeigaben, die aus der Zeit zwischen 1500 und 1200 v. Chr. stammen.

Die Einschätzung der Metalle im allgemeinen, insbesondere die Wertschätzung von Silber und Gold als die „Tränen des Mondes" und „Schweißperlen der Sonne", steht in keinem Vergleich zu den mesoamerikanischen Kulturen, die zur Zeit der spanischen Konquista auf nicht einmal eine 500jährige Tradition der Metallurgie zurückblicken konnten. Als teocuitlatl („Kot der Götter") bezeichneten die Azteken Gold und räumten, wie die Maya, dem „Grünedelgestein" (Jade) den höheren Rang ein. (Jadevorkommen finden sich nur in der Cordillera de Merida im nördlichen Südamerika. Vielleicht einer der Gründe für die Bevorzugung von Edelmetallen im südlichen Teil des Doppelkontinents?).

Bereits in der Chavin-Kultur, im „Frühen Horizont", verbesserte sich die Goldverarbeitung. Ein Dekorstil mit Hilfe von Matrizen entsteht, wie reliefierte Goldpektorales oder Ohrspulen zeigen (Farbtafel 41 o.r.). Ihre Ikonographie - die Wiedergabe der feliden Göttern von Chavin bzw.

Attribute - steht mit dem Stil der steinernen Reliefs wie der Keramik im Einklang. Gold wurde als Sand oder in Klumpen (Nugget) aus Flüssen gewonnen. Nur im mittleren Cuaca-Tal in Kolumbien ist auch Minenabbau aus präkolumbischer Zeit bekannt.

Was für die Gewebe der südlichen Küste gelten kann und womit der Bischof Bartholomae de las Casas die Goldarbeiten des alten Amerika meinte, „wie Träume und doch gefertigt von Menschenhand", trifft vor allem auf die Arbeiten der Gold-, Silber- und Kupferschmiede der Mochicas zu. In dieser Kultur erreicht die Metallurgie ihren künstlerischen Höhepunkt im alten Peru. Seit Anfang der 70er Jahre, als im Pyramidenkomplex von Sipan, in der Nähe der Distriktstadt Lambayeque, die ersten wissenschaftlichen Grabungen stattfanden und der „Lord von Sipan" durch sachkundige Archäologenhand mit all seinen Grabbeigaben nach fast 2000 Jahren wieder ans Licht gebracht wurde, wissen wir mehr; der Wert der Metalle lag nicht im monetären Bereich - sie waren Teil der Mythologie.

Das erstaunlichste war die Pracht des Kostüms und die Grabbeigaben, mit dem der Herrscher bestattet wurde: Geradezu überladen mit Gold- und Kupferschmuck wurde er beigesetzt, bekleidet mit einem Hemd aus Türkis- und Muschelperlen, dessen Garn verrottet war. Nichts an der Anordnung, weder des Kostüms noch der Grabbeigaben, war zufällig, alles hatte symbolischen Charakter. So waren die Rasseln am Gürtel, die den Gott mit den Raubkatzenzügen zeigt, der in der einen Hand das Zeremonialmesser, in der anderen das abgeschlagene Haupt eines geopferten Gegners hält, auf der rechten Seite aus Gold oder kupfervergoldet, auf der linken aus rötlich schimmernden Kupfer. Das gleiche Schema wiederholte sich bei einer der kostbaren Halsketten aus zehn goldenen und zehn kupfernen übergroßen Erdnüssen, die goldenen rechts und die kupfernen links, die den gesamten Horizont seiner Macht symbolisieren. Die goldenen oder vergoldeten Gegenstände waren der aufgehenden Sonne zugewandt - der Region der Berge, aus denen das kostbare

Wasser für die Felder kam -, die aus rötlichem Kupfer dagegen der untergehenden Abendsonne, der Richtung des Meeres, das zusätzliche Nahrung lieferte. Umgeben war diese fast quadratische Kammer, in der der Würdenträger mit seinen sechs Begleitern lag, von vielen Hunderten Keramiken, die Speisen und Getränke enthielten, die Wegzehr für die andere Welt. Wie die meisten peruanischen Objekte hier in der Ausstellung, sind diese aus mehreren gehämmerten Goldblechen gearbeitet. Die einzelnen Teile wurden in mehr oder weniger dünnen Blechen zur gewünschten Form geschnitten, dann getrieben oder über hölzernen Matrizen gehämmert. Die Montage geschah durch Löten und Granulieren. Das erlaubte auch unterschiedliche Metalle in einem Objekt zu vereinen (Farbtafel 36 o., 41 l.m., 42 u., 43 l.o.). An der Goldverarbeitung zeigt sich mehr als in anderen Materialien, wie unzutreffend der Begriff Hochkultur auf dem künstlerischen Sektor ist, denn gerade die Goldverarbeitung bildet ein Bindeglied zwischen den Subkontinenten und ihren Hochkulturen. Zugleich zeigt sie eine gewisse Einheit im indianischen Denken sowohl im mythischen als auch im weltlichen Bereich. Gold signalisierte den gesellschaftlichen Stand und befriedigte sicher auch das Luxusbedürfnis und den zur Schau gestellten Rang der höhergestellten Persönlichkeiten. So ist es legitim, in dieser Ausstellung auch Objekte aus den sogenannten Goldländern (Kolumbien und Panama) miteinzubeziehen.

Vor allem in Kolumbien und Panama wurden viele figürliche „Amulette" mit einer Kupfer-Gold-Legierung im „Guß der verlorenen Form" hergestellt und im Mise-en-Coleur-Verfahren nachträglich bearbeitet. Zwei Techniken, die die Goldschmiede dieser Kulturen an der Schwelle zu einer Hochkultur besonders beherrschten. Die Legierung hatte den Vorteil gegenüber dem hochkarätigen Gold, daß Tumbaga - ein Wort malaiischen Ursprungs, in Panama nach dem einheimischen Wort Guanin genannt -

eine niedrigere Schmelztemperatur hatte. Bei Gold liegt der Schmelzpunkt bei 1063 °C. Schon ein Mischungsverhältnis von 82 % Gold und 18 % Kupfer senkt ihn auf 878 °C, und bei 60 % Gold und 40 % Kupfer liegt er nur noch bei 778 °C. Bei einem geringeren Goldgehalt als 60 % steigt der Schmelzpunkt wieder. Schon dies weist auf eine lange Tradition und höchste handwerkliche Geschicklichkeit jener „Spezialisten" hin. Tumbaga war also nicht nur für den Guß von dreidimensionalen Objekten geeigneter, es hatte auch den Vorteil, den Farbton beliebig zu variieren. Es geschah mit Hilfe eines Färbeverfahrens (mise en coleur). Das fertige Produkt wurde durch geringfügiges Erhitzen in einem Bad aus sauren Pflanzensäften behandelt. Dadurch löste sich das Kupfer der Legierung an der Oberfläche etwas auf und hob das Gold hervor. Dieser Vorgang ließ sich beliebig wiederholen, bis der gewünschte Farbton von gelb bis rötlich durch eine höhere oder mindere Feingoldschicht erzielt wurde. Diesem Prozeß folgte das Polieren, um dem Objekt den richtigen Glanz zu verleihen.

Neben einer einfachen Gußmethode, dem sogenannten Herdgußverfahren, bei dem eine an der Rückseite offene Form aus Ton oder Stein mit dem geschmolzenen Metall gefüllt wurde, war der wesentlich kompliziertere „Guß der verlorenen Form" (à cire perdue), auch als Wachsausschmelzverfahren bezeichnet, in diesen Ländern weit verbreitet und bevorzugt, denn mit dieser Technik ließen sich sowohl massive wie hohle Objekte herstellen. Zunächst wurde das Abbild in Wachs modelliert, das man dann in ein Ton-Holzkohlen-Gemisch einbettete. Nach Untersuchungen an ungereinigten Objekten konnte der Verfasser feststellen, daß beim „Charcol-negra-Typ" die Hohlräume mit leicht entflammbarem und hitzeerzeugendem Harz versetzt wurde. Dadurch entstand im Inneren des Tonmantels beim Eingießen des flüssigen Metalls eine besonders hohe Temperatur, die den Goldfluß beschleunigte. Vom vorgeformten Wachsmodell führten Wachsfäden im Tonmantel einerseits für den Einguß des Metalls, andererseits um das Wachs abfließen zu lassen so wie auch Entlüftungskanäle für die entstehenden Gase nach außen. Beim Eingießen des heißen Metalls verdrängte das flüssige Gold das Wachsmodell. Nach dem Erkalten wurde die Form zerschlagen, war also verloren. Das heißt andererseits, daß mit dieser Technik keine zwei identischen Exemplare hergestellt werden konnten. (Farbtafel 43 o.r. und sowie 45 und 46). Darin liegt der Reiz vieler Schmuckstücke, deren Schönheit wir hier betrachten können. Dennoch, ihre letzten Geheimnisse haben uns die präkolumbischen Meisterhandwerker des Goldes noch nicht preisgegeben. Ein anderes Geheimnis bilden die vier ausgestellten figürlich bearbeiteten Smaragde der Tairona-Kultur (etwa 1000-1500). Vermutlich stammte das Edelgestein aus der berühmten Mine von Muzo, in der Hochebene von Bogota. Smaragde (Berylle), mit Härtegrad 8,5 zu bearbeiten, noch dazu von einer Kultur der Eisen unbekannt war, bleibt eines der weiteren Rätsel der altamerikanischen Kulturen (Farbtafel 44). Diese zum ersten Mal in der Öffentlichkeit gezeigten Preziosen stehen im Kontext zu den Schamanenpriestern mit Tiermasken und halbrundem Kopfputz der Tairona aus Gold (Farbtafel 45) oder zu Kröten bzw. Froschdarstellungen, die ein häufiges Motiv in Ton wie Stein als Symbolträger der Fruchtbarkeit schlechthin sind.

Zurück zu den Hochkulturen Perus. Erstaunlich ist die künstlerische Ausstrahlung und Sorgfältigkeit der Ausführung trotz ihrer Schlichtheit bei den Arbeiten der Mochicas. Es ging dabei weniger darum, die individuellen Züge herauszuarbeiten, wie in den sogenannten Porträtgefäßen, sondern um eine Art Schönheitsideal zu gestalten, mit dem sich Fürst wie Untertan identifizieren konnten (Farbtafel 36 o. und 42). Das gilt auch für die lebensgroßen „Mumienmasken" vom mittleren Caucatal in Kolumbien (Farbtafel 36 u.), die unserer Auffassung von Totenmasken mit geschlossenen Augen widersprechen. Gerade die Einlagen aus weißen Muschelteilen und der geschickt gesetzte Punkt der Pupille aus schwärzlichem Gestein (Anthrazit o.ä.) unterstützen das Suggestive eines nur in die Ferne (oder Zukunft) schauenden Blicks. Andere Masken mit den Attributen des Feliden sind möglicherweise auch von Orakelpriestern getragen worden. In diesen Komplex gehört auch der Kopfschmuck eines Moche-Fürsten, den das Titelbild des Katalogs zeigt. Möglicherweise wird dadurch auf seine übernatürliche Abstammung oder zumindest ein Kontakt mit den „göttlichen Wesen" hingewiesen. Keramische Skulpturen mit mythischen Szenen lassen den Gedanken nicht ganz abwegig erscheinen. Andere zeigen uns, wie die hohen Herren ihre Schmuckstücke zur Schau stellten (Farbtafel 40). Auch bei ihnen ist ein besonderes Charakteristikum der Kultur, der sogenannte Mochica-Blick, ausgeführt mit dem einfachsten Mittel, einem Punkt, aber so geschickt ins Weiß der Augen plaziert, daß er den Betrachter im Auge behält und ihn in seinen Bann zu ziehen vermag.

Obwohl die großen Bauwerke der Mochica und ihr religiöser Charakter durchaus noch Merkmale einer theokratischen Gesellschaft aufweisen, gerät das Bild bei der Betrachtung ihrer Kunst, in der die Herrscher mehr verherrlicht sind als die Götter, ins Schwanken. In ihrer expressiv realistischen Keramik, die ganz anderen Prinzipien als die der polychromen Gefäße von Nazca folgt und der Skulptur zugunsten der Malerei den Vorzug gibt, steht vorwiegend eine diesseitige Welt, die allerdings auch das Jenseitige nicht ganz aus den Augen verliert. Die Priester sind weltlicher geworden, lassen sich selbst hinter ihren Masken nicht verleugnen, sie zeigen sich mal als einfacher Mensch, mal als stolzer Herrscher, ein anderes Mal als Schamane bei der Ausübung des Kults. Gerade dabei machen sie es dem Betrachter schwer, ob es sich um ein mythisches Mischwesen handelt oder um einen Priester, der die Maske des Fuchsdämons angelegt hat und sich somit mit dem Dämon bzw. Gott, den er repräsentiert, identifiziert. Andere Keramiken widmen sich der Aristokratie, zeigen, wie sie sich mit Jagd und Spiel vergnügen oder lassen sich als große Kriegsherren abbilden.

Unter diesen Terrakotten ist auch eine Reihe von Porträtgefäßen, bei denen der Künstler äußersten Wert darauf legt, individuelle Züge herauszuarbeiten (Farbtafel 38).

Die „keramische Bibliothek", der Mochica die sich von der gewöhnlichen Gebrauchsware unterscheidet, besteht aus drei Grundtypen: dem kugelförmigen Gefäß mit bemalten Szenen auf hellem Grund in diversen Brauntönen, einem Gefäß, bei dem die Malerei durch ein Relief ersetzt ist, und frei modellierte Skulpturen, bei denen nur noch der typische Bügelhenkelausguß daran erinnert, daß es sich um ein Gefäß handelt. Neben der praktischen Funktion haben die Töpfer mit dieser spezifischen Form auf geniale Weise ein technisches Problem gelöst. Der Ausguß wirkt wie eine Abzugskamin und erlaubt ein gleichmäßiges Entweichen der Feuchtigkeit beim Brennen. Selbst bei den dünnwandigsten Gefäßen wird dadurch ein Zerreißen des Tons bei der Verdampfung verhindert. Pablo Picasso, als er im französischen Töpferdorf Vallauris für sich ein neues Betätigungsfeld entdeckte, erinnerte sich an solche Mochica-Gefäße, die er im Musee Trocadero, dem heutigen Musee de'l homme, in Paris gesehen hatte. Und gemäß seinem Motto, *„ich suche nicht, ich finde"*, benützte er die sonst in keiner Kultur vorkommende Form. Anstelle von Schnelläufern, wildem Kampfgetümmel unter den Moche-Kriegern oder Szenen einer Hirschjagd der Adeligen bemalte er seine Steigbügelgefäße mit Seiltänzerinnen und anderen Zirkusleuten oder Toreros.

Das Bemühen, alles wirklichkeitstreu darzustellen, wie auch das handwerkliche Können und die künstlerische Ausführung, machten die lokale Kultur von Moche zu einer der bekanntesten in Südamerika. Besonders in ihren Porträtgefäßen erreichten sie einen Höhepunkt in der Darstellung des menschlichen Antlitzes: genauste Erfassung der Realität, Herausarbeiten der unterschiedlichen Physiognomien und ihre vorzügliche Individualisierung, zu der auch Gesichtsbemalung wie unterschiedliche Kopfbedeckungen zählen (Farbtafel 38 u. 40). Das ist eine Ausnahme in der präkolumbischen Kunst, die gewöhnlich statt Individualisierung ein „Überporträt" anstrebt. Dieser idealisierte Typ z.B. findet sich nur, wie bereits erwähnt, in der Goldschmiedekunst (Farbtafel 36 o. und 42).

Bei der Gefäßmalerei ist der Stil im Gegensatz zur Plastik weniger naturalistisch. Vorwiegende Themen sind Dämonen oder Schutzgeister von Feldfrüchten, Ungeheuer des Meeres sowie geistliche und weltliche Herrscher bei kultischen Handlungen oder im Kampf mit ihren Gegnern. Auch hier spielen zuweilen Kopftrophäen noch eine Rolle.

Allerdings treten sie nicht, wie in der Kultur von Nazca, direkt in Verbindung mit Dämonen oder Göttern auf, sondern im Zusammenhang mit den Kriegerfürsten oder Priestern, die die Dämonen bzw. Götter mit Hilfe von Masken repräsentieren und dabei nie ihre menschlichen Züge ganz verleugnen.

Es war sicher kein friedliches Volk, das von Moche, sonst hätte es nicht so oft mit Schild und Keulen bewaffnete Krieger in ihrem künstlerischen Repertoire. Die Muster der Gewänder, Schmuckstücke und andere Rangabzeichen lassen hier noch weniger Zweifel an einer stark unterschiedlichen, statusbedachten Klassengesellschaft, an deren Spitze eine militärisch aggressive Führung stand. Aber auch der „kleine Mann", der Kranke, der Musiker, der Blinde, der Erschöpfte, der Spielende, der Händler, der Coca-kauende und der sich ausruhende Wanderer, alles dies sind Themen dieser weltlich anmutenden Kunst, Tonskulpturen vom Diesseits, die die Verstorbenen ins Jenseits begleiteten und die Verbindung mit den Ahnen aufrechterhielten.

Eine Ausnahme in der sonst so prüden Kunst des alten Amerika sind sogar erotische Darstellungen, denen nichts Mythisches anhaftet. Eher ein

Spiegelbild des Alltags im bäuerlichen Leben. Bei einem Volk, das eine so große Phantasie und eine solche Freiheit des Ausdrucks entwickelte, ist es nicht weiter erstaunlich, daß das Sexuelle, das in nahezu allen anderen indianischen Kulturen verdrängt wurde, einen Teil des Denkens einnahm und damit der Darstellung würdig erschien. Ohne Scheu wurden die intimsten Szenen modelliert und ohne Scham mit teilweiser witziger Übertreibung abgebildet. Nur bei der Kopulation eines Jaguars mit einer Frau, tritt ein kultischer Aspekt in den Vordergrund, denn für Sodomie gibt es keine Beispiele (Farbtafel 39 u. m.). Die keineswegs geringe Zahl solcher, allerdings meist in die Depots verdammten Gefäße zeigen neben dem normalen Liebesakt auch „abartige" Szenen. Es sind mit die ältesten und zugleich die einzigen Zeugen erotischen Inhalts in der präkolumbischen Kunst und entstanden noch vor oder der Blütezeit Roms, Jahrhunderte bevor die Inder ihre Tempel mit erotischen Skulpturen geschmückt haben (Farbtafel 39). Manche Autoren sehen auch in diesen Darstellungen einen kultischen Hindergrund, glauben, daß sie mit dem Fruchtbarkeitskult in Zusammenhang gestanden haben. Warum nicht auch hier – mehr menschlich als göttlich?

Die wirtschaftliche Basis war wie im Süden auch hier die Landwirtschaft. Durch Bewässerungsanlagen mit Hauptkanälen bis zu Nebenarmen, die das Wasser der Flüsse direkt zu den Ackerparzellen führten, konnten gute Ernten erzielt werden. Das Bewässerungssystem war keine neue Errungenschaft. Die „hydraulischen Anlagen" von Chavin de Huantar waren dabei Vorbild.

Die militanten Monarchen der Mochica eroberten im Lauf einiger Jahrhunderte alle Kleinstaaten zwischen dem Pacasmayo-Tal im Norden und dem Nepeña im Süden. In die Berge eigenartigerweise wagten sie sich nicht.

Im 6. Jahrhundert verblaßte der Stern der Moche-Kultur. Wie bei der von Nazca gibt es Anzeichen, daß ihr Erlöschen mit einer militärischen Niederlage verbunden war. Dazu gehören Gräber unmittelbar hinter der „Mondpyramide" mit Grabbeigaben im Tiahuanaco-Huari-Stil. Nur Sieger konnten sich erlauben, ihre Toten im Heiligtum der Besiegten zu bestatten.

TIAHUANACO steht für die Wiederbelebung einer religiösen Idee, HUARI für die Verbreitung mit Hilfe einer militärischen Macht. Die Kultur von Tiahuanaco-Huari ist durch ihren 2. pan-peruanischen Kunststil formgebend für den archäologisch bezeichneten „Mittleren Horizont“ (etwa 600-1000).

Heute wie damals unterscheidet eine andersartige Mentalität die Bewohner des Hochlands von der Küstenbevölkerung. Das rauhe Klima des 4000 ü. d. M. gelegenen Altiplano prägte einen verschlossenen, grüblerisch veranlagten Menschentypus, fanatischer, hartnäckiger, starrer als die mehr dionysisch veranlagten Küstenbewohner. In Tiahuanaco (im heutigen Bolivien) am Südufer des Titicacasees kristallisieren sich die religiösen Ideen, in Huari, im südlichen Hochland von Peru, erfährt die „Tiahuanaco-Huari-Kultur“ mehr ihre weltliche Ausprägung. Zwischen dem 6. und 7. Jahrhundert beginnt die Expansion. Zunächst gerät an der südlichen Küste die bereits dekadente Nazca-Kultur unter ihren Einfluß, der später die mittlere und die nördliche erfaßt und zu tiefgreifenden Veränderungen führt, die sich dann über den ganzen zentralen Andenraum, mit Ausnahme von Ecuador, bemerkbar machen. Parallel zum Stilwechsel in der Kunst zeichnen sich im sozio-politischen Bereich neuartige Strömungen ab: vor allem ein imperiales Machtstreben. In den militärisch eroberten Gebieten werden Garnisonen stationiert, um sie zu sichern, und Verwaltungszentren eingerichtet, vermutlich um den Fernhandel und die Tributabgaben zu überwachen. Das steht im Gegensatz zur Kriegsführung der Nazca- wie der Mocheleute, die sich eher mit der von Raubrittern vergleichen läßt. Huari, in der Nähe der heutigen Stadt Ayacucho mit seinen Befestigungsanlagen, Kasernen, Vorratslagern und der großen Bevölkerungsdichte, könnte man als das urbane Modell der Kultur bezeichnen, die in vielen Aspekten den Anschein eines Vorläufers und Vorbildes des späteren Inka-Imperiums erweckt.

Anders in dem wesentlich älteren Tiahuanaco, dessen Siedlungskern nur etwa 2,5 km^2 einnimmt. Fast ein Drittel davon war dem sakralen Bezirk vorbehalten. Diese „Wallfahrtsstätte" schien geistiges wie künstlerisches Vorbild für den zweiten pan-peruanischen Kunststil des „Mittleren Horizonts" gewesen zu sein. Hier wurden die wesentlichen Symbole und ikonografischen Elemente des Stils entwickelt. Sie sind manifestiert im Relief des Sonnentors, das aus einem einzigen Andesitblock gehauen ist und zu den bekanntesten und bedeutsamsten Denkmälern Südamerikas zählt. Im Mittelpunkt des Frieses steht eine schon durch ihre Größe hervorgehobene Gestalt mit menschlichen Zügen. Niemals werden wir den Namen dieser zentralen Gottheit erfahren. Der Strahlenkranz, der das Haupt umgibt, läßt auf einen solaren Charakter schließen. Diese Annahme wird durch den unteren Fries des Reliefs bestätigt, der in verkleinerter Form aus einer mehrfachen Wiedergabe des Antlitzes der Zentralfigur besteht und auf die menschlichen Attribute verzichtet. Das Gesicht der Hauptfigur Weltschöpfer, Vater der Sonne oder „Kontiki", wie Thor Heyerdahl ihn hypothetisch nannte -, nimmt den am weitesten vorspringenden Teil des Basreliefs ein. Große runde Augenhöhlen starren geradeaus, ein geritztes Ornament, das gleich einer „Tränenspur" über die Wangen läuft, zeigt Pumaköpfe mit Vogelkörpern. Die Vereinigung zweier Wesen, einer Raubkatze und eines Greifvogels, oder eine Kombination zwischen diesen und Fischköpfen mochte möglicherweise die Elemente Wasser, Erde, Luft versinnbildlichen. Die Kleidung der Gottheit ist reich verziert. Der Saum mit Trophäenköpfen bestückt. Ähnlich solchen, wie wir sie bei den Paracas- und Proto-Nazca-Geweben angetroffen haben. Auch von den beiden angewinkelten Armen hängen kleine Trophäenköpfe herab. Die Waffen oder Zeremonialstäbe in beiden Händen enden in Kondorköpfen und gleichen einer Wiederbelebung der „Stabträger-Gottheit" von Chavin, jedoch in veränderter Form. Flankiert wird sie in Tiahuanaco von kleineren und im Profil gezeigten Figuren - mangels eines anderen Begriffs als „Genien“ bezeichnet. Sie eilen von beiden Seiten in drei übereinanderliegenden Reihen auf die Mittelfigur zu und stellen reich gekleidete Priester oder Hilfsgötter dar und sind in Adorantenhaltung, einem auf dem Boden ruhenden und einem angewinkelten Bein, wiedergegeben. Die gleiche stereotype „Läuferstellung“ findet sich auch als ein geläufiges Gewebemuster und im Dekor der Keramik. In der mittleren Reihe tragen diese Stabträger nach oben gerichtete Vogelköpfe, in der oberen und unteren ein menschliches Haupt mit einer scharf geschnittenen Nase.

Während bei den Paracas- und Nazca-Dämonen noch an Schöpfungen der menschlichen Phantasie zu denken ist, so liegt hier der Gedanke nahe, daß es Bilder von Priestern in kultischer Aufmachung sind. Wer die Ethnologie hinzuzieht, ist der Gedanke plausibel. Bei besonderen Festen in den abgelegenen Bergtälern verkleiden sich die heutigen Indios noch als Puma oder Teufel, eine Reaktion auf die christliche Missionierung. Am auffallendsten allerdings sind die Vogeltänzer. Ein überlanges Gestänge, mit großen Federn an den Armen befestigt, bildet die Flügel. Das Gewand ist mit Federn drapiert, der Kopf unter einer Vogelmaske aus Pappmaché versteckt. Die Tänzer, nicht zuletzt durch reichlichen Alkohol oder Drogengenuß angespornt, identifizieren sich mit den Herren der Lüfte, ahmen ihre Flugbewegungen nach. Vielleicht schlägt das eine Brücke in die Vergangenheit.

Die Mythen eines Volkes sichern den Zusammenhalt. Sie sind ein Teil des magisch-religiösen Erscheinungsbildes und versuchen Fragen zu beantworten, die der Mensch immer hatte. Sie basieren auf magischen Vorstellungen, die im Ursprünglichen liegen, und erlauben, Erklärungen zu finden über seine Stellung im Kosmos. Und so erschaffen sie übernatürliche Wesen, die den Menschen bei der Suche nach Antworten helfen. So werden Mythen zu Antworten. Wenn sie erst einmal erschaffen sind, so müssen sie kontinuierlich praktiziert werden, *„so daß das soziale Verhalten und die Rituale zu einer Inszenierung des Geschehens in mythischen Zeiten werden. So haben die Rituale immer die Bedeutung einer Wiederholung des ursprünglichen Mythos"* (Mircea Elide), denn *„der religiöse Mensch lebt in zwei Bereichen, von denen der wichtigste, der heilige, und unter dem paradoxen Aspekt der Zirkulation umkehrbar und wiederherstellbar erscheint. Eine Art von ewiger mythischer Gegenwart"*.

Die großen Versammlungsplätze mit ihren versenkten Innenhöfen und Treppenfluchten scheinen aus einer ähnlichen Idee entstanden zu sein wie das Amphitheater der Griechen, ebenso der Platz, um solche kultischen Riten auszuführen, gleichsam den alten Tragödien im Mittelmeerraum. Ohne diese klar geordnete Darstellung der Figuren im Fries des Sonnentores, bei denen jede Einzelheit ganz streng stilistischen und formalen Gesetzen unterliegt und sicher jedes Detail von Belang und mit einer wichtigen symbolischen Bedeutung ausgestattet ist, wäre es nahezu unmöglich gewesen, die Ikonographie der Figuren mit allen ihren rätselhaften Chiffren in den Tiahuanaco-Huari-Keramiken und Geweben zu erkennen, geschweige denn, den Versuch einer Deutung zu unternehmen.

Eigenartigerweise hat sich in der Keramikmalerei, abgesehen von den Darstellungen einiger Personen, die diese Art von Gewändern tragen, der „kubistische" Dekorstil, wie wir ihn auf Geweben finden, nicht ganz durchgesetzt. Sie steht meist mit einem Fuß noch in der Tradition von Nazca, mit dem anderen tastet sie nach Neuem, ohne jedoch jene konzentrierte Bildsprache und souveränen Bildschöpfungen zu erzielen, wie es die textilen Künstler für die Gewänder der Adeligen vermochten. So suchen manche Töpfer ihre Zuflucht im Realismus wie etwa bei Menschendarstellungen (Farbtafel 47).

Neben den „Stabträgerfiguren" machte Alan Sawyer noch zwei weitere charakteristische Textildekore aus, die sich als Gewandmuster auch in der bemalten Keramik finden. Zur zweiten Gruppe gehört das sogenannte diagonale Doppelmotiv, bei dem sich das in Einzelsymbole zerlegte Muster in diagonaler Anordnung spiegelbildlich gegenübersteht, und als drittes das „komponierte Motiv". Dabei sind vier bzw. acht abstraktfigürliche Elemente in rechteckigen Feldern so zusammengesetzt, daß sie als Gesamtmotiv einen neuen Bildinhalt ergeben. Zwei stark stilisierte, als Vogelköpfe anmutende Elemente im Profil werden so zusammengezogen, daß ein menschlich anmutendes Gesicht in Frontalansicht entsteht. An der südlichen Küste wirkte sich die Symbiose des dekadenten Nazca-Stils mit den neuen Elementen des Hochlands für einen kurzen Zeitraum günstig auf das Kunsthandwerk aus (Abb.).

An der mittleren Küste wurde keinem großartigen Kunststil ein Ende bereitet, es war nur Mittelmäßiges vorhanden, allerdings fällt in diese Zeit die Gründung von Pachacamac, das Heiligtum einer lunaren Gottheit der Fruchtbarkeit. Ursprünglich hieß sie Iraia. Erst als die Inka ihre Vorherrschaft an der Küste festigten, erhielt sie den Namen Pachacamac, der auch auf den Wallfahrtsort südlich von Lima überging.

Obwohl die Kultur von Moche an der nördlichen Küste ihre Glanzzeit längst überschritten hatte, traf hier offensichtlich Unvereinbares aufeinander. Hinzu kommt, daß gerade das archäologische Wissen über diesen Zeitraum dort erhebliche Schwächen aufweist.

Der Wallfahrtsort Tiahuanaco hatte etwa zwischen dem 7. und 8. Jahrhundert seine religiöse Kraft verloren und etwas später Huari seine politische Stellung noch vor dem Ende des „Mittleren Horizonts" eingebüßt. Der Tiahuanaco-Huari-Stil mit den typischen Motiven, wenn auch stark verflacht und verwässert, klang nur langsam aus. Es scheint, daß durch die Stammesfehden der lokalen Duodezfürstentümer die religiösen und damit auch die künstlerische Energie verbraucht war.

Der Chimu-Kultur an der nördlichen Küste war in der „Späten Zwischenperiode" (etwa 1000-1470) unter allen separatistischen Strömungen der größte Erfolg beschieden. Wenn der Begriff „feudales Königreich" auf einen der peruanischen Kleinstaaten voll zutrifft, dann auf den der Chimu. Die Renaissance vollzog sich mehr in politischer Hinsicht als auf künstlerischem Gebiet, für das ein Wiederaufleben der alten Formen und Sujets, die wir von der Moche-Kunst her kennen, typisch ist, ohne jedoch die Qualität der Vorgänger zu erreichen. Ausgenommen sind einzelne Meisterwerke, die der höfischen Prachtentfaltung dienten. Allerdings blieb davon wenig erhalten, nicht nur aufgrund der klimatischen Verhältnisse, vor allem deshalb, weil die Zentren der Chimu-Kultur den ersten spanischen Minengesellschaften als besseres Betätigungsfeld auf der Suche nach Silber und Gold dienten als das in den Minen der Berge liegende Edelmetall.

Was die Kunst der vorausgegangenen Epochen im Kleinen wie im Großen beseelte, die tiefe Religiosität, das Streben nach einer Vereinigung mit dem Überwirklichen, scheint damals schon unwiederbringliche Vergangenheit gewesen zu sein. Wie arm an Phantasie und künstlerischer Ausführung ist diese Massenproduktion im Vergleich zu den individuellen Leistungen ihrer Vorgänger.

Die Chimu-Keramik ist mit der Model gefertigt und einfarbig, meist schwarz, in seltenen Fällen rötlich. Stilisierte Vögel und Fische sind dabei das häufigste Muster, neben einem tierischen Mischwesen mit mondsichelförmigem Kopfputz, ähnlich wie ihn die Würdenträger trugen. Es hat die Attribute eines Fuchses. Der verlängerte Schweif endet in einer hintereinandergestellten Fischform. Der Körper ist stets im Profil gezeigt, während die Augenpartie sich dem Beschauer zuwendet. In der Archäologie wird es aufgrund von altüberlieferten Mythen, die kurz nach der Kolonialzeit aufgezeichnet wurden, auch „Mondfresser" genannt. Wie aus der Kunst von Viru, Moche und Recuay zu ersehen ist, war das Wesen keine Erfindung der Chimu, sondern konnte

auf eine viel ältere Tradition zurückblicken. (Vergl. dazu auch Titelbild des Katalogs). Wenn wir auch nicht viel über die religiösen Kulte der Chimu wissen, so vermerken die spanischen Chronisten mit Entschiedenheit, daß der Mond als Gestirn der Nacht, deren Tau dem Wachstum der Felder förderlich ist - im Gegensatz zur alles versengenden Sonne -, von diesem Volk ganz besonders verehrt wurde. Antonio de la Calancha berichtet in seiner „Coronica Moralisada del Orden de San Augustin en el Peru", was ihm die Bewohner der nördlichen Küste erzählten, an der er jahrelang in Freundschaft mit den Indianern Anfang des 17. Jahrhunderts lebte: „Die Indianer von Pacasmayo und anderen Küstentälern verehren den Mond als wichtigste und höchste Gottheit. Denn er, - so meinten sie, - herrsche über die Elemente. Er ließe die Feldfrucht wachsen und rufe den Aufruhr des Meeres sowie Blitz und Donner hervor ... Sie erachteten ihn für mächtiger als die Sonne, weil diese nicht in der Nacht scheint, während er sowohl bei Nacht wie bei Tag sichtbar ist.

Ein anderer Grund lag darin, daß der Mond oftmals die Sonne verfinstere, während diese ihn niemals verdunkelte..., bei den Sonnenfinsternissen fanden daher Feste zu Ehren des Mondes statt, bei denen sie seinen Sieg über die Sonne feierten."

Dieses Mischwesen, der „Mondfresser", findet sich - wie andere Motive, Fische, Vögel etc. - in frappierender Übereinstimmung mit dem Reliefdekor der plastisch gestalteten und ehemals bemalten Fassaden der Bauwerke in der Hauptstadt des Reiches Chan Chan. Viele dieser aus sonnengetrockneten Lehmziegeln errichteten Gebäude lassen vermuten, daß die kultischen Räume, wie in Zeiten vorher, mit Geweben geschmückt waren.

Um die Kunst, die ja immer ein Ausdruck der Zeit ist, besser zu verstehen, und in diesem Zusammenhang die Massenproduktion mit Hilfe von Formen, genügt ein Blick auf Chan Chan, der Hauptstadt des Chimu-Reiches. Es war mit Abstand die größte Metropole Südamerikas vor der spanischen Eroberung, zählte eine Bevölkerung von etwa 200000. Der innere Bereich war neben den Bezirken für die Aristokratie vor allem auch für bestimmte Handwerkszweige, Weber, Töpfer, Goldschmiede u. a. In

einem der durchforschten Stadtteile fanden sich die Reste alter Metallwerkstätten, in den Außenbezirken sogar Anzeichen einer Slumbildung.

Die Chimu waren zweifellos die mächtigsten Gegner der Inka. Durch die militärisch in vielen Eroberungskriegen geschulten Truppen wie durch seine zahlreichen, mit Festungsbauwerken gesicherten Grenzen schien das Wüstenkönigreich als uneinnehmbar. Der Schein trog. In kaum mehr als drei Jahrzehnten war fast unbemerkt im südlichen Hochland eine militärische Macht herangewachsen, die nur ein Ziel kannte, die Errichtung eines Imperiums. Ihr Führer, der spätere Inka Pachacutec Yupanqui (1438-1471) erkannte die Archillesferse des Königreiches an der Küste. In Eilmärschen eroberten die Truppen das Hochland und gruben im wahrsten Sinne des Wortes um 1470 Chan Chan das Wasser ab, in dem sie die Flüsse und Kanäle in die Wüste leiteten.

Das Imperium der Inka und seine kurzlebige Kultur prägten den „Späten Horizont" (etwa 1476-1534). Es bestand nicht einmal hundert Jahre. Seine Kultur gründete sich auf die Errungenschaften zahlloser unterworfener Indianervölker und mehrerer vorangegangener Hochkulturen. Von der offiziellen „Geschichtsschreibung" der Inka wurde dies verschwiegen, und auch die meisten europäischen Chronisten der frühen Kolonialzeit hatten nicht die Möglichkeit, die Hintergründe zu durchschauen, geschweige denn etwas über ihre Vorläufer zu erfahren.

Der Legende nach schickte der Sonnengott Inti seine beiden Kinder, den Inka und seine Schwester-Frau, auf die Erde. Der Chronist Garcilaso de la Vega, der sich als Nachkömmling der Inka mütterlicherseits bezeichnete, berichtete folgendes: „Du weißt, daß früher in alten Zeiten das Land hier öde und leer war und die Menschen ohne Gesittung wie die wilden Tiere lebten. Als der Sonnengott, unser Vater, das sah, hatte er Mitleid und schickte einen seiner Söhne, Manco Capac, und eine seiner Töchter, Mama Ocllo, vom Himmel, damit die Menschen ihn als Gott erkennen sollten und das sie lernen, wie sie vernünftig und liebenswert untereinander leben können ... Da sprach der erste Inka zu seiner Schwester und Gattin: Hier lassen wir uns nieder, wie es unseres Vaters Wunsch ist. Sie versammelten zahlreiches Volk um sich, das sie in allen Tätigkeiten und Künsten unterrichteten. Manco Capac belehrte die Männer und seine Schwester-Frau, die Königin, unterrichtete die Frauen in Weben und anderen Künsten..." Inka war vermutlich ursprünglich nur die Bezeichnung für eine kleine Gruppe von Familien, die im Hochtal von Cuzco siedelten, dem Kern des späteren Imperiums und „Nabel der Welt". „Inka" nannte man schließlich die Angehörigen des Adels, und der Alleinherrscher des Reiches war der „Inka" schlechthin, der „Sapa Inca", der „einzige Inka", der Intip Cori, der „Sohn der Sonne", der „Wohltäter der Menschen". In der Literatur hat sich eingebürgert, alle Bewohner dieses Reiches ebenfalls Inka zu nennen, sofern sie die zum Teil unter Zwang eingeführte Amtssprache, das Quetchua oder „Runa Simi", die „Sprache der Menschen", wie es die Indianer selbst nannten, beherrschten. Als „Gott-Könige" schafften die Inka die Menschenopfer ab und ersetzten es durch Tiere, die zum Teil von Orakelpriestern durchgeführt wurden , wie etwa Lama, oder nur durch Nachbildungen in Stein oder Gold.

Gerade von der Kultur, die uns zeitlich am nächsten liegt, hat sich am wenigsten erhalten. Das hängt vor allem mit dem Zusammenprallen der beiden gegensätzlichen Welten zusammen, die des amerikanischen Kontinents und die der Europäer, die dem Andersartigen ohne Toleranz und gänzlich verständnislos gegenüberstanden.

Für den Inka-Stil, der sich am reinsten in der Steinskulptur (Farbtafel 48 u.) und Textilkunst äußert, gibt es keine direkten Vorbilder im alten Peru. Das gleiche gilt für die Keramik, in der die Amphorenform, auch Aribalo genannt, erscheint. Fast unversehens hatte sich ein Bruch vollzogen, eine Abkehr von der „Bildersprache", mit der die früheren Kulturen ihre Ideen zum Ausdruck brachten. Jetzt dominierte

wie nie zuvor das Geometrisch-Ornamentale, die Aufteilung der Fläche in Rechtecke, Streifen und anderen klaren Formen. Kaum noch findet sich ein mythisches Wesen als Motiv, höchstens ein klein modellierter Pumakopf an einem Tongefäß, während die übrige Fläche mit Fischgrät- oder Schachbrettmuster verziert ist. Die Motivation ist allerdings eine andere als die des geometrischen Nazca-Stils. Eine auf Erden wandelnde Gottheit duldet kein Abbild fremder Götter neben sich. Die Dekore wirken eher autoritär, sind auf Distanz bedacht und ziehen den Betrachter nicht so in den Bann wie früher. Andererseits mögen die klaren Ornamente, das Fluidum der zeremonialen Feierlichkeit und der Unnahbarkeit der Vertrauten des Gott-Königs, mit dem sich der Träger identifizierte, stärker zum Ausdruck gebracht haben, als die mit einer Fülle von verschnörkelten, überladenen, kleinteiligen Muster verzierten Kleider, wie beispielsweise die der Stammeshäuptlinge von Chancay oder ihre naiv anmutenden Tonidole mit der stereotypen, beschwörenden Haltung, häufig mit Hilfe der Model gefertigt (Abb.). Die unermeßlichen Reichtümer, der Garten in Cuzco, in dem jede Pflanze, jedes Tier in Gold abgebildet war, die riesengroße goldene Scheibe, das Symbol für den Sonnengott, und die etwas kleinere aus Silber, das Symbol für die Mondgöttin, wurden von den Spaniern eingeschmolzen. Die kostbaren Gewänder, die die „Sonnenjungfrauen" für den Inka und seine Priester und Beamten herstellten, überlebten die Zeit nicht.

Die Architektur des typischen Inka-Stils hat vieles mit der Gigantomanie gemein. Auch hier herrscht eine ähnliche puristische Auffassung wie in der übrigen Kunst. Von den aus riesigen Andesitquadern erbauten kultischen Anlagen, Wehrburgen und Palästen blieben nur die unteren Teile, widerstanden dem Schleifen durch die Spanier, überlebten die zahlreichen Erdbeben. Nicht so manche der christlichen Kirchen, denen sie als Unterbau dienten.

Auf dem Straßennetz des Gott-Königs, das das der Perser und der Römer übertraf, konnte noch Alexander von Humboldt reisen. Für den Inka Atahualpa kam das Ende Jahrhunderte früher. Vielleicht lag es zum Teil daran, daß der „Sohn der Sonne" keine „Genien" zur Seite hatte, wie der Sonnengott im Tor von Tiahuanaco oder überhaupt keine der unzähligen Fruchtbarkeitsdämonen und die nach Trophäenköpfe lechzenden Monster wie in früheren Kulturen, die verschiedene Ressorts übernehmen konnten. So genügte es, daß sein gewaltiges Heer vor weniger als 200 Spaniern auseinanderstob und sich den neuen, den „weißen Göttern" beugte, als der Gott König, der „Herr aller Dinge", respektlos von der Sänfte gestoßen wurde. Nach der Ermordung des letzten herrschenden Inka Atahualpa am 19. August 1533 waren die spanischen Eroberer die unbestrittenen Herren des Landes. Das Volk, jetzt eine Herde ohne Hirten, wußte nicht, wie ihm geschah. Der älteste überlebende Sohn von Huayna Capac, ein Neffe Atahualpas, dem die Spanier die Wiedererrichtung des Reiches versprochen hatten, ohne Anstalten zur Einlösung dieses Versprechens zu machen, versuchte noch einen Aufstand zu organisieren. Er schlug fehl. Danach versammelte er die Angehörigen seines Blutes, entließ die getreuen Krieger in ihre Heimat und zog sich in die pfadlosen Gebirge zurück. In seiner angeblich letzten Zufluchtsstätte Machu Picchu im Urubamba-Tal, hatte die Inka-Kultur ihr letztes Asyl und ihren Tod gefunden. Die menschenleeren Ruinen wurden erst 1911 von dem amerikanischen Archäologen Hiram Bingham entdeckt.

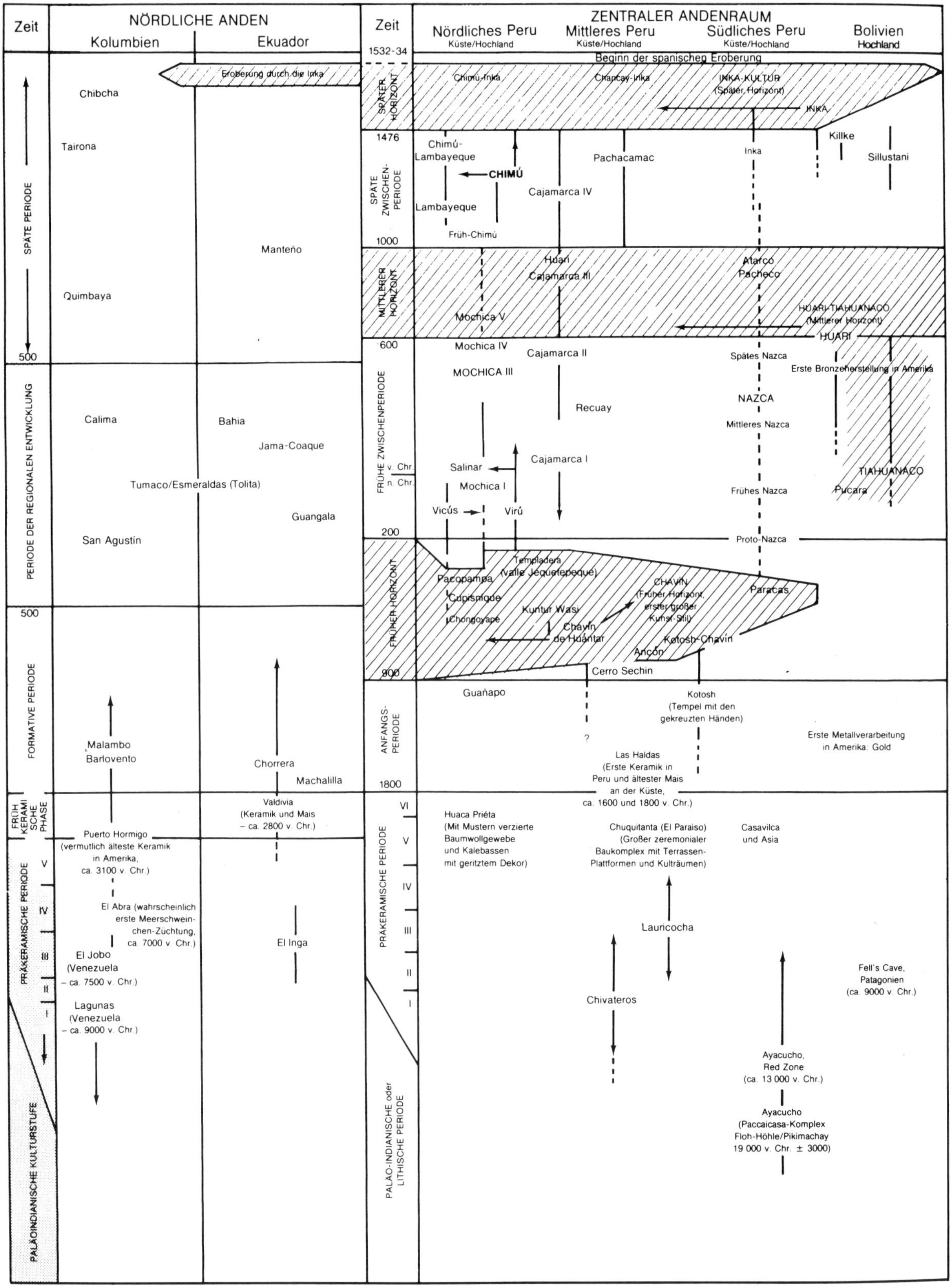
Zeit
NÖRDLICHE ANDEN
Kolumbien
Ekuador
Zeit
ZENTRALER ANDENRAUM
Nördliches Peru
Küste/Hochland
Mittleres Peru
Küste/Hochland
Südliches Peru
Küste/Hochland
Bolivien
Hochland
1532-34
Beginn der spanischen Eroberung
Eroberung durch die Inka
SPÄTER HORIZONT
Chimú-Inka
Chancay-Inka
INKA-KULTUR (Später Horizont)
INKA
Chibcha
1476
Tairona
Chimú-Lambayeque
CHIMÚ
Lambayeque
Früh-Chimú
Pachacamac
Cajamarca IV
Inka
Killke
Sillustani
SPÄTE ZWISCHEN-PERIODE
SPÄTE PERIODE
1000
Manteño
MITTLERER HORIZONT
Huari
Cajamarca III
Atarco
Pacheco
Quimbaya
Mochica V
HUARI-TIAHUANACO (Mittlerer Horizont)
HUARI
500
600
Mochica IV
Cajamarca II
Spätes Nazca
Erste Bronzeherstellung in Amerika
MOCHICA III
NAZCA
PERIODE DER REGIONALEN ENTWICKLUNG
Calima
Bahia
Jama-Coaque
Recuay
Mittleres Nazca
FRÜHE ZWISCHENPERIODE
v. Chr.
n. Chr.
Salinar
Mochica I
Cajamarca I
TIAHUANACO
Tumaco/Esmeraldas (Tolita)
Frühes Nazca
Pucara
Vicús
Virú
Guangala
San Agustín
200
Proto-Nazca
Templadera (Valle Jequetepeque)
FRÜHER HORIZONT
Pacopampa
Cupisnique
Chongoyape
Kuntur Wasi
Chavín de Huántar
CHAVÍN (Früher Horizont, erster großer Kunst-Stil)
Paracas
Kotosh-Chavín
Ancón
500
900
Cerro Sechin
FORMATIVE PERIODE
Guañapo
Kotosh (Tempel mit den gekreuzten Händen)
ANFANGS-PERIODE
?
Malambo
Barlovento
Chorrera
Machalilla
Las Haldas (Erste Keramik in Peru und ältester Mais an der Küste, ca. 1600 und 1800 v. Chr.)
Erste Metallverarbeitung in Amerika: Gold
1800
FRÜHKERAMISCHE PHASE
Valdivia (Keramik und Mais – ca. 2800 v. Chr.)
Puerto Hormigo (vermutlich älteste Keramik in Amerika, ca. 3100 v. Chr.)
VI
Huaca Prieta (Mit Mustern verzierte Baumwollgewebe und Kalebassen mit geritztem Dekor)
Chuquitanta (El Paraiso) (Großer zeremonialer Baukomplex mit Terrassen-Plattformen und Kulträumen)
Casavilca und Asia
V
IV
III
II
I
PRÄKERAMISCHE PERIODE
El Abra (wahrscheinlich erste Meerschweinchen-Züchtung, ca. 7000 v. Chr.)
El Inga
Lauricocha
El Jobo (Venezuela – ca. 7500 v. Chr.)
Fell's Cave, Patagonien (ca. 9000 v. Chr.)
Lagunas (Venezuela – ca. 9000 v. Chr.)
Chivateros
Ayacucho, Red Zone (ca. 13 000 v. Chr.)
Ayacucho (Paccaicasa-Komplex Floh-Höhle/Pikimachay 19 000 v. Chr. ± 3000)
PALÄO-INDIANISCHE oder LITHISCHE PERIODE
PALÄOINDIANISCHE KULTURSTUFE

Ausgewähltes Verzeichnis (Buchpublikationen und Kataloge)

Alva, W. und Donnan, Chr.B.
Royal Tombs of Sipan, Los Angeles, 1993

Ancient Art of Vera Cruz
An exhibition sponsored by the Ethnic Art Council of the Los Angeles County Museum of Natural History, Los Angeles 1971

Anders, F.
Das Pantheon der Maya, Graz 1963

Anton, Ferdinand
Peru, München 1958
Alt-Mexiko und seine Kunst, Leipzig 1965
(Ancient Mexican Art, London, New York and Mexico D.F. 1969)
Altindianische Weisheit und Poesie.
(Nachdichtungen präkolumbischer Überlieferungen) Wien, Leipzig 1968
Art of the Maya, New York 1970, 2nd ed., London 1978
Ancient Art of Peru, London, New York 1970)
Die Frau im Alten Amerika, Stuttgart 1973
Die Kunst der Goldländer zwischen Mexiko und Peru, Leipzig 1974
Altindianische Textilkunst aus Peru, München 1985 und
Ancient Peruvian Textiles, London 1987
Altindianische Kunst in Mexiko, München 1986

Anton, F./Deutsche Bank
Brücken in die Zukunft, 1992 - Textile Kunst vor Kolumbus

Anton, F./Galerie Sailer
(Buchausgabe, Salzburg 1992)

Anton, F. Art de l'Ancien Perou/Kunst aus dem Alten Peru
Banque de Luxembourg, Galerie Sailer, Luxembourg 1994

Anton, F./Dockstader, F.
Das Alte Amerika, unveränd. Nachdruck von 1967, München 1988

Balser, Carlos
El Jade de Costa Rica, San Jose 1974

Baudez, Claude
Archaeologia Mundi - Mittelamerika, Genf 1970

Baudez, C. u. Becquelin
Die Maya (Universum der Kunst), München 1985

Before Cortez
The Metropolitan Museum, Sculpture of Middle America, New York 1970/71 (Hrsg. Fasby, Elisabeth Kennedy)

Bernal, Ignacio u. Simoni-Abbat, M.
Mexiko (Universum der Kunst), München 1987

Bolz, Irmgard
Meisterwerke altindianischer Kunst.
Die Sammlung Ludwig im Rautenstrauch-Joest-Museum Köln.
Recklinghausen 1975

Bischof, Henning
siehe Reiss-Museum

Bray, Warwick
El Dorado, Der Traum vom Gold, Hannover 1979

Brüssel, Koninklijke Musea voor Kunst en Geschiedenis
Schatten uit de Nieuwe Wereld, Brüssel 1992

Burger, Richard L.
Chavin and the Origins of Andean Civilisation, London 1992

Coe, Michael D.
The Jaguar's Children: Pre-classic Central Mexiko, the Museum of Primitive Art, New York 1965
Die Maya. Aufstieg, Glanz und Untergang einer indianischen Kultur. Bergisch Gladbach 1968, The Maya, New York 1977 - Lords of the Underworld, The Art Museum Princeton University, Princeton University Press 1978, Breaking the Maya Code, London 1992

Cortes, Hernan
Die Eroberung Mexikos. Tübingen und Basel 1975

Culturas Precolombinas-Chavin
Hrsg. von Jose Antonio de Lavalle, Coleccion Arte y Tesoros Peru, Lima 1981

Culturas Precolombinas-Huari
Hrsg. von Jose Antonio de Lavalle, Coleccion Arte y Tesoros Peru, Lima 1984

Culturas Precolombinas-Moche
Hrsg. von Jose Antonio de Lavalle, Coleccion Arte y Tesoros Peru, Lima 1985

Culturas Precolombinas-Nazca
Hrsg. von Jose Antonio de Lavalle, Coleccion Arte y Tesoros Peru, Lima 1986

Culturas Precolombinas: Oro del Antiguo Peru
Hrsg. von Jose Antonio de Lavalle, Coleccion Arte y Tesoros Peru, Lima 1993

Disselhoff, H.D.
Leben im alten Peru. 2. Aufl. München 1981

Dissl, W.
Chavin, Technologie, Architektur und Kunst. (Museum der Begegnung Bd. 1)
Schmieding bei Wels/Oberösterreich

Dockstader, Frederick
Kunst in Amerika, Band II u. III, Stuttgart 1968 und 1969
Indian Art of Americans, Museum of American Indian, New York 1973

Donnan, Christopher B.
Moche Art of Peru, Los Angeles 1978

Eisleb, Dieter
Töpferkunst der Maya, Berlin 1969
Altperuanische Kulturen, I-IV (Vicus, Nazca, Tiahuanaco, Recuay). Museum für Völkerkunde Berlin, 1975, 1977, 1980 u. 1987
Altperuanische Kulturen Nazca II, Museum für Völkerkunde, Berlin 1977

Emmerich, Andre
Sweat of the Sun and Tears of the Moon - Gold und Silber in Pre-Columbian Art, Seattle 1965

Fasani, Leone (Hsg.)
Illustrierte Weltgeschichte der Archäologie, Kap. Amerika von F. Anton. München 1979/1983

Ferrero, Luis
Costa Rica 2000 Anos de tesoros, Museo Nacional de Costa Rica

Feuchtwanger, Franz
Ceramica Olmeca, Mexico D.F. 1989

Frankfurt am Main
Museum f. Völkerkunde: Herrscher und Untertanen, Indianer in Peru 1000 v.Chr. - Heute, 1973/74

Gay, Carlo/Pratt, Frances
Mezcala, Ancient Ston Sculpture from Guerrero, Mexico, Genf 1992

Gold und Macht
Spanien in der Neuen Welt, Wanderausstellung 1987

Haberland, W.
Amerikanische Archäologie, Darmstadt 1991 (siehe auch Zürich, Museum Rietberg)

Hildesheim: Roemer- und Pelizaeus-Museum
Glanz und Untergang des Alten Mexiko (Die Azteken und ihre Vorläufer). Mainz 1986
Die Welt der Maya, Roemer- und Pelizaeus-Museum, Hildesheim 1992

Hoyle, Rafael Larco
Checan, Studie über die erotischen Darstellungen in der peruanischen Kunst, Genf 1965

Humboldt, Alexander von
Die Wiederentdeckung der Neuen Welt (Erstmals zusammengestellt a.d. Reisebericht u. Tagebüchern) Berlin 1989

Kassel, Staatl. Museen
Von Küste zu Küste, 1992

Kauffmann-Doig, F.
Cultura Chavin, Lima 1963
Das Sexualverhalten im Alten Peru, 2. Aufl. Lima 1981

Keating, Richard W. (Hsg.)
Peruvian Prehistory, Cambridge University Press, 3. Aufl. 1992

Knauf-Museum Iphofen-Unterfranken
Katalog der Reliefsammlung der großen Kulturepochen 1990

Köhler, U. (Hsg.)
Alt-Amerikanistik mit zahlreichen z.T. hervorragenden Beiträgen, Berlin 1990

Köln, siehe Rautenstrauch-Joest-Museum

Köln, Kunsthalle: Schätze aus Ecuador, 1974

Kutscher, Gerdt/Bankmann, U. (Hsg.)
Nordperuanische Gefäßmalereien des Moche-Stils, München 1983

Lapiner, Alan
Pre-Columbian Art of South America, New York 1976

Las Casas, Bartolome
Kurzgefaßter Bericht von der Verwüstung der Westindischen Länder. Hsg. H.M. Enzensberger, Frankfurt a.M. 1966

Lavalle, D./Lumbreras, L.G.
Die Andenvölker (Universum der Kunst), München 1986

Linz, Oberösterreichisches Landesmuseum
Inka-Peru, Indianische Hochkulturen durch die Jahrtausende, 1991

Lumbreras, Luis G.
The Peoples and Cultures of Ancient Peru, engl. edition, Washington D.C. 1974
(siehe auch Lavalle, D.)
Chavin de Huantar, AVA-Materialien Nr. 51, 1993

Matos Moctezuma, E.
Los Aztecas, Mexiko D.F. 1989
Teotihuacan, Mexico D.F. 1990

Miller, M. und Taube, K.
The Gods and Symbols of Ancient Mexico and the Maya, London 1993

Moseley, M.E.
The Incas (The Archaeology of Peru), London 1992

München, Museum für Völkerkunde
Ecuador, Gold und Terrakotten (Wanderausstellung: Wien-Hanau-München), München 1991
Funde aus Ecuador (Hrsg. Helmut Schindler), München

Musee Barbier-Mueller
Art Millenaire des Ameriques, Genf 1992

Nowotny, K.-A.
Tlacuilolli. Die mexikanischen Bilderhandschriften. Berlin 1961

Parsons, Lee A.
Pre-Columbian America, Milwaukee Public Museum 1974
Pre-Columbian Art (The Morton D. May and the Saint Luis Collections), New York 1980

Pörtner, R. u. Davies, N, (Hsg.)
Alte Kulturen der Neuen Welt. Berlin, Wien 1982

Prä-Kolumbische Kunst Mexiko - Guatemala - Honduras.
Herrsching am Ammersee 1985

Praecolumbian Art of Costa Rica
Between Continents/Between Seas, New York 1981

Propylaen Kunstgeschichte
Das Alte Amerika, Band 18, Hrsg. Gordon R. Willey, Berlin 1974

Prem, Hanns J.
Geschichte Alt-Amerikas. München 1989

Prem, Hanns, J. u. Dyckerhoff, U. (Hsg.)
Das Alte Amerika, München 1986

Propyläen Kunstgeschichte
Das Alte Amerika, Band 18. Hsg. Gordon R. Willey, Berlin 1974

Rautenstrauch-Joest-Museum, Köln
Aus der Tiefe, Grabfiguren aus West-Mexiko, Slg. Marion und
Mark Lynton, Köln 1986

Reiss-Museum Mannheim
Federschlange und Königsgeier, Altindianische Kunst aus Costa Rica
(Völkerkundliche Sammlungen 3, zusammengestellt und bearbeitet von Henning Bischof)

Roemer-Museum, Hildesheim
Alt-Peru, Auf den Spuren der Zivilisation, Hsg. Manfred Boetzkes, Wolfgang Gockel und
Manfred Hoehl, Hildesheim 1986

Rotterdam
De erfenis van den Inca's, 1992

Ruz, Alberto
El Pueblo Maya, Mexico D.F. 2. Aufl. 1986

Sabloff, Jeremy A.
Die Maya (Spektrum der Wissenschaft) Heidelberg 1989

Sammlung Albers Josef und Anni
The Albers Collection of Pre-Columbian Art. Hrsg. Karl Taube, New York 1988

Sammlung Ebnöther, Marcel
Idole, Masken, Menschen. Museum zu Allerheiligen, Schaffhausen 1992/93

Sammlung Rockefeller, Nelson A.
Meisterwerke der Primitiven Kunst, Stuttgart/Zürich 1979

Sammlung Wood, Nathalie
Collection of Pre-Columbian Ceramics from Chupicuaro.
Hrsg. Jay D. Frierman, University of California, Los Angeles 1969

Sawyer, Alan R.
Ancient Andean Arts in the Collection of the Krannert Art
Museum, University of Illinois, Urbana Champaign 1975

Schuler-Schömig, I.
Werke indianischer Goldschmiedekunst, Berlin 1972

Schulze-Thulin, Axel
Im Zeichen des Jaguars. Indianische Frühkulturen in Alt-Peru, Linden-Museum Stuttgart 1974
Kat. der Amerika-Abteilung, Stuttgart 1989

Soustelle, Jacques
Die Olmeken. Ursprünge der mexikanischen Hochkulturen. Zürich und Freiburg i.Br. 1980

Stierlin, Henry
Die Kunst der Inka und ihrer Vorläufer, Fribourg, Stuttgart, Zürich 1983

Textile of the Andes
Catalogue of the Amano-Collection, Heian/Dohosha, San Francisco o.J.

Time-Life Books - Untergegangene Kulturen:
Gold und Macht der Inka, 1992
Die blutige Herrschaft der Azteken, 1992
Die verlorene Welt der Maya, 1993
El Dorado, 1995

Valdez, F. und Veintimilla, D.
Signos Amerindios, 5000 Anos de Arte Precolombino en el Ecuador. Paris, Quito/Ecuador 1992

Villa Hügel, Essen
Peru durch die Jahrtausende; Katalog einer Ausstellung vom
29. Februar bis 30. Juni 1984, Essen 1984 (auch Schloß Schallaburg und Schaffhausen)

Westheim, Paul
Die Kunst Alt-Mexikos. Köln 1966

Zürich, Museum Rietberg
Die Kunst des indianischen Amerika. Beschreibender Katalog
von Wolfgang Haberland, Zürich 1971

Mein besonderer Dank für das Zustandekommen der Ausstellung, das Vertrauen und die Zuversicht gilt der Familie Nikolaus Knauf. Dank auch an Herrn Kurt Schmitt, Direktor des Knauf-Museums Iphofen, Herrn Wilfried Demel und den Mitarbeitern von der Abteilung Marketing-Service für die Unterstützung bei der Herstellung des Kataloges. Ebenfalls bedanke ich mich bei Herrn Prof.Dr. Walter Raunig und Herrn Dr. Helmut Schindler vom Völkerkunde-Museum, München sowie Herrn Prof.Dr. Peter Thiele und Herrn Dr. Axel Schulze-Thulin vom Linden-Museum, Stuttgart, Herrn Prof. Dr. Klaus Helfrich und seiner Alt-Amerikanistin, Frau Dr. Manuela Fischer vom Völkerkunde-Museum, Berlin, Frau Dr. Irma Wehgartner vom Martin von Wagner-Museum, Würzburg und ganz besonders bei Herrn Manfred Boetzkes vom Roemer-Museum, Hildesheim. Danken möchte ich auch Herrn und Frau Sailer, Salzburg. Von ganzem Herzen möchte ich mich bei den privaten Leihgebern für ihre entgegenkommende Hilfe und das in mich gesetzte Vertrauen bedanken, ohne deren Unterstützung die Vielseitigkeit der alt-amerikanischen Kunst nicht in diesem Umfang und von so hoher Qualität gezeigt werden könnte.

F. Anton

Ferdinand Anton

Fotonachweis

Knauf-Museum, 97343 Iphofen: Seiten 31, 34, 188.

Martin von Wagner-Museum, 97070 Würzburg: Farbtafel 9.

Roemer-Museum, 31134 Hildesheim: Seite 223 oben.

Staatliche Museen zu Berlin - Preußischer Kulturbesitz
Museum für Völkerkunde, Foto Dietrich Graf:
Farbtafeln 7 oben, 11 links, 15, Seiten 84, 85, 123, 137, 138 unten, 220.

Staatliches Museum für Völkerkunde, 80538 München, Foto Marietta Weidner:
Seiten 65, 66, 86, 94, 97, 100, 103, 104, 106, 132, 223 unten,
Farbtafel 34 Foto S. Autrum-Mulzer.

Dick Beaulieux, B-1170 Brüssel: Farbtafeln 2, 4, 5 oben, 6 oben, 8, 10 unten,
11 rechts, 16, 17, 19, 22, 26, 29 unten, 36 unten, 37, 41, 43, 44, 45, 46, 48,
Seiten 208 rechts, 215, 222.

Forest Dieter Staab, 97753 Karlstadt: Seite 20, Farbtafeln 6 unten, 10 oben, 13, 14,
Seiten 72, 78, 138 oben, Farbtafeln 29 oben, 30, 31, 35, 36 oben, 38, 39, 40,
Seiten 184, 198, 203, 211, 224.

Wolfgang Pulfer, 81245 München: Farbtafeln 1, 3, 12, Farbtafeln 20, 21, 23, 24, 25, 28,
Seiten 67, 77, 79, 205, 208 links, 213, 219.

Kurt Schmitt, 97318 Kitzingen: Seiten 109, 120.

Hansgeorg Winkler, 97209 Veitshöchheim: Farbtafel 18.

Alle anderen Fotos und Zeichnungen stammen vom Autor.

Abkürzungen:

L. M. S.	=	Linden-Museum, Staatliches Museum für Völkerkunde, Stuttgart
M. f. V. B.	=	Museum für Völkerkunde, Berlin
M. f. V. M.	=	Staatliches Museum für Völkerkunde, München
M. v. W. M. W.	=	Martin von Wagner-Museum, Würzburg
R. H.	=	Roemer-Museum, Hildesheim

Falls Museum nicht angegeben, handelt es sich um private Leihgaben aus unterschiedlichen Sammlungen.

Federgewand mit sternähnlichem Motiv.
Bei dieser Technik wurde jede einzelne Feder am Kiel geknickt und mit doppelter Umfädelung auf ein baumwollenes Grundgewebe in deckender Anordnung angebracht.
Kultur von Nazca, Mittel bis Spät-Nazca, etwa 300 bis 600. Südl. Küste v. Peru.
Galerie Sailer, Salzburg.